U0360557

国有经济
国别研究
·丛书·

国有经济国别研究

新加坡、日本

中国石油集团经济技术研究院　编著

清华大学出版社
北京

内 容 简 介

　　"国有经济国别研究"是中国社会科学院国有经济研究智库首批十大重点课题之一，由国资委国际局指导，中国石油集团经济技术研究院牵头，社科院相关研究院所共同参与，中国石油集团经济技术研究院海外投资环境研究所具体承担。该课题通过研究主要发达国家和新兴经济体国家国有经济发展历程，国有经济内外部治理模式，国有经济的功能定位、经济与社会绩效等方面内容，提出对中国国有经济发展的启示，对形成中国特色的国有经济发展观、运用国际经验为我国国有经济深化改革提供借鉴和支持，具有重要的现实意义。

　　本书主要针对全面与进步跨太平洋伙伴关系协定（CPTPP）成员国新加坡和日本国有经济进行分析，并提出对中国国有经济发展的启示。新加坡部分由中国社会科学院亚太与全球战略研究院张奕辉主笔，日本部分由中国社会科学院工业经济研究所刘湘丽主笔。

图书在版编目 (CIP) 数据

　　国有经济国别研究 . 新加坡、日本 / 中国石油集团经济技术研究院编著 . —北京：清华大学出版社，2023.12
　　（国有经济国别研究丛书）
　　ISBN 978-7-302-64722-5

　　Ⅰ . ①国…　Ⅱ . ①中…　Ⅲ . ①国有经济－研究－新加坡、日本　Ⅳ . ① F113.1

　　中国国家版本馆 CIP 数据核字 (2023) 第 192969 号

责任编辑：王巧珍
封面设计：傅瑞学
版式设计：方加青
责任校对：王荣静
责任印制：刘海龙

出版发行：清华大学出版社
　　　　　网　　　址：https://www.tup.com.cn，https://www.wqxuetang.com
　　　　　地　　　址：北京清华大学学研大厦 A 座　　　　邮　　编：100084
　　　　　社 总 机：010-83470000　　　　　　　　　邮　　购：010-62786544
　　　　　投稿与读者服务：010-62776969，c-service@tup.tsinghua.edu.cn
　　　　　质 量 反 馈：010-62772015，zhiliang@tup.tsinghua.edu.cn
印 装 者：三河市东方印刷有限公司
经　　销：全国新华书店
开　　本：170mm×240mm　　　印　张：15.25　　插 页：2　　字　数：261 千字
版　　次：2023 年 12 月第 1 版　　印　次：2023 年 12 月第 1 次印刷
定　　价：168.00 元

产品编号：102075-01

本 书 编 委 会

编　著：中国石油集团经济技术研究院

编审人员：

余　国　陆如泉　刘朝全　吴谋远　杨成玉　张奕辉　刘湘丽
杨　艳　刘　佳　任重远　罗继雨　闫百慧　张　旭　王世崇
郭迎锋　车路遥　王轶君　余功铭　段艺璇　李博媛　孙依敏
钟文新　金焕东

指导单位：国务院国有资产监督管理委员会国际合作局

支持单位：中国社会科学院亚太与全球战略研究院
　　　　　中国社会科学院工业经济研究所
　　　　　中国社会科学院经济研究所
　　　　　中国电子信息产业发展研究院
　　　　　中国国际经济交流中心
　　　　　中国政法大学国际法学院

目　录

新加坡国有经济研究

日本国有经济研究

新加坡国有经济研究

张奕辉 [1]

① 张奕辉，中国社会科学院亚太与全球战略研究院助理研究员，博士毕业于清华大学公共管理学院。新加坡国有经济研究部分主笔人。

第一章
新加坡国有经济现状

世界银行1995年发布的政策研究报告中曾经对国有企业做过定义，即"政府拥有或政府控制的经济实体，它们从产品和服务的销售中创造主要收入"，该定义比较有代表性，既包括中央控制和地方控制的国有企业，也包括政府直接和间接持有的企业。新加坡政府对国有企业并没有明确的划分，只是以股份制的形式维护政府的投资利益。在新加坡一般以"政联企业"或"淡联企业"称呼新加坡政府控股的国有企业。

在新加坡经济腾飞的历程中，国有企业做出了极其重要的贡献。新加坡国有企业不但在国民经济中占有很大比重，而且企业的经营管理效率非常高。新加坡的国家资产主要由五大政府机构或者投资公司控制，分别是新加坡金融管理局（Monetary Authority of Singapore，简称MAS）、新加坡国家发展部下属的建屋发展局、新加坡裕廊工业区管理局、新加坡政府投资公司（Government of Singapore Investment Corp，简称GIC）和新加坡淡马锡控股公司，它们也是《新加坡宪法》第五附表 [①] 所列的法定机构及政府公司。不过只有新加坡政府投资公司和淡马锡控股公司属于新加坡政联企业，其他三家都是新加坡政府的法定机构。新加坡金融管理局、新加坡政府投资公司和淡马锡控股公司是新加坡国有资本收益的三大投资主体和收入来源。

作为三大国家资产投资主体之一的淡马锡控股公司，在政企关系制度设计、解决政府监督管理缺位、激发经营者积极性、提高经营者素质等方面，被称为全球国有资本运营管理的典范。

[①]《新加坡宪法》第五附表所列的法定机构及政府公司包括新加坡政府投资公司（负责管理新加坡政府的储备金）、中央公积金局、新加坡金融管理局、建屋发展局和裕廊镇管理局。

第一节　新加坡国有经济的规模

1965 年，新加坡从马来西亚独立出来后，新加坡的李光耀政府为实现国家发展目标、解决特定社会问题而设立了新加坡国有企业。英军撤出后，当时的新加坡经济基础薄弱，私人资本不足，投资能力有限，许多企业仅靠私人无法维持经营。李光耀在其回忆录中写道："最头痛的问题是经济，如何让人民维持生计？当时的失业率高达 14%，而且有上升的趋势，我们要让人民以与英国统治时期大不相同的方式来谋生。"新加坡国有企业的最初建立主要还是为了发展经济，弥补私有资本的投资不足以及解决当地的就业问题。

一、新加坡主要的国有资本公司

尽管在 20 世纪 80 年代新加坡进行了国有企业私有化改革，但至今国有经济仍占有相当比重。新加坡国有企业在新加坡经济社会中扮演着重要的角色。在实现国家独立后的较长时期里，新加坡曾将国有企业作为促进经济转型升级、实现工业化的重要手段。新加坡目前主要的两家政府控股的政联公司，都是由新加坡财政部全资持有。淡马锡 2020 年财报显示，淡马锡目前的投资净值为 1 000 多亿美元，而新加坡政府投资公司管理的资产超过 3 000 亿美元，新加坡金融管理局则主要是管理新加坡的外汇储备。2021 年，新加坡的外汇储备额大约为 3 200 亿美元。

二、新加坡政府投资公司

新加坡政府投资公司一直被称为"亚洲最大及最神秘的投资者"，其管理基金的规模与巴菲特掌管的投资帝国相当。

1971 年，美国政府暂停美元转换为黄金，新加坡那个时期的储备大部分是英镑和美元。新加坡财政部为了转移焦点，把投资组合改为包括黄金、德国马克、日元及瑞士法郎。新加坡现有的货币多元化政策便是那时延用至今。在 20 世纪 70 年代两次石油危机时，投资者很留意石油输出国组织（OPEC）的会议。当时全球通货膨胀，大大冲击了债券和证券投资。新加坡外汇储备也不可避免，大幅贬值。

新加坡政府投资公司成立于 1981 年 5 月 22 日，目前是新加坡最大的国际投资机构，其主要任务是使新加坡的外汇储备保值增值，跨出新加坡国界向海外大举投资。由于关系到国家利益，公司的管理层、内部结构、管理的资金、在海外的运作以及业绩等都讳莫如深。但为了因应越来越大的挑战，同时吸引全世界的人才，新加坡政府投资公司近年来才逐渐露出真面目。新加坡政府投资公司成立之初由新加坡前总理李光耀亲自担任主席，前副总理吴庆瑞担任副主席，目前由新加坡总理李显龙担任公司董事长。

新加坡政府投资公司负责人员的专业水平在20世纪80年代和90年代通货紧缩的情况下显现出来。美国华尔街在1987年10月19日（星期一）股市行情狂泻，纽约道琼斯工业股票指数暴跌508.32点，收盘为1 738.470点。那时，市场充满恐慌情绪，要抛售股票已经太迟了。因此，新加坡政府投资公司决定大举进入政府债券市场，期待能找个安全避风港和改善流动率。尘埃落定时，新加坡政府投资公司在股票上的亏损大体上已被债券的收益所抵消。1990年伊拉克入侵科威特后的海湾战争，导致石油价格大涨至每桶40美元。不过，新加坡政府投资公司决定把眼光放得更长远，增持一些相关企业股票，在股市收复了所有的失地。亚洲金融危机爆发时，新加坡政府投资公司虽然预料到了泰铢的问题，但没有料想到这种效应会蔓延到马来西亚、印度尼西亚及韩国。该公司的储备能渡过亚洲金融危机，是因为投资在亚洲和新兴经济体的比例很小，大部分的储备是在发达市场，所以反而从亚洲金融危机中获利。

新加坡政府投资公司的投资包含股票、固定收益证券以及货币基金、不动产和其他特殊的投资项目，其目标是经由稳健的全球投资获取长期优异的资产报酬。当然，由于这些资金是新加坡的国家资产，所以在投资时必须非常小心谨慎。新加坡政府投资公司为自己设立的价值观是廉洁、群策群力、精益求精、长远投资观以及谨慎决策。

新加坡政府投资公司的子公司主要有三家，分别是新加坡政府投资有限公司（The Government of Singapore Investment Corporation Pte Ltd.）、新加坡政府投资公司不动产投资分公司（GIC Real Estate Pte Ltd.）以及新加坡政府投资公司特殊投资分公司（GIC Special Investments Pte Ltd.）。

新加坡政府投资有限公司掌管资产管理部门以及企业服务部门，前者负责执行在公开市场的投资操作，诸如股票、固定收益证券以及货币市场工具等，后者则提供投资所需的诸如企业规划、金融服务、内部稽核、风险管控、信息技术、行政管理以及人力资源等整合性的服务。GIC特殊投资有限公司是GIC专门投资未上市公司的分支，为了获取优异的长期投资报酬，GIC必须让投资触角遍布各个领域，包含创业投资、合资、过渡性融资、买断、垃圾债券以及企业重整等。GIC 不动产投资有限公司，顾名思义则是掌管 GIC 不动产投资的分支，经由直接或间接投资世界各地的不动产，该公司已逐渐成为 GIC 稳定长期投资报酬的重要贡献者。

目前，新加坡政府投资公司有 200 多名投资专家，其中新加坡人占 60%。新加坡政府投资公司现已跻身于全球最大的 100 家基金管理公司的行列。它在世界各地的 2 000 多家公司中有投资，其一半资金投在美国和加拿大，欧洲国家占 25%，日本及东南亚国家占 25%。新加坡政府投资公司于 1995 年进入中国大陆，是中国国际金融有限公司发起股东之一。在中国台湾，新加坡政府投资公司也是其境外投资者（QFII）史上最大的投资人之一。

由于新加坡政府投资公司为非上市公司，虽然负责管理政府资产却从不公布财务报表、高层管理人员薪资等基本情况，引起一些批评人士的担忧与指责，特别是新加坡总理李显龙依然担任该公司最高管理职务，引发外界质疑。新加坡政府投资公司虽不是一家挂牌公司，但其财务情况一直是人们希望获知的，因为该公司管理的是"民财"，是国库的外汇储备。新加坡政府投资公司的资金都是投入海外市场的，无疑也被许多外国集团视为潜在的大股东。由于新加坡政府投资公司总是守口如瓶，所以它一直笼罩在神秘色彩中。不过，毕竟时代不同了，当市场都在讲求开放之际，新加坡政府投资公司也不得不逐渐解除外界对它的种种误会，摆脱"神秘组织"的形象。

三、淡马锡控股与新加坡政府投资公司、新加坡金融管理局的异同

上述三家投资主体的资金来源不同，投资风险也分为无风险、中风险和高风险，形成国有资产保值增值的有效投资配置。

新加坡金融管理局属于新加坡法定机构，管理新加坡的官方外汇储备。作为新加坡的中央银行，金融管理局的投资是三大投资主体中最为保守的，主要投资在流动性较强的金融市场工具，例如各国国债等。扣除通胀因素，金融管理局投资的策略就是为了保本，主要起稳定作用，高盈利并不是金融管理局的责任。新加坡政府投资公司给自己定位为受"客户"政府之托管理政府资产的"基金经理"，其资产属于政府拥有，并管理新加坡的资产储备。与淡马锡的直接投资和高风险运作相比，新加坡政府投资公司则是基金管理和中低风险运作，主要以保值为主。新加坡政府投资公司类似于主权投资基金，不参与投资企业的经营管理活动，而只是以投资收益为目的，因而不是本书讨论的重点。

三大投资主体中，只有淡马锡控股公司肩负的主要职责是管理新加坡的国有

企业，即被称为与政府有联系的"政联企业"。淡马锡掌控了包括新加坡电信、航空、地铁、电力等几乎所有新加坡最重要的大企业，新加坡财政部对其拥有100%股权。淡马锡管理的资产来自政府早期的注资，完全通过自身运作投资盈利，向"股东"政府提供回报。因此，淡马锡是三大主体中包袱最小、投资风险最高、投资回报率最高的公司。新加坡国立大学李光耀公共政策学院副教授顾清扬曾指出，新加坡的国有资产管理模式是整个国家资产由三大机构负责打理，分别为无风险、中风险、高风险，这个配置设置得非常好，对许多国家有良好借鉴意义。

淡马锡主要通过直接的项目和企业投资取得经济利益。淡马锡把几乎所有的新加坡政联企业集中在自己旗下，清楚掌握各家公司的运营情况，但淡马锡并不参与具体管理，不干预公司的日常运作，而是扮演着积极股东的角色。

淡马锡创立于1974年，当时新加坡财政部向其划拨了36家政府控股企业的股权，初始投资仅约3.5亿新元，截至2020年3月31日，其投资组合价值升至1 340亿美元。目前，淡马锡在新加坡80家公司中持有5%至100%股权，还有约一半资产分布在国外。在23家大型直属企业中，有7家上市，产值占新加坡国内生产总值的13%左右，占新加坡资本市场总值的21%。在新加坡最大的10家企业中，淡马锡涉足的就有7家。它直接参股的企业有32家，如果算上子企业和孙企业，淡马锡旗下的企业已经超过2 000家。淡马锡参股或控股的新加坡企业包括新加坡航空、新加坡电信、新加坡港务集团、星展银行、凯德置地等知名的大公司。

新加坡国有企业在新加坡经济活动中发挥了重要作用。2017年，新加坡有政联企业200余家，占新加坡固定资产投资额的35%左右，另外还有跨国企业和中小企业14余万家，它们占固定资产投资额的65%左右。但有两个原因可能依然低估了国有经济对新加坡经济的重要性。第一，进入21世纪以来，新加坡国有控股投资公司将更多的资产投向了海外。以淡马锡公司为例，新加坡国内投资仅占其2019年投资组合的26%。第二，有些数字统计将国有企业限定为政府持股超过20%的企业，这大大缩小了统计范围。事实上，在不少新加坡企业中，尽管新加坡政府持股小于20%，但仍为最大股东。

第二节　新加坡政府投资公司

截至2023年3月底，新加坡政府投资公司自创立起初投资约为40亿新元，现在管理的资产已经超过 5 000 亿新元，年均回报率为 9.5% 左右。李光耀在其回忆录中对新加坡政府投资公司的设立有过描述，他称："随着中央公积金和公共部门余款的增加，新加坡金融管理局没有拿这些资金进行长期投资以取得最高的回报。我请吴庆瑞（当时的新加坡副总理）检讨这一问题。他在 1981 年 5 月成立新加坡政府投资公司。公司聘请了英美投资经理，协助开发适合不同投资种类的系统。"

李光耀还表示："新加坡政府投资公司一开始只管理政府的金融储备，到 1987 年，它已有能力管理新加坡货币局的储备金，同时兼顾金融管理局的长期资产。1997 年，它所管理的资产价值逾 1 200 亿新元，最重大的责任是把新加坡的投资在证券、债券和现金之间，做出妥善的分配。"到 2000 年，李光耀对新加坡政府投资公司设立后所取得的成绩非常满意。他后来称："从 1985 年至今，新加坡政府投资公司 15 年来的表现，一直在环球投资相关基准之上，它所做到的已经远超保持我们的资产价值了。"

一、新加坡政府投资公司的定位

新加坡政府投资公司将自己定位为全球长期的投资者，与新加坡金融管理局和淡马锡一起是管理新加坡政府储备的三大实体。该公司管理新加坡政府大部分金融资产，进行长期投资，目的是使管理的资产保值和增值。

新加坡政府投资还有一个重要的功能是补充新加坡政府预算。由新加坡政府投资公司以及新加坡金融管理局和淡马锡的回报组成净投资回报贡献（NIRC）。2021 财政年度（FY）的净投资回报贡献估计为 195.6 亿新元，使新加坡政府能够进行进一步的长期投资，例如，教育、研发、医疗保健和改善环境等。

新加坡财政部的资料显示，净投资回报贡献包括 GIC、MAS 和淡马锡最高达 50% 的净投资回报（NIR）以及对剩余资产投资的最高达 50% 的净投资收入（NII）。NIRC 金额在每年的政府预算中公布。在 2009 财年之前，只有 NII 被纳入。NIR 部分是新加坡财政部在 2009 财年随着 NIR 框架的实施而引入的，该框架允许新加坡政府从这三家机构投资实体投资的净资产中抽取高达 50% 的预期长期实际回报（包括资本收益）。

净投资收入是指新加坡储备金所获得的实际股息、利息和其他收入，以及扣除因筹集、投资和管理储备金而产生的贷款利息费用。在净投资回报框架下，政府最多可将长期预期实际回报（包括资本收益）的 50% 用于相关资产收益。

预期长期实际收益率是指在扣除通货膨胀后，可以预期在长期内获得的投资收益率。

二、新加坡政府投资公司的管理机构

集团执行委员会是 GIC 的最高管理机构，由职能和投资主管组成。在提交相关董事会委员会和董事会之前，它会审议有关投资和风险问题的管理建议。该委员会还监督与整个集团有关的所有主要业务、治理和政策问题。

新加坡政府投资公司的现任 CEO 是林昭杰，他于 2017 年 1 月被任命为首席执行官。他还担任集团执行委员会主席，负责管理和审查所有关键投资、风险和业务决策。他全面负责 GIC 的投资表现，并监督长期战略的制定和执行。林昭杰曾任 GIC 集团首席投资官兼集团副总裁。林昭杰还在新加坡国家研究基金会、新加坡企业发展局有兼职身份，但是他并没有从政的经历。

新加坡政府投资公司董事会对整个投资组合的资产配置和绩效承担最终责任。管理层执行投资策略并定期与 GIC 董事会讨论整体投资组合的表现。新加坡政府投资公司董事会主席是现任新加坡总理李显龙，副主席是新加坡副总理尚达曼，董事会成员还包括新加坡前总统陈庆炎、新加坡副总理王瑞杰、前副总理张志贤、新加坡财政部部长黄循财等人，都是新加坡内阁中重量级的人物，此外也有一些商界的知名人士。新加坡政府投资公司设立了国际顾问委员会，为 GIC 董事会、董事会委员会和 GIC 管理层提供有关地缘政治、经济和市场发展的全球和区域观点。它就一系列投资相关事宜提供建议，尤其是全球投资趋势、新兴资产类别和新的增长机会。国际顾问委员会主席由新加坡前副总理张志贤兼任，里面由 5 名国际知名的投资专家组成。

董事会设有投资策略委员会、风险委员会、审计委员会、投资委员会和人力资源与组织委员会。投资策略委员会协助 GIC 董事会评估管理层关于资产配置的建议及其对整体投资组合绩效的监督。风险委员会就风险事项向董事会提供建议，并专注于监督 GIC 的风险政策和风险管理。审计委员会审查和评估内部控制系统的充分性和有效性，包括财务、运营和合规控制以及风险管理政策与程序。它还监督和评估内部审计职能的有效性。该委员会还审查 GIC 公司财务报告流程和其他相关披露的完整性、严重违反道德的行为、监管和法律环境变化的影响以及欺诈和财务损失问题。投资委员会协助 GIC 董事会委员会监督 GIC 的投资过程。人力资源与组织委员会履行董事会的职责，包括评估和批准 GIC 对集团和高级管理人员的薪酬政策、董事总经理计划和关键人员任命的继任计划，以及监督组织发展。各委员会主席由董事会成员兼任，委员会成员拥有同样的投票权和话语权。

新加坡政府投资公司的投资部门分为以下 8 个方面：①公开股票部；②固定收入部；③私人产权部；④基础设施部；⑤房地产部；⑥综合战略部；⑦外部经理部；⑧经济投资策略部等。其分类基本上涵盖了新加坡政府投资公司所感兴趣的领域。内部支持和后勤部门则包括：①人力资源与组织部；②公司事务与通讯部；③企业战略部；④企业管理与基础部；⑤治理与客户关系部；⑥内部审计部；⑦投资服务部；⑧合法合规部；⑨风险与绩效管理部；⑩技术部。这些部门为企业投资合法经营提供服务和技术支持。新加坡政府投资公司目前在全球设立了 10 个代表处，分别位于美洲、欧洲、北京、上海、孟买、旧金山、圣保罗、首尔和东京，这些也都是 GIC 投资的重点区域。

三、新加坡政府投资机构的公司治理

GIC 董事会负责长期资产配置和整体业绩，而管理层则负责制定和执行投资策略。GIC 管理层对个人投资承担责任，不受客户或董事会的影响。GIC 是新加坡政府的基金经理。

GIC 在公司主页明确表明自己是管理新加坡的储备资产。通常，GIC 在新加坡境外投资，不在国内投资。新加坡财政部授权 GIC 管理资产池里的所有资产，在不受限制的基础上，实现良好的长期实际回报。政府授予 GIC 投资授权，其中规定了任命条款、投资目标、风险参数、投资期限和管理储备的指导方针，但是不干预 GIC 具体的投资活动。

自 1991 年以来，《新加坡宪法》规定新加坡总统每 6 年由新加坡人直接选举产生。作为一家宪法附表五的公司，GIC 在许多关键领域直接向新加坡总统负责，总统有权访问保护国家储备所需的任何信息。GIC 董事会的任命和罢免需要总统的同意。这一规定是为了确保 GIC 只任命有能力且可信赖的人员来保护这些资产。总统任命新加坡审计长，审计长向总统和议会提交年度报告，说明其对政府和其他管理公共资金的机构的审计。该审计包括政府投资公司管理的政府投资组合以及 GIC 集团的主要公司。

新加坡政府投资公司对腐败零容忍。GIC 规定，如果员工、业务合作伙伴或任何人认为 GIC 人员和 GIC 的业务合作伙伴已经或正在实施与 GIC 相关的任何

错误、非法、不当或不道德行为，则应立即向 GIC 报告，并声明所有报告都将严格保密，举报人的身份将受到保护，除非适用法律要求 GIC 进行必要的披露。同时规定举报人必须提供尽可能多的相关信息（例如，相关方的名称、日期、时间、地点、相关具体行为以及任何其他支持信息、文件或其他证据等）。举报信可以径直发给董事会审计委员会主席或者执行总裁。

四、新加坡政府投资公司 40 年来的发展

2021 年是 GIC 成立 40 周年，虽然市场起伏较大，但是 GIC 仍然保持了增长。早在 1981 年，新加坡时任总理李光耀和时任副总理吴庆瑞就赋予 GIC 保护和提升新加坡外汇储备价值的使命。GIC 目前在 40 多个国家拥有资产，并在 10 个主要金融城市设有办事处，从一个由 14 名政府官员和 3 名外籍基金经理领导的应届大学毕业生组成的小团队，到现在全球拥有 1 800 多名员工的规模。GIC 已经具备投资多种资产类别的能力，包括股票、固定收益、私募股权、房地产和基础设施。

GIC 称自己是第一个全球非商品型主权财富基金。在经历了前所未有且充满挑战的新冠疫情危机、社会经济动荡和政治动荡之后，全球经济正在复苏。从图 1-1 中可以看到，截至 2021 年 3 月 31 日，自 2001 年 4 月 1 日起的 20 年期间，GIC 投资组合的年化美元名义回报率为 6.8%。调整全球通胀后，20 年的年化美元实际回报率为 4.3%。GIC 注重投资新兴的长期主题。除了在不同场景中积极寻求具有良好风险回报的机会之外，还寻求跨资产类别和地域多元化，以使投资组合更加稳健。

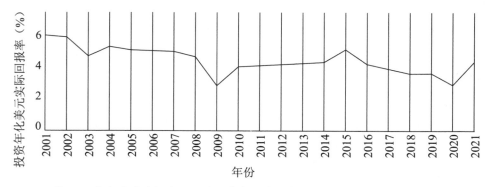

图 1-1　新加坡政府投资公司的投资年化美元实际回报率（2001—2021 年）

数据来源：新加坡政府投资公司网站，https://www.gic.com.sg/

在截至 2021 年 3 月 31 日的 20 年时间里，GIC 实现了比全球通胀高 4.3% 的年化回报率。换言之，储备的国际购买力在 20 年间几乎翻了一番。新加坡政府投资公司无异实现了新加坡建国总理李光耀以及副总理吴庆瑞，在公司设立之初为其设立的目标。吴庆瑞获得了"新加坡经济发展之父""新加坡经济奇迹设计师"等美誉。在李光耀的支持下，吴庆瑞一手建立了新加坡政府投资公司，并为公司的成长和发展做出了巨大的贡献。

新加坡政府投资公司虽然很成功，但是作为经营新加坡外汇储备资产的投资公司，GIC 的功能与传统的国有企业仍有一些不同之处。新加坡政府投资公司更像新加坡金融管理局的公司化机构，本身不从事实体经营活动，也不制造商品，只是在外汇市场和投资市场进行操作，更像中国的主权投资公司。从这一点来看，淡马锡公司更应该是我们研究的重点。

第三节　新加坡国有经济的布局

新加坡一些实体的国有企业基本上是由淡马锡公司代替政府持有股份和进行管理的。但是淡马锡的业务不仅仅局限于新加坡本国，而是遍及欧洲、美洲、亚洲等地，俨然是一家国际化的投资公司。

淡马锡作为一家新加坡国有企业，需要贯彻执行新加坡政府的经济政策，促进新加坡的经济发展，并在新加坡经济中扮演重要的角色。淡马锡如今几乎主宰了新加坡的经济命脉。淡马锡不仅总体规模巨大，而且业务种类多种多样，下属企业数量众多。淡马锡下属企业的业务涉及金融、电力、电信以及交通等基础设施等行业，这些公司又分别通过投资建立起各自的子公司、孙公司。淡马锡的投资既涉及服务民生的基础设施领域，又涉及电信、生物和科技等战略新兴领域，可谓面面俱到。在维护新加坡能源安全和信息安全的同时，也要兼顾国有资产的保值和增值。

在与淡马锡相关联的众多下属企业中，尽管海外企业所占的比重越来越大，但新加坡国内企业仍占有相当重要的比重。淡马锡直接持有股份的新加坡企业有 20 多家，主要包括新加坡电信 52%、星展银行 29%、凯德集团 51%、新加坡航空 55%、新加坡港务国际集团 100%、新加坡科技工程 51%，以及新传媒集团 100% 的股份。这些以交通、通信、金融、航空、科技、地产等为主要业务的公司，要么是与新加坡国民的生活和工作息息相关的垄断性企业，要么是执行业之牛耳的亚太地区的大型企业集团。下面分别介绍一下淡马锡下属国有企业涉足的领域。

一、公共交通领域

新加坡的公交和地铁系统主要由新加坡 SMRT 公司和新加坡 SBS 公司运营。这两家公司都是淡马锡控股和间接参股的企业，其中淡马锡绝对控股新加坡 SMRT 公司。SMRT 公司包括公交和地铁两个主营业务，其中地铁更是占到其营业收入的 75% 以上。新加坡地铁有限公司是新加坡 SMRT 集团下属的一家铁道运营公司，成立于 1987 年 11 月。新加坡地铁是继菲律宾马尼拉的轻轨铁路运输系统之后，东南亚地区第二个兴建的地铁系统。自 1987 年开通以来，新加坡地铁已发展成有 5 条路线（包括机场地铁支线和环线）的地铁系统。目前，新加坡 SMRT 公司运营着除东北线以外的其他地铁线路，运营里程超过 1 000 多千米，每天平均搭乘人数超过 160 万人。此外，新加坡 SMRT 公司还拥有近 1 000 辆巴士、98 条巴士线路的服务。

新加坡地铁线路主要是由新加坡陆交局负责建造，并提供特许经营权服务。SMRT 和 SBS 这两家公司同时经营巴士（公共汽车）和的士（出租车）业务，以保证各种公共交通服务的有效结合。SBS 新捷运也是新加坡的两大公共交通机构之一。它经营新加坡的地铁、轻轨系统及巴士业务。该公司在 1978 年成立，当时称为"新加坡巴士有限公司"，由三家私营巴士公司合并而成，同年在新加坡交易所上市。1997 年 11 月，新巴士的母公司改名为德高企业（DelGro）；其后于 2003 年 3 月 29 日，德高跟当地最大的的士及非公共巴士经营者康福集团合并，再改名为康福德高企业有限公司（Comfort DelGro）。淡马锡集团在康福德高企业中占有一定比例的股份，但并不控股该公司，而是由淡马锡下属的淡联企业控股。作为新加坡的主要巴士运营商，新加坡 SBS 公司拥有 250 条巴士线路，共有近 3 000 辆巴士，占新加坡定时巴士市场份额的 80%。该公司所提供的便捷巴士路线遍及全新加坡，甚至定期往返岛内最偏远的地区。

二、媒体和电信行业

新加坡的国有媒体主要是新传媒公司（MediaCorp），它控制着新加坡包括报纸、广播和电视台等主要的宣传媒介。淡马锡 2020 年年报显示，淡马锡拥有新传媒公司 100% 的股份。

新传媒公司近年来逐渐由新加坡政府直属部门演变成为名义上的商业机构。新传媒同时也是新加坡唯一免费电视经营者，同时跨界涉足电影制作和报纸传媒等多个领域。新加坡最大的两家报纸《海峡时报》和《联合早报》都是新传媒控制的媒体。

新传媒公司业务众多，堪称是新加坡最全面的媒体平台。自 1936 年开拓广播业务，到 1963 年首次播放电视节目，新传媒公司可以说是新加坡广播媒体的先驱。新传媒公司每天以 4 种语言（英语、汉语、马来语、泰米尔语）向新加坡观众提供 55 个栏目。

新传媒公司的前身是新加坡政府部门，所以仍然有很多人认为新传媒集团是个政府机构。新传媒公司经营新加坡所有的 7 个落地免费电视频道和 14 个免费广播频道，垄断了新加坡的免费电视市场。1965 年，新加坡从马来西亚独立出来后，新加坡台改名为新加坡广播电视台，并于 1980 年改组成立了新加坡广播局。2001 年，因应媒体自由化及突显其企业形象，改名为新传媒集团。亚洲新闻台是新加坡唯一具有区域影响力的电视新闻频道，分为亚洲新闻台英语本地频道与亚洲新闻台对外英语国际频道，为全球提供最新的世界动态、新闻与时事。

淡马锡控制的新加坡电信成立于 1879 年，是新加坡最大的电信公司，公司在 25 个国家拥有 4 亿个用户。新加坡电信是新加坡用户的移动电话服务商，提供互联网接入、手机和固网电话服务。过去 10 年中，新加坡电信在新加坡国内大举修建了电信网络，并且每年投入 10 亿新元更新网络。该公司已在世界上 15 个国家的 23 个城市和地区建立了运营机构，包括中国内地（大陆）、美国、英国、日本、韩国、马来西亚、印度尼西亚、越南以及中国香港和中国台湾地区。在 2020 福布斯全球企业 2 000 强榜上，新加坡电信名列第 498 位。

三、能源和电力行业

新加坡作为一个面积较小的岛国，能源非常匮乏，几乎全部能源依赖进口。新加坡被称为全球三大石油化工基地之一，新加坡电力企业一直依赖石油发电，后来在政府政策的引导下，新加坡逐渐过渡到使用更加清洁的天然气发电。新加坡的电力基本上都是由淡马锡全资拥有的新加坡能源集团公司（SP Group）供应。新加坡能源公司过去是前公用事业局电力和天然气部门的法人化实体。1995年 10 月 1 日，作为商业实体的新加坡电力和天然气公司 SP Group 成立，负责接管国家提供公共事业的电力和天然气业务。

在保证能源安全的前提下，供电企业需要维持电力价格的稳定和持续的电力供应。新加坡能源集团公司是新加坡的国有电力和天然气分销公司。它是新加坡唯一的电网和燃气网络运营商，并为新加坡超过 100 万个客户提供电力和天然气输送、分配服务，以及市场支持服务。2019 年，新加坡能源集团的营业额为 40 亿新元，总资产为 167 亿新元。

淡马锡控股的新加坡兰亭能源（Pavilion Energy）是另一家新加坡主要的能源供应商。兰亭能源是淡马锡控股于 2013 年新成立的公司，专注于液化天然气相关投资，涉及整个液化天然气贸易供应链，以新加坡为核心串连东南亚乃至亚洲区的液化天然气供需双方。该公司为新加坡 1/3 的工业企业提供天然气，包括发电、石化、生物技术、制药和制造业。

四、港口和航空运输

新加坡港是世界上著名的国际化港口，由新加坡港务局集团独立运营。新加坡港务局集团（PSA）是由淡马锡 100% 控股的国有企业，它也是全球最大的港口运营商之一。新加坡港务局集团的前身是新加坡海港局，成立于 1913 年。1964 年 4 月 1 日，根据 1963 年《新加坡港务局条例》成立新加坡港务局集团来取代新加坡港务局和在该港经营的若干组织。1997 年 8 月 25 日，新加坡通过一项议会法案，将新加坡港务局转变为独立的商业公司。新加坡港务局集团于 1997 年 10 月 1 日成立。前机构的监管职能已移交给新加坡海事监管机构——新加坡海事和港口管理局。在 2003 年 12 月进行重组后，新加坡国际港务集团全资子公司 PSA Marine 提供海运服务，其中包括领航费、港口和码头拖船费等。PSA Marine 在新加坡、马来西亚、中国香港、中国内地、印度和澳大利亚拥有并经营着 80 多艘货船。新加坡港务局集团在货柜码头经营、投资和管理上有着丰富经验，同时在新加坡经营世界上最大的集装箱中转枢纽港，是世界上第二大港口运营商，拥有遍布全球的 250 条航线，同全世界 123 个国家的 600 个港口相通航。它曾多次荣获亚洲区海事服务奖中的"最佳集装箱码头奖"和"亚洲最佳海港"等荣誉称号。

除了港口以外，新加坡航空公司也是由淡马锡集团控股的。新加坡航空公司是新加坡政府唯一支持的国家航空公司，以新加坡樟宜机场为营运基地，主要经营国际航线。新加坡航空公司成立于 1947 年，当时的名称是"马来西亚航空"。1965 年新加坡独立建国后，以新加坡为基地的马来西亚航空更名为新加坡航空。

目前，新加坡航空公司已经扩展到与航空相关的业务领域，如飞机的处理和机场工程等。其全资附属公司胜安航空主要飞向亚洲容量较小的二级城市，以满足不同乘机需求。新加坡航空公司的排名一直位居世界前列，是亚洲第8大航空公司和全球乘客人数排第18位的航空公司，一直被誉为最舒适和最安全的航空公司之一，也被称为最安全的航空公司。

五、金融银行业

淡马锡控制着新加坡最大的国有银行——新加坡星展银行（DBS），并拥有其29%的股份。星展银行原名为新加坡发展银行（Development Bank of Singapore），是新加坡最大的商业银行。星展银行成立于1968年，原为新加坡政府成立的一家国家发展融资机构。由于不满足于在新加坡本地发展，其在20世纪90年代末加速海外扩张，先后收购了泰国、菲律宾、印尼、中国香港和中国台湾的一些商业银行，并在2003年更名为星展银行。

星展银行近年来深耕于全球增长步伐最快速的亚洲市场，业务遍布东北亚、东南亚和南亚市场。星展银行在中国内地（大陆）、香港和台湾扎根，现已拥有超过110间分支行和150台自动提款机。星展银行目前是新加坡最大的银行集团，其市值在新加坡证券交易所排名第一，在新加坡市场拥有400多万个客户。其主要业务包括零售银行、投资银行、资产管理、证券业务、项目融资等。

六、房地产和城市规划行业

凯德集团是新加坡知名的房地产商，淡马锡占其股份的52%。凯德集团现已成为亚洲知名的大型多元化房地产集团，总部设在新加坡，并在新加坡上市。截至2020年12月31日，凯德置地管理资产约1 325亿新元。凯德集团的投资组合横跨多元房地产类别，包括办公楼、购物中心、产业园区、工业及物流地产、商业综合体、城镇开发、服务公寓、酒店、长租公寓及住宅。凯德置地业务遍及全球30多个国家的230多个城市，以新加坡和中国为核心市场，并不断开拓印度、越南、澳大利亚、欧洲和美国等市场。

凯德集团的房地产投资管理业务规模遍布全球。旗下共管理6只上市房地产投资信托基金（REITs）和商业信托，以及20多只私募基金。凯德集团于2002年推出新加坡首支上市房地产投资信托基金，集团旗下的房地产投资信托基金和商业信托扩展到包括凯德综合商业信托、腾飞房产投资信托、雅诗阁公寓信托、凯德中国信托、腾飞印度信托和凯德商用马来西亚信托。凯德集团于 1994 年进入中国，中国是该集团的核心市场之一。经过 27 年的发展，凯德集团已在中国 40 多座城市拥有并管理 200 多个地产项目。目前，凯德集团在中国的总开发规模约 2 300 万平方米，管理的总资产约 2 700 亿元人民币。

淡马锡 100% 控股的盛裕集团是亚洲最大的城市、工业与基础设施咨询公司之一。20 世纪 60 年代，盛邦集团成立，起初为新加坡建屋发展局（HDB）下属的建设和发展部门，旨在解决新加坡住房危机，并为新加坡人提供经济适用房。裕廊国际公司起初则是新加坡重要的政府机关裕廊镇管理局（现为裕廊集团，负责开发和管理工业园区以及相关设施）下属的技术服务组。1994 年，裕廊国际在苏州设立了中国总部。2001 年，裕廊集团将技术服务组改组为国有私人有限公司——裕廊国际控股公司，负责提供总体规划和专业工程技术，重点关注工业开放领域。2004 年，HDB 建设发展部改组为 HDB 集团，并被新加坡政府投资工具——淡马锡控股公司所收购。2005 年，HDB 集团更名为盛邦集团。2011 年 4 月，凯德置地收购了盛邦集团 40% 的股份，其余股份由淡马锡控股公司所有。2015 年，盛邦国际和裕廊国际合并成立盛裕控股集团，其中淡马锡和裕廊集团股权比例为 51% 和 49%。

2016 年 6 月，淡马锡控股收购裕廊集团的公司股份，将盛裕集团变为其全资子公司。通过一系列最新的业务收购，盛裕集团遍布亚洲、澳大利亚、中东、非洲和美洲 44 个国家的 113 个办事处的全球员工总人数已增加至 13 000 名，年营业额约 13 亿新元。

七、工业和造船业

吉宝企业是新加坡最大的跨国企业，业务涉及海洋与离岸工程、房地产等。淡马锡拥有吉宝企业 20% 的股份，处于相对控股的地位。吉宝企业于 1968 年进行公司改制，成为位于丹戎巴葛的吉宝船厂。20 世纪 90 年代，该公司搬迁到新加坡岛西部之后开始将业务转向岸外和海事。

1968 年英国海军撤离新加坡后，新加坡政府所有的淡马锡控股在吉宝港成立了吉宝船厂。20 世纪七八十年代，吉宝走上了业务区域化和多样化的道路。1975 年，吉宝在菲律宾的马尼拉和宿雾成立了其第一家海外公司——吉宝菲律宾船厂。2001 年，吉宝剥离了其银行与金融服务业务，将旗下的岸外与海事业务私有化并进行整合。吉宝船厂、吉宝远东（Keppel FELS）和吉宝新满利

（Keppel Singmarine）于 2002 年被整合为吉宝岸外与海事集团。吉宝船厂现在是新加坡最大的大型造船厂，其产品从大型运油船到集装箱货船一应俱全。

淡马锡控股的新科工程是一家军工企业，组建于 1997 年，总部位于新加坡，是新加坡证券交易所（SGX）挂牌的最大公司之一，也是亚洲最大的国防和工程集团公司之一。作为一家全球化的综合性工程集团，其业务范围覆盖宇航、电子、陆路系统和海事等领域。

新科工程的多领域业务使其能为 70 多个国家的客户提供综合的工程解决方案。该公司在世界上 24 个国家的 42 个城市拥有近 20 万名员工，为全世界很多领先的商业企业和国防军队提供服务。通过宇航、电子、陆路系统和海事四个战略业务，新科工程已成为全球军火市场的主要供应商之一。

八、国际化市场投资

近几年来，淡马锡不断寻求在全球范围的投资机会，并不时与跨国企业展开竞争，已成为全球企业界关注的对象。随着中国银行、中国建设银行以及中国民生银行的上市，"淡马锡"这个名字开始在中国资本市场受到关注。过去，淡马锡的投资组合随着世界经济和新加坡经济的增长而增长，它控股的很多老牌企业已经成为世界知名的公司，如星展银行、新加坡航空等。近年来，随着全球和区域性经济的复苏，特别是新兴市场国家的崛起，淡马锡及时抓住了中国、印度和东盟的经济增长点，重新实现了自身的快速发展。

现在，淡马锡控股除了投资新加坡本地市场外，已经把亚洲市场和发达国家市场列为投资重点，目前已有超过一半的投资分布在新加坡以外的地区。淡马锡在不断撤出本地市场的同时，加大了对海外市场的投资布局。根据淡马锡 2020 年的财务报告，在淡马锡的全部投资组合中，新加坡本地的投资仅占到 24%，中国已超过新加坡，成为淡马锡投资最多的国家。在亚洲地区，除新加坡以外的投资已迅速增长到 41%，北美洲、欧洲、澳大利亚及新西兰增长到 24%，拉丁美洲、非洲、中亚及中东增长到 4%。

总之，新加坡淡马锡作为一家国有投资公司，在新加坡公共事业方面发挥着重要的作用。同时，淡马锡还肩负有对国有资产保值和增值的责任，这也是淡马锡的投资方向开始向国际化和新兴产业转移的原因。它在新加坡产业结构调整中也发挥着重要的作用。它在剥离一些亏损行业的同时，也在积极发现新的投资领域。

第四节　新加坡国有经济的特点

新加坡经济的快速发展，与新加坡国有企业的成功改革与发展活力密不可分。新加坡国有经济有以下特点。

一、国有经济资本回报率高，运作高效

新加坡国有经济的发展推动了新加坡经济的进步。淡马锡的投资在众多领域都获得了长足的发展。淡马锡掌控的新加坡电信、新加坡航空、星展银行、新加坡地铁、新加坡港务、东方海皇航运、新加坡电力、吉宝集团和莱佛士饭店等几乎都是新加坡最重要、营业额最大的企业。这些企业每年为新加坡政府创造了大量的财政收入。

自 2010 年以来，淡马锡集团每年的净利润都在 100 亿新元左右，从未出现过亏损的情况。近 10 年来，累计净利润已达 1350 亿新元，资本净值已达到 3 810 亿新元，资本回报率在 14% 以上（见图 1-2）。

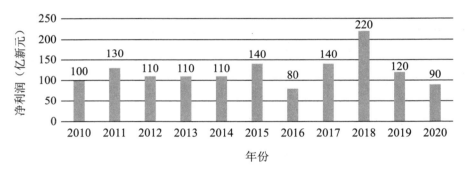

图 1-2　淡马锡集团的净利润（2010—2020 年）

数据来源：淡马锡 2020 年年报，https://www.temasek.com.sg/zh/index

二、在新加坡国内行业中占主导，国际化程度也高

新加坡几乎所有的公营行业都有淡马锡的身影，包括公交地铁、能源电力、净化水、金融证券、铁路航空、石油化工、港口造船、传媒电信等。这些行业的市场化程度很高，淡马锡几乎不参与下属企业的日常运行，而主要是扮演投资人的角色。

另外，淡马锡的投资眼光已经不仅限于新加坡国内，毕竟新加坡国土面积狭

小，市场容量有限。新加坡通过国际化的资本运作，已经在国际市场崭露头角。2020年，其在中国的投资组合占到了29%，超过了在新加坡的24%。新加坡已成为中国最大的外资来源国（见图1-3）。

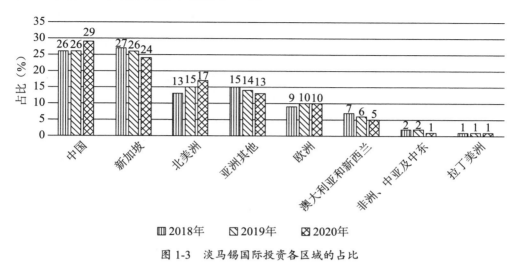

图1-3　淡马锡国际投资各区域的占比

数据来源：淡马锡2020年年报，https://www.temasek.com.sg/zh/index

三、监管到位，至今未发生过严重的腐败问题

新加坡从外部和内部两个方面对国有企业进行监督。外部监督主要有政府监督、舆论监督以及公众监督三种方式。新加坡对会计师和设计师追究无限责任，即使20年后抽查到有问题同样要承担无限责任；挂牌上市的政联公司每年必须向证监会上报有关经营情况；新加坡还建立了由政府审计署、企业内部审计以及外部监督的完善和严密的会计体系，商业调查局负责专门调查包括政联公司在内所有公司的商业行为是否合法。

淡马锡控股的企业，包括新加坡航空公司、新加坡港务局等已成为新加坡经济成功的重要标志。经过多年的探索和积累，新加坡政府逐步形成了独具特色的国家控股、公司化运作、集团化管理的淡马锡公司治理模式。淡马锡公司的经营运作由财政部的投资公司负责监督，对于某些重大决定、大型的民营化项目以及政策等，财政部在给予淡马锡相当大的经营自主权的同时保留咨询权。淡马锡的功能定位是塑造好国有股东的形象，以"通过有效的监管和商业性战略来培育世界级公司，从而对新加坡的经济增长做出贡献"。其基本职能部门代表国家持有企业股份。淡马锡公司治理模式的成功实践，为新加坡的经济发展做出了巨大贡献。

四、健全公司治理结构，稳健承担经营风险

新加坡采用政府主导下的经济发展模式，其国有经济以法定机构和政联公司两种形式存在。对法定机构的监管包括宏观层面的董事会制度以及微观层面的内部审查机制，法定机构承担经济功能和社会功能双重职责。对于政联公司而言，政府的角色是所有者或股东，主要职责以提高收益并引导产业发展为主，公司运作完全采用私人企业模式。

淡马锡始终秉承稳健承担风险的原则。为降低运营风险，淡马锡公司对投资的职责与权限进行了明确划分，每个批准权限都有严格规定。淡马锡公司的操作模式是以政府参股、控股的方式将国有资产置于社会公众的监督之下，以避免独资国有企业可能产生的种种弊端。淡马锡作为财政部投资成立的公司，在每年从政联企业取得红利的同时，也必须将自己利润的 50% 上缴财政部。尽管淡马锡公司作为一家有限公司，不必向公众公布财务数据，但必须每年向财政部递交经过审计的财务报表，财政部每年还将对淡马锡公司的经营业绩进行财务检查。

五、强有力的董事会，把握好正确的方向

董事会在企业中起到中流砥柱的作用，"干对的事"，保证决策程序的科学性、有效性，充分发挥积极股东的作用。正如淡马锡前总裁何晶所说："真正能够帮助旗下企业的最好办法便是为他们组成高素质，深具商业经验，也包含多方面经验的董事会，来配合表现突出的企业管理层和全心投入企业的员工。"淡马锡的基本原则就是"任命适当的人选担任领导"。历史的经验值得注意，回顾历史上所发生的重大投资决策失误，多数为违反程序的规定、内部人控制及长官意志、个别人说了算所致。派出合适的董事并推行外部独立董事制度，可从体制上实现决策权与执行权相分离，避免重合，体现客观、公正原则。

可见，新加坡国有经济的特点是外向型、国际化程度高，不仅在传统行业占据主导地位，而且瞄准新兴行业和市场，超前投资。淡马锡的投资重视那些应对全球可持续发展挑战的公司。同时，淡马锡在其自身的投资决策和管理中纳入对环境、社会和治理因素的考量，充分考虑了地缘政治风险等因素。

第二章
新加坡国有经济的演变历程

新加坡国有企业发展大致经历了以下三个阶段：第一阶段（1965—1984年），独立后的新加坡政府为解决特定社会问题和推动经济建设设立了一些国有企业；第二阶段（1985—1995年），优化国资结构的民营化阶段；第三阶段（20世纪90年代中期至今），是以"管资产"为主，逐步的国际化阶段。新加坡由三大国有控股公司直接或间接控制企业。从公共部门在固定资本形成中的占比变动也可以看出上述趋势。虽然新加坡缺乏类似于中国国资委这样的机构对国有企业增加值占GDP的比重进行官方统计，但从各种零星研究中可以看出，国有企业在新加坡经济活动中发挥了重要作用。

第一节　从初创到主导新加坡经济的发展之路（1985年之前）

新加坡在1965年独立后，李光耀政府采取了非常务实的经济政策，将吸引外资作为促进经济增长的主要方式。这一时期，新加坡政府成立了裕廊工业区，并在税收和政府监管领域进行了改革，取得了良好成效。与此同时，为解决失业率高、住房紧张等社会问题，以及缓解国内私营企业投资不足问题，政府先后创办了一系列国有企业，从最初的造船业、交通运输业，发展到后来的石油化工与高科技产业。

这一时期，国有企业的成立都是为了满足特定的发展目标，如对外贸易、土地开发、国际运输等，而社会公平、公共福利等并非国有企业的最优先目标。以几家国有企业为例。1968年成立新加坡开发银行（DBS，后改名为星展银行），目的就是为企业发展提供金融支持，政府持有近一半股份，成立一年后新加坡开发银行就投资了近 100 家企业，发放了约 1.6 亿新元的贷款。1968 年成立新加坡国际贸易公司，以帮助新加坡本地企业开拓海外市场，并通过集中采购帮助企业获取更低价的原材料。1968 年成立裕廊集团，以推动土地开发，解决当时的工业用地不足问题，该公司成立一年后，新加坡可用工业用地增加了 25%。1968 年成立东方海皇航运公司，加强新加坡远洋航运业发展。1972 年成立新加坡航空公司，减少对国外航空运输的依赖，将新加坡建设成为国际海空交通枢纽。1968 年成立三巴旺船厂和吉宝船厂等，以提升新加坡造船业水平，提高新加坡参与国际贸易的能力。

20 世纪 70 年代，随着工业的快速发展，新加坡国有企业数量也迅速增加。到 1973 年，新加坡财政部已直接拥有 26 家公司，并持有其他 33 家公司的股份。此外，新加坡政府还通过新加坡开发银行、国际贸易公司间接持有 70 家公司的股份。这一时期，新加坡国有企业涉及了基础设施投资、房地产、交通、制造、通信、金融贸易等领域，几乎遍布国民经济的各部门。由于难以对这些国有企业实行有效的直接管理和监督，新加坡政府成立了各类国有控股投资公司：①财政部投资控股的淡马锡控股有限公司，主要投资金融、航空、电力和电信；②国家发展部投资控股的新加坡国家发展部控股有限公司（MND），主要投资新加坡本地城市建设、土地使用；③国防部投资控股的新加坡科技工程有限公司，主要投资军工企业、宇航工业，后来该公司并入淡马锡旗下；④新加坡政府投资公司（GIC），负责管理政府大部分的海外资产，主要以基金投资为主；⑤卫生部控股的新加坡医疗有限公司，主要投资医院、诊所，控股新加坡中央医院等几个公立医院。国有企业对降低失业率、振兴工业部门发挥了积极作用，到 20 世纪 70 年代末 80 年代初，新加坡经济发展迅速，GDP 年增速长期高于 8%，逐渐发展成为新兴的发达国家。

为了更好地管理新加坡财政部下属的国有企业，剥离政府职能，政企分开，淡马锡接管了当时新加坡财政部下属的国有企业。自此，新加坡政府得以专注其政策制定与监管的核心职责。目前，仍有一些初创公司直接或间接归属于淡马锡投资组合，其他公司已经出售或清盘。淡马锡成立时，由 35 家国有企业组成，名单见表 2-1。

表 2-1　淡马锡成立时组成的 35 家国有企业名单

序　　号	企 业 名 称	业 务 范 围	现 持 情 况
1	艾克马电气公司	汽车模具和精密零件制造	否
2	食益补有限公司	食品、添加剂、化妆品	否

序　　号	企业名称	业务范围	现持情况
3	远东化学工业公司	石化产品制造	否
4	新加坡发展银行	银行、金融	是
5	亚洲文化戏院	文化传播、戏剧	否
6	新加坡保险公司	保险金融业	否
7	国际建发集团	建筑业	否
8	新加坡国际贸易公司	国际贸易	否
9	裕廊飞禽公园	旅游业	是
10	裕廊控股	工业园区	是
11	裕廊造船	造船业	是
12	裕廊船厂	造船业	是
13	吉宝船厂	造船业	是
14	美特伍德模具厂	模具制造	否
15	明阁酒店有限公司	旅游住宿	否
16	三菱新加坡重工	工业制造	否
17	国家工程服务公司	工业制造	否
18	新加坡电梯制造公司	电梯制造	否
19	大众钢铁厂	钢铁冶炼	否
20	海皇轮船	船运业	否
21	新加坡农产品	屠宰、肉类加工	是
22	三巴旺造船	造船	是
23	新加坡航空公司	航空运输	是
24	新加坡免税店公司	零售	是
25	新加坡缆车公司	旅游业	否
26	新加坡机场服务公司	机场保障	否
27	新加坡国立印务馆	图书印刷	否
28	新加坡离岸石油公司	石油化工服务业	否
29	新加坡纺织厂	纺织	否
30	新加坡珍宝公司	物业地产	是
31	新加坡动物园	旅游业	是
32	新加坡星脉地产	地产服务	已清盘
33	新加坡制糖	工业制糖	否
34	联合工业有限公司	工业制造	否
35	联合棕榈油公司	农产品加工	否

数据来源：淡马锡官方网站，https://www.temasek.com.sg/zh/index

　　淡马锡控股成立后，新加坡财政部决定将其所投资的星展银行、胜宝旺造船厂、新加坡航空、海皇轮船等36家公司的股权全部转到淡马锡旗下，总投资额为 3.5 亿新元，当时约合 7 000 多万美元。这些企业涵盖了农业、工业和服务业等多个领域，既有银行业、保险业，也有运输业、旅游业、地产和石油化工等多个部门，有些企业目前仍然是淡马锡控股的企业，包括星展银行、新加坡航空、吉宝造船等，它们为淡马锡带来了巨大的经济效益。有些企业则被淡马锡抛售，包括新加坡国际贸易公司、新加坡缆车公司、新加坡保险公司等。这些企业涉足贸易服务、旅游和金融领域，也有一些涉足化妆品、食品、汽车零配件等行业，并不是新加坡工业运营必备的行业，逐渐在业务调整中被裁撤掉。

在淡马锡成立之初，新加坡政府赋予淡马锡的职能是发展国家的能源、运输等事业，并从事社会公共事业的投资和建设，从此淡马锡就成为代表新加坡政府投资这些项目的重要平台。

20 世纪 70 年代中期到 80 年代中期是新加坡经济的大发展阶段。在这 10 年中，制造业继续获得发展，就业人数由 21 万人增加到 36 万人，基本实现了全民就业。同时，基础设施建设和第三产业的迅速发展使新加坡的硬环境和软环境得到进一步改善，为大规模引进外资创造了良好条件。20 世纪 80 年代，随着新加坡经济的快速成长，淡马锡的资产也随之水涨船高，所持有的股权的市场价值和总资产规模都得以持续、快速地增长。

在解决了全民就业问题之后，新加坡政府开始着力引进技术密集型产业，注重提高劳动生产率，提倡科研与经济结合，提高生产技术水平，以不断提高产品质量，降低生产成本，增强产品的国际竞争力。例如，1977 年，政府认为国家设立国有炼油厂是一种战略性需要，随即联合了两家较小的外国石油公司组成了由政府控股的新加坡石油公司。接着，从炼油环节往下延伸，政府又和几家日本公司联手设立了国有控股的新加坡化工集团（PCS），建成了新加坡第一家大型化工厂。同其他国家一样，新加坡人开始时也把这类企业称为"国有企业"。这些企业后来曾成为淡马锡集团的成员企业。电子业也是新加坡政府当时的一个发展重点，包括通用电气、飞利浦等著名的跨国公司都成为其电子行业的主要投资者。新加坡政府以电子行业为先导，开始大量生产电子技术产品，因此，电子业在这一时期成为其发展最迅速的行业之一。新加坡的第三产业开始向专业化、系列化、高效化方向发展，为从总体上提高商业运营效率和质量提供了优越条件。

随着新加坡经济的快速发展，淡马锡的投资在众多领域都获得了长足的发展。淡马锡掌控的新加坡电信、新加坡航空、星展银行、新加坡地铁、新加坡港务、东方海皇航运、新加坡电力、吉宝集团和莱佛士饭店等几乎都是新加坡最重要、营业额最大的企业。而淡马锡却一直处于这些大公司、大企业的幕后，虽然它的发展速度也很快，但那时的淡马锡并不引人注目。

淡马锡过去公开的资料并不多，这与政府投资国有企业和设立淡马锡公司的初衷有直接关系。新加坡政府并不希望自己拥有大量的国有企业，只是因为私人资本还没有度过原始积累的初期阶段，实力还比较弱，不足以建立大型的工业企业，但是为了促进经济的发展，才不得不由政府出资来成立国有企业。新加坡政府对国有企业的管理也是类似的思路，希望充分发挥企业自主经营的积极性和创造力。因此，那时的新加坡政府并不需要一个公司来实际控制或管理国有企业的业务经营，它需要的只是一个机构作为监督所有国有企业的大本营，而这个所谓的监督职能也只是收集国有企业各种各样的投资信息，特别是其经营绩效的信息，并在财政部或者新加坡内阁需要的时候向其汇报而已。在淡马锡控股成立以后的不少年里，淡马锡控股做的就是这样的工作，没有任何的监管职能，也自然不会向其所属的国有企业提出类似现在应该做什么、将来应该如何发展等这样的要求。

第二节　战略撤资和民营化阶段（1985—1995年）

新加坡国有企业的发展也并非一帆风顺。1985年前后，新加坡出现了经济衰退，GDP增速大幅下降，失业率大幅上升。这一时期，英、美等西方国家纷纷展开国有企业私有化，在此背景下，新加坡政府也开始对其数量和规模庞大的国有企业进行改革。新加坡经济经过长期的超高速发展，以建设投资为中心的国内投资下降，也使经济增长大幅度减速，1985年的实际GDP增长率甚至降到了-1.6%。

在这次经济衰退中，国有企业的业绩下降尤为严重。新加坡政府曾破例公布过一份国有企业1985年的损益表，罗列了60家公司的业绩。其中竟有22家公司亏损，2家公司面临破产清算，这24家公司占到了60家公司的40%。其中，炼油业、海运业和旅游业的国有企业全部亏损，房地产业75%的国有企业亏损，修船和造船业60%的国有企业亏损。

淡马锡控股的业绩也出现了明显的下滑，1983年盈利为2.26亿新元，到了1984年则为1.05亿新元，1985年虽有回升，但也没有恢复到1983年的水平。为了尽快剥离盈利状况较差且没有承担公共职能的企业，1987年2月，新加坡国会通过了《公共部门私有化报告》，确定了在未来10年内从600家政联公司及 40 家法定机构撤资的计划。但事实上，这个私有化计划的实施非常谨慎。以淡马锡为例，其所属企业只是在产业分布上有所调整，涉足领域和投资组合的市值事实上不减反增。许多公司如新加坡航空公司、吉宝集团等通过上市释放出部分股份，淡马锡依然持有大量股份。在私有化的同时，新加坡政府还进一步调整了国有企业的部门结构，缩减传统工业部门的国有企业，强化国有企业在新兴科技领域的布局。

新加坡政府将国有企业改革的重点放在了放松行业管制和促进市场竞争上，政府也从"一线的管理者"转变为"高效的商业活动的促进者"。以电力和煤气行业为例，新加坡于 1995 年决定实施电力和煤气行业的全面开放，首先是将新加坡能源部门企业化，从一个政府部门转型为一家商业公司；随后淡马锡收购了新成立的公司，并进行业务重组，拆分出 3 家独立的发电公司作为其全资子公司，以提高电力行业的竞争性。这一时期也明确了国有企业应当是追求利润的完全商业化实体，与私人公司相同，不再被要求实现特定的社会目标或创造就业。国有企业平等地同私人企业、跨国企业进行竞争，甚至国有企业之间也进行竞争。

新加坡政府认识到，经济衰退的原因在于，居于垄断地位的公共企业的高工资和高定价政策使新加坡失去了国际竞争力，政府的角色应该只是提供一个优良的商业环境和必要的基础设施，从外部来促进企业的健康发展。如果还以原来的方式管理国有企业，不仅会招致公众更严厉的批评，还会使国有企业的业绩继续下滑。因此，政府决定实施民营化政策，并由重点支持劳动密集型的国有企业转向推动民间企业的发展，特别是将知识密集型企业作为新一轮经济增长的引擎。

新加坡政府推动的这轮民营化还有一些其他的考虑。一是将企业的所有权转交给新加坡大众，让新加坡人民分享国家经济增长的成果，藏富于民。因此，股票上市的过程也是给新加坡人民一个用优惠价格购买国有公司股票的机会。二是国有企业的民营化必然伴随着经营体制的转换，股票的上市使上市公司必须接受市场的压力和约束，这既包括它们内部的业务管理，也包括其对外公布业绩的内容和次数。三是为了发展新加坡的资本市场。当时国有企业在新加坡证券交易所市值最大的前 10 名企业中占了 4 席，因此，国有企业的股票上市可以提高资本市场的深度和广度。四是政府最好逐步脱离那些自己干不了也干不好的具体商业活动，交由民间企业去办，或者通过降低在原国有企业中的持股比例来改善企业的公司治理结构，进而提高这些企业的业绩。

李光耀在其回忆录中提到，"政府在 1993 年让新加坡电信上市时，以比市价低一半的折扣价，把大部分股票卖给新加坡所有成年公民，过去那些年头，政府因经济稳定增长而积累了不少盈余。因此，让人民以低价购买股票，是为了让他们分享部分盈余，我们也要人民拥有一家主要的新加坡公司的股份，使新加坡人又多了一个跟国家成就息息相关的有形联系"。他还称，"为了防止英国电信私有化出现的情景在新加坡重演，新加坡规定只要持有人不卖出股票，就可以获得红利。结果，拥有新加坡电信股票的新加坡人占劳动力的 90%，这个比例相信在全球都是最高的"。由此可见，私有化的过程当中伴随着新加坡政府对藏富于民的深切思考。

需要特别指出的是，为顺利地指导和推进民营化的进程，1986 年 1 月，新加坡财政部部长任命 6 名资深公务员和企业家组成"公共部门民营化委员会"，专门研究民营化问题。这 6 名成员中有 1 名是政府的高级公务员，有 2 名来自淡马锡控股，有 1 名来自星展银行，另外 2 名来自私人银行。委员会的任务是，确定适合民营化的国有公司，考察法定机构民营化的可能性，提出民营化的实施计划。新加坡财政部还要求委员会考虑如何增加新加坡证券市场的深度和广度的问题。

1987 年，公共部门民营化委员会发表了《公共部门民营化报告》。该报告指出，民营化不牵涉市场经济性质转变的问题，因为从一开始新加坡就主张实行这种体制。确切地说，民营化的目的就是要重新划定公共和私人的界限，因为在此之前，这条界限已经向公共部门倾斜了。在委员会建立的时候，新加坡政府共有634 家国有公司，但是随着淡马锡控股出售部分公司的股权，到委员会呈递上述报告的时候，政府只拥有 608 家公司，随着公共资本的退出，政府拥有的国有企业在慢慢缩减。

与当时世界上其他国家的民营化不同，新加坡政府只是出售企业的一部分股份，通常是利用证券市场来出售产权。委员会制订了在 10 年内逐步将 23 家国有企业和 4 个法定机构民营化的计划，这些企业和法定机构的总资产为 59 亿新元。民营化的步骤是，首先让政府占有少量股份的挂牌公司民营化，然后减少那些政府独资或政府占有大多数股份的企业，让更多的国有企业在证券市场上挂牌售股。新加坡的民营化是由政府主导的，但是淡马锡的成员不仅参与了政府成立的委员会，而且新加坡的民营化基本上是通过淡马锡的战略撤资过程来具体执行的。

民营化的目标之一是把国有公司的有效控制机制转移给私人部门。当这个目标实现的时候，政府就没有必要在联营公司中保留小股东的地位了，最终目的是使这些公司实现全部民营化。自 1985 年以来，淡马锡出售了大约 40 多家公司的全部股权和 25 家公司的部分股权。例如，吉宝企业于 1980 年上市，海皇轮船与新加坡航空则分别在 1981 年和 1985 年上市。与此同时，淡马锡还退出了另外一些企业，这些企业包括大众钢铁、菲立士石油、新加坡化工集团等。2001 年，淡马锡控股旗下的一家工程公司 Indeco Engineers 就是通过邀请国际招标的方式成功地出售了其股权。Indeco Engineers 成立于 1983 年，主要在本地为建筑、汽车及器材商提供管理与维修服务。在出售前，淡马锡控股持有其 96.4% 的股权，2001 年 1 月 9 日，美国的 Tyco 集团从众多的来自英、法、美等国的竞标公司中脱颖而出，以 6 010 万新元的高价买下这家工程公司的全部股权。

民营化之后，国有公司的一部分产权转移到公众手中，等其上市之后，政府只拥有部分产权。因此，在经过了民营化的过程后，再沿用国有公司或国有企业的名称已经不合适，而应改为政府联营公司或政府联营企业，简称政联企业。进入 21 世纪以来，淡马锡控股又强调应该将其所属的政联企业改称为淡联企业，这样既与其他控股公司的政联企业相区别，又淡化了其政府背景。不过，民营化对于淡马锡而言是一个长期的过程，直到现在仍在进行中，已民营化的企业只占国有企业总数的一小部分。

第三节　国资管理模式进入国际扩张阶段（1996 年至今）

1990 年后，新加坡的国有企业管理逐渐形成了由淡马锡等国有控股公司直接或间接控制，以"管国资"为主的体制。淡马锡公司通过各自广泛的投资渠道，形成了自己的企业网络，几乎涵盖了经济发展的所有行业。淡马锡控制了新加坡的金融、航空、电力、电信、港口、海上工程等行业；GIC 公司则负责管理新加坡财政储备和外汇储备，主要是进行海外投资。至此，新加坡的国有公司在制造业、金融、贸易、运输、城市建设、环境治理等行业都发挥着重要作用，很多公司成为地区性甚至是全球性的大公司。

经历了 20 世纪 80 年代中期的短暂经济衰退以后，新加坡经济在 1990 年到 1996 年达到了年均 8% 的增长速度。1996 年 1 月，经合组织把新加坡从发展中国家升格为发达国家。这一年，新加坡财政部任命丹那巴南为淡马锡的董事长。丹那巴南为印度裔新加坡人，曾经在新加坡多个政府部门任职，做过新加坡国家发展部部长和外交部部长，国际国内经验都比较丰富。

1997 年，一场突如其来的亚洲金融危机把整个世界都拖入了经济衰退的泥潭，对于高度开放、严重依赖外部经济发展的新加坡而言，不仅受到了金融危机的冲击，而且处于这场风暴的核心地带，由此引发了新加坡的经济衰退，淡马锡的增长速度也一下子滑到了谷底。虽然淡马锡总体而言没有出现大面积的亏损，但明显处于发展的停滞阶段。淡马锡旗下的本地政联公司大多表现欠佳，淡马锡的投资回报率也从以往的 18% 陡降到 3% 左右。面对这样的经济形势，淡马锡要如何改革才能渡过难关，这成了摆在丹那巴南面前的一个棘手问题。经过认真的研究和思考，丹那巴南决定向美国的通用电气学习。这表现为淡马锡两个重要的发展方向——打造一流企业和海外扩张。

刚刚从 1997 年的东南亚金融危机复苏过来，4 年后的 2001 年又发生了美国的"9·11"事件和全球性金融债券泡沫的破裂，随后在 2003 年又遭遇了 SARS 风波，这些对世界经济、新加坡经济和淡马锡业绩的负面影响是显而易见的。当时的淡马锡业绩比较惨淡，然而同期世界 500 强企业的平均投资回报率仍达到了 13%，而淡马锡仅有 3%。也正因为如此，在那个时期，淡马锡招致了很多批评，以至于在有些媒体上出现了"淡马锡模式已经过时了"的言论。

2002 年年初，董事长丹那巴南找到了时任新加坡科技公司 CEO 的何晶，邀请她出任公司的执行董事和总裁一职，已在商场摸爬滚打多年的何晶经过几天的辗转反侧之后终于答应了丹那巴南的真诚之邀。与当年众望所归地任命丹那巴南为淡马锡的董事长不同，这次任命引起了极大的争议，外界一片哗然，因为何晶是新加坡总理李显龙的夫人，建国总理李光耀的儿媳。几乎所有新加坡人都有这样的疑问：何晶是凭什么获得这项任命的？这到底是任人唯贤还是任人唯亲？

事实证明，何晶出任淡马锡总裁并没有让新加坡人失望。何晶充满危机意识的变革思想与新加坡政府将新加坡打造成亚太区区域经济中心，以吸引跨国公司投资，同时帮助本土公司扩张到亚洲其他国家的整体思路是一脉相承的。自何晶 2002 年任总裁以来，淡马锡的发展呈现出两个新特点：一是开始增加透明度；二是开始全力向海外发展。

正如何晶在刚上任时就谈到的那样："淡马锡希望增加在亚洲三大快速增长区域的投资，包括中国及东亚地区、印度及南亚地区，以及亚洲其他一些国家和地区。淡马锡将成为具有潜质的亚洲公司的长期伙伴，为亚洲经济增长做出贡献。淡马锡正把原本集中在新加坡的投资组合转为均衡的全球组合。在亚洲，淡马锡将着重于在各个新兴的经济增长地区寻找机会投资。"何晶主持的淡马锡显著加大了海外投资力度，亚洲国家成了何晶在最近几年中调动资本投资最为密集的地区。如果按照何晶刚上任后所拟定的将在新加坡以外的亚洲地区的投资从

16% 增加到 33% 的计划，花旗集团全球市场公司新加坡研究部测算出淡马锡可能在 10 年之内耗资 240 亿新元。但是到 2007 年，淡马锡在亚洲的投资比例已占到 40%，超过了 1/3。一路加速的投资速度说明，何晶试图提前完成在亚洲的资本布局，为自己下一步进行资本结构的重组和有机拼接赢得更加充分的时间。

随着亚洲经济的发展，特别是印度和中国经济强有力的发展，淡马锡不断调整其投资计划，在亚洲积极扮演一个领头的投资者角色，以期给股东带来更大的收益。淡马锡将自己的发展与亚洲其他经济高发展地区捆绑起来，高速增长的中国企业将成为淡马锡和新加坡金融转向政策的一个主要方向。

何晶的海外扩张战略获得了空前的成功，在她进入淡马锡的第二年，公司就创下 4 亿新元的利润，是她进入淡马锡第一年所获利润的 30 倍。

新加坡政府规定淡马锡的宗旨是："通过有效的监督和商业性战略投资来培育世界级公司，从而为新加坡的经济发展做出贡献。"从投资收益来看，淡马锡创造了全球国有企业持续盈利的神话。根据 2020 年《淡马锡年度报告》，截至 2020 年 3 月 31 日，淡马锡自成立以来，总的投资回报率为 14%。对于淡马锡的成功，2014 年，陈庆炎总统说："从钻机制造商到航空公司，从房地产到工程技术，许多淡马锡投资的公司成为区域和全球冠军。政府没有让他们成为冠军，淡马锡没有让他们成为冠军，他们的成功是通过在世界市场上，和全球最好的企业的自由竞争获得的。"

从投资行业和地区分布来看，淡马锡的投资组合也更加趋于多元化。2000年后，淡马锡开始布局海外投资，至今新加坡国内投资仅占其总投资组合的24%。从投资行业分布来看，金融服务占 23%，电信、媒体与科技行业占 21%，消费与房地产占 17%，交通与工业占 16%，生命科学与综合农业占 8%，能源与资源占 2%，多行业基金占 8%，其他行业占 5%。淡马锡已经成为一家真正的跨国投资公司（见表 2-2）。

表 2-2　淡马锡投资的重要企业（2020 年）

行　　业	公司名称	股份（%）	所属国家或地区
金融行业	Visa	<1	美国
	Adyen	7	荷兰
	友邦保险	3	美国
	中国建设银行	3	中国内地
	星展银行	29	新加坡
	中国工商银行	2	中国内地
	万事达卡	<1	美国

行　业	公司名称	股份（%）	所属国家或地区
金融行业	Paypal	<1	美国
	中国平安保险	2	中国内地
	渣打银行	16	英国
	Virtu	9	美国
	HDFC 银行	<1	印度
电信、媒体和科技行业	埃信华迈	3	英国
	CenturyLink	9	美国
	GHX	79	美国
	Intouch	9	英国
	美团点评	1	中国内地
	新科电信	100	新加坡
	腾讯控股	<1	中国内地
	DELL	2	美国
	阿里巴巴	<1	中国内地
	新传媒	100	新加坡
	新加坡电信	52	新加坡
消费与房地产	屈臣氏	25	中国香港
	凯德集团	51	新加坡
	M+S	40	新加坡
	翱兰国际	54	新加坡
	Pulau Indah	50	马来西亚
	盛裕控股	100	新加坡
	万礼生态园	100	新加坡
	丰树产业	100	新加坡
	新翔集团	40	新加坡
交通与工业	吉宝企业	20	新加坡
	PSA 港务集团	100	新加坡
	胜科工业	49	新加坡
	新科工程	51	新加坡
	新加坡航空	55	新加坡
	新加坡能源	100	新加坡
	SMRT 企业	100	新加坡
生命科学与综合农业	拜耳股份	3	德国
	赛特瑞恩	9	韩国
	Celltrion	10	韩国
	无锡药明康德	7	中国内地
	药明生物技术	4	中国内地
能源与资源	兰亭能源	100	新加坡

数据来源：淡马锡官方网站，https://www.temasek.com.sg/zh/index

第三章
新加坡国有经济的治理

自 1974 年成立以来，淡马锡的资本从最初的 3.54 亿新元发展到 2020 年 3 月份的 3 060 亿新元，增长了近 900 倍，年均股东投资回报率达到 14%。虽然淡马锡控股的成功有一定的历史条件和社会环境的影响，但是淡马锡发展的事实证明，国有资产不仅可以管理好，而且可以比民营企业管理得更好。我们经常谈论的淡马锡管理模式，实际上就是政府、淡马锡、下属企业的三级监管体制。其核心在于政府、国资运作平台、下属企业的三层架构，政府控制国有资本，但不直接管理企业，三层架构给企业空间、给政府控制力，同时在微观运作中尊重市场规律。

淡马锡在其《淡马锡宪章》中写道："淡马锡是一家遵循《新加坡公司法》规定而成立的商业性投资公司。""淡马锡的治理架构强调实质重于形式，长期利益胜于短期利益，并把公司置于个人之上。""为了激励管理团队，淡马锡构建了问责机制，在充分授权与严格守则之间努力做到动态的平衡。"

淡马锡的董事会和管理层为确保淡马锡对投资和运营地区法律法规的遵守，在董事会的指导下管理投资组合。依据《新加坡宪法》及法律的规定，除非关系到淡马锡过去储备金的保护，新加坡总统和财政部长均不参与淡马锡的投资、出售或任何其他商业决策。作为股东，淡马锡在投资组合公司中希望建立由具备丰富商业经验的高水准、多元化人才所组成的董事会，以指导和支持高级管理层。为此，淡马锡多次表示不会参与下属公司的业务决策与运营。

淡马锡独特的经营模式已成为世界各国公司治理的一个典范，其经验对深化我国国有企业改革具有十分有益的启示作用。

第一节　淡马锡的内部治理

淡马锡内部治理可以归纳为董事会与高级管理层权力分立，但界限相对清晰。管理原则秉承资产所有者精神的"共享共担"的利益分配机制。

一、淡马锡的董事会

（一）"三会一长"相互制衡

董事会是淡马锡控股最为重要的组成部分。淡马锡的董事会为管理层提供全面的指导和政策指引。鉴于淡马锡是《新加坡宪法》第五附表机构，董事会成员和首席执行长还肩负着保护淡马锡过去所累积的储备金的宪法责任。

董事会拥有不同的独立信息渠道以协助考量，包括要求管理层提供补充信息或说明。管理层持续向董事会提供信息，包括重要的管理委员会会议记录，使董事会能够有效履行其职责。董事会下设执行委员会、审计委员会、领袖培育与薪酬委员会，下设各委员会的主席均由一名独立于管理层的非执行董事担任，各委员会被授予特定权力。这三个委员会通过不同的分工来处理淡马锡董事会的各项具体事务，同时，董事会的成员分别兼任这几个委员会的领导职务。这种专门委员会的设立已成为世界各国企业董事会结构的发展趋势，目前在美国、英国、加拿大、法国等许多西方国家的公司董事会中都有类似的机构设置，以体现股东对经营者的选拔、激励及约束的关注与重视。

董事会具体的下设机构和职能如下：

（1）执行委员会。执行委员会被授权在规定限额之内批准新的投资与出售决定，超过规定限额的交易则由董事会审议批准。执行委员会提供会议记录供董事会成员传阅。

（2）审计委员会。审计委员会全部由独立董事组成，其职责包括审查内控体系、财务报告流程、审计流程以及法律条例合规性的监控流程等，以协助董事会履行其监督职责。审计委员会也审核外部审计的范畴与结果，以及外部审计师的独立性。

审计委员会由公司内部审计部门支持。为确保其独立性，内审部门在职能上向审计委员会报告，在行政上则向淡马锡控股的首席执行长办公室报告。为了有效地履行职能，内审部门有权不受限制地全面接触所有记录、财产和人员。内审部门对所有办公室的关键控制程序进行定期审查。为了信息保密，对核心薪酬流程相关财务报告的关键控制由外部审计师进行，并作为淡马锡财务声明法定审计的一部分。内审部门也可能在董事会、审计委员会或高管层的要求下进行特别审计。

（3）领袖培育与薪酬委员会。领袖培育与薪酬委员会负责向董事会推荐董事及管理层的领袖发展计划，包括董事及首席执行长的继任计划，以及提供有关业绩衡量与薪酬计划的指导方针与政策。

目前淡马锡的董事长林文兴担任执行委员会主席及领袖培育与薪酬委员会主席。董事陈育宠是新加坡毕马威前执行合伙人，担任审计委员会主席。除了CEO之外的淡马锡高管（兼任董事除外）由董事会任命，负责执行董事会设定的战略和政策，以及公司日常运营。董事长和副董事长不能在审计委员会任职；执行董事兼任淡马锡CEO，但不能加入审计委员会；股东董事不能参与领袖培育与薪酬委员会；董事长在投票出现平局时有二次投票权或决定性投票。这些制度设计形成了制衡监督，保障了董事会独立运行、董事独立发表意见。

董事会和下设委员会会议上的决议采用简单多数票的方式，成员也可通过电话或视频会议的方式参加表决。任何董事会正式决议则须至少2/3的董事批准方可生效。若董事会成员的利益与淡马锡的特定利益有所冲突，他们会回避相关的信息、审议与决策。董事会的季度会议还包括只限非执行董事参与而管理层不参与的"执行会议"。首席执行长继任计划年度审核也在"执行会议"的议程之中。董事会授权管理层在规定权限内进行投资、出售以及其他方面的决策。管理层包括业务部门和职能部门，由CEO何晶女士和29名专业人员组成。他们负责日常业务的具体执行，并向董事会以及各执行委员会报告工作。其中，董事长和CEO分别由不同的人担任是重要原则。此外，对不同董事的角色有明确的界定以制衡监督。

（二）高度国际化的董事会结构

董事会是淡马锡治理中的核心，是淡马锡的最高权力机构。淡马锡的董事会组成是相当多元化和国际化的，他们不但来自不同的部门和公司，甚至来自不同的国家。他们要么是政府里的前高官政要，要么是新加坡本土优秀企业的领袖以及全球性的跨国企业的领导。每一名董事都在不同的领域发挥各自的经验和特长，他们被赋予了明确的任务与使命，那就是使淡马锡控股始终具有明确的目标、准确的投资领域和正确有效的执行力。

截至2021年5月，淡马锡现任12名董事包括董事长、股东董事、执行董事和独立董事（见表3-1）。董事长林文兴之前是新加坡政府高官。股东董事一般也由政府高级官员担任。在本届董事会中，股东董事的角色并不清晰，除了董事长林文兴之外，董事会中并无真正意义上的现任或者前任政府高官，这可能也是淡马锡公司近年来"商业化"和"去新加坡政府化"的标志之一。执行董事来自淡马锡或"淡联企业"管理层。

现任的两名执行董事：何晶是淡马锡的 CEO；李腾杰担任淡马锡国际总裁（淡马锡控股的子公司），同时担任淡联企业新加坡电信有限公司主席。非执行董事和独立董事则由具备丰富商业经验的私营企业家或跨国企业家担任。例如，副董事长是永泰集团主席郑维强，他列《2020 福布斯新加坡富豪榜》第 45 位。董事陈育宠是新加坡建屋发展局主席，董事名单中还有：中石化前任董事长傅成玉、前世界银行行长美国人罗伯特·佐利克、瑞士 ABB 有限公司傅赛、香港信和置业主席黄志祥（他同时担任中国人民政治协商会议第十三届全国委员会经济委员会副主任）。

除了商业才能、管理经验之外，淡马锡认为，对于董事人选更底层的考量是，形式不能取代实质，法规不能代替诚信，也不能消除风险，董事会和管理层的健康运作最终取决于个人和组织层面都能坚守诚信的原则。淡马锡董事会成员分为股东董事、独立董事和执行董事三种。

表 3-1　淡马锡董事会成员表（截至 2021 年 5 月）

姓　名	国家或地区	董事会职务	执行委员会职务	审计委员会职务	领袖培育与薪酬委员会职务	其 他 职 务
林文兴	新加坡	董事长	主席		主席	新加坡职总创优企业合作社主席
郑伟强	新加坡	副董事长	委员			新加坡永泰集团主席及董事总经理
陈育宠	新加坡			主席		新加坡职总创优企业合作社副主席
傅成玉	中国内地					中国石化前董事长
吴友仁	新加坡		委员			新加坡吴控集团董事总经理
何晶	新加坡	执行董事兼首席执行长	委员		委员	原新科工程总裁
李庆言	中国香港		委员		委员	中国上海商业银行主席
李腾杰	新加坡	执行董事	委员			新加坡电信主席
黄志祥	中国香港		委员			中国香港信和置业主席
张铭坚	新加坡			委员	委员	新加坡祥峰投资主席
傅塞	瑞士				委员	新加坡国际港务集团主席
罗伯特·佐利克	美国					前世界银行行长

资料来源：淡马锡官方网站，https://www.temasek.com.sg/zh/index

1. 股东董事

股东董事来自财政部的出资人代表和政府的高级公务员，他们由新加坡政府委派，代表出资者的利益。为了保证公正性和中立性，他们不在淡马锡控股领取薪酬，其薪酬由政府支付。例如，财政部的常务秘书、新加坡金融管理局局长、财政部总会计师、新加坡贸易发展局局长等都曾担任过淡马锡公司的董事。

2. 独立董事

在组成董事会的 12 名董事中绝大多数为独立董事，独立董事由商业经验丰富的民间企业或跨国公司的优秀企业家担任，他们的加入确保了淡马锡在世界范围内进行资本运作和各种战略投资的有效性和准确性。如果这名独立董事所拥有的其他利益与淡马锡的利益相冲突，他将被禁止出席淡马锡董事会，以使董事会保持一种客观公正和做出独立判断的能力。另外，独立董事全都按照市场价值和原则聘请。

3. 执行董事

执行董事来自淡马锡控股的管理层或淡联企业的领导层，因此也称之为内部董事。他们负责执行公司的发展战略。何晶目前的身份就是执行董事兼执行总裁。

（三）董事会的职责和权力

董事会每季度召开一次会议，每次历时两天。如有必要，董事会也会增开会议，例如，对大额投资进行审议等。董事会对下列事项保留决策权：①整体长远战略目标；②年度预算；③年度经审计的法定财务报表；④重大投资与出售建议；⑤重大融资建议；⑥首席执行长的委任及继任计划；⑦董事会变动。

董事会的具体职责包括以下几个方面：

（1）提出总体方针和政策。董事会向淡马锡管理层提出总体的方针和政策。在每一年的每个季度，董事会成员和管理层都要开例行会议，并且如有必要，这种会议可以更频繁地召开。

（2）对管理层进行监管。董事会作为淡马锡控股的最高权力机构，必须保证自身的独立性，保证不受干涉地对管理层进行有效监管，确保管理层的高效运作，保证公司有一个团结有力、专业干练的管理层。

（3）对淡联企业进行监管。董事会对淡联企业的经营活动负有监督管理以保证其资产增值的责任，并负责淡联企业董事和总裁的任免，从全球范围内聘请精英人才。

（4）经理人员的任命。董事会有责任和权力聘请或解雇总裁，以及制定总裁的奖励方案，同时负责管理层各类经理人才的挑选与委任工作。另外，董事会还可以主持行政主管会议，在行政总裁和有关部门不出席会议的情况下，对行政总裁的业绩和接替计划给予评估。

（5）报告的审核。在向股东提交全年的财务报告之前，董事会须先将报告交由审计委员会审核，并批准审计报告。为了始终保持董事会的独立性，淡马锡规定了董事会成员的任职期限：董事长最长可担任9年，董事的任期不可超6年，但必要时可再延长3年。

淡马锡控股以及所有淡联企业对董事会人员的挑选都极为慎重，除了考虑董事会人员所需要的特定商业才能外，淡马锡对候选者其他方面的条件，如正直的品格以及经过考验的办事能力等也非常重视，淡马锡控股认为形式不能取代实质，法规不能代替诚信，也不能消除风险，董事会和管理层的健康运作最终取决于个人和组织层面都能坚守诚信的原则。在个人素质方面，为人处世诚实，不欺不盗，公私分明，具备做事客观和专业化等是成为董事候选人必不可少的条件。

二、高级管理层

淡马锡高级管理层负责执行董事会设定的战略和政策，并负责公司的日常运营与管理。董事会授权管理层在规定权限内投资、出售以及进行其他运营方面的决策。淡马锡董事会为管理层提供全面指导和政策指引。高级管理层则奠定团队的风格和企业文化基调，并引领贯彻落实淡马锡的愿景和目标。管理层包括首席执行官和30名左右的专业人员。他们负责日常业务的具体执行，并向董事会以及执行委员会报告工作。

根据国际投资公司的最佳实践，淡马锡于2011年成立淡马锡国际，作为淡马锡的管理机构。除了受淡马锡聘任的首席执行长、执行董事和首席财务长之外，全体管理层和员工均由淡马锡国际管理。

在淡马锡机构中，淡马锡管理团队执行董事会制定的战略与政策方向，在董事会授权范围内处理投资、出售及其他运营事务。淡马锡领导团队，无论是个人还是集体都对董事会所赋予的职责负责，履行淡马锡作为投资者、机构和资产管护者的三个角色。

淡马锡的管理层在下列委员会的支持下管理团队和投资组合：①出售和投资高级委员会（SDIC）；②高级管理委员会（SMC）；③战略、投资组合及风险管理委员会（SPRC）。其中，出售和投资高级委员会管理淡马锡的投资组合，并在董事会授权范围内就投资和出售活动做出决定。超出授权限额的投资提案须提交至执行委员会与/或董事会审批。高级管理委员会负责审查与制定整体管理和组织政策，包括内控、衍生品框架的执行以及审计委员会批准的估值政策。高级管理委员会制定淡马锡道德与行为守则，并设立道德委员会协助该行为守则的执行。战略、投资组合及风险管理委员会评估宏观经济、政治、行业、科技和社会发展趋势，分析现有市场和新市场的商机和风险因素。该委员会对风险承受框架进行审查，以确保其适用性，同时探讨创造价值的机会。

2021 年 2 月 9 日，淡马锡控股董事会宣布，原淡马锡国际首席执行长狄澜将于 2021 年 10 月 1 日接替何晶担任淡马锡控股执行董事兼首席执行长。何晶将于同日从淡马锡控股卸任，不再担任淡马锡董事会职务。淡马锡控股董事长林文兴宣布了这一变动，他谈道，"领导层继任计划是董事会的一项战略职责。从 2000 年代初期，淡马锡就已开始进行年度评估。这项工作让董事会能够为所有可能的情形做好准备，针对不同的时间维度有各类继任计划的选择"。

他还谈道，"淡马锡很高兴任命狄澜担任淡马锡控股的首席执行长，任期将于 2021 年 10 月 1 日开始"。"何晶深度参与了这一过程。多年来，她一直非常积极地在淡马锡内外寻找潜在的继任人选。她在培养淡马锡强有力的领导队伍方面起到了关键作用，其中有一些人选已经在淡马锡之外担任了首席执行长职务。"

林文兴赞扬了何晶在过去近 20 年里对淡马锡的领导。他称，"何晶带领淡马锡走过了非凡的转型期。淡马锡从相对被动地拥有那些曾属于新加坡政府的企业股份，逐步成长为备受全球认可和尊重的投资者、着眼未来的机构和备受信赖的资产管护者"。他还称，"大家都钦佩她把淡马锡塑造为备受信赖的资产管护者所付出的不懈努力，她对追求诚信与治理至高标准的全心投入。她制定并践行了淡马锡作为公司所遵循的标准和作为资产所有者所信守的准则"。

在 2004 年何晶刚刚获任首席执行长时，淡马锡的投资组合净值为 900 亿新元。时至今日，即便受到了全球经济危机和近年新冠疫情的冲击，淡马锡投资组合已是当初的三倍有余，超过了 3 000 亿新元。

三、淡马锡对高层和员工的激励机制

新加坡政府委派的董事与淡马锡经营活动没有直接利益，因此只兼职而不获薪，工资仍由政府支付，但政府会根据淡马锡经营情况以实现"经营优而升迁"

作为激励。

独立董事的薪酬结构尽量符合市场和行业惯例，体现出董事的价值，但是独立董事并没有过高的薪酬，以避免独立董事个人产生职务依赖。因此，独立董事的薪酬包括并不高的固定年薪、津贴、专门委员会薪酬以及日常工作福利。这种薪酬导向是期望董事在决策中超越个体利益。

淡马锡强调长期利益高于短期利益，在不同经济周期内确保管理层与股东的利益一致，并且已建立起了一个科学、严格的管理程序和薪资福利项目。淡马锡绩效激励体制的纲领是，秉承资产所有者精神，将机构置于个人之上，强调长期利益高于短期利益，在不同经济周期内确保员工与股东的利益一致。

淡马锡的激励原则起始于新加坡建国总理李光耀的一个理念。他称："人是基于激励工作的。这是一个非常重要的理念，既符合理论原则，又被人类上千年的经济社会生活所证实。以这个理念为基础构建制度，是顺应人性的。"李光耀的这种观念是其在英国读书时领悟到的。后来，他把这种理念渗透到新加坡社会经济的很多细节之中。李光耀曾反复强调："新加坡是个小国，周边环境复杂，生存不易，所以，社会发展必须依赖于一个强有力的政府，要吸引一流人才加入政府、努力工作，而这就意味着要承认一流人才的内在社会价值和经济价值，给予他们一流的报酬。"

1998年出版的《李光耀回忆录》一书中写道："如果不这样做，这些人就会因为激励不足，腐化而堕落，变成人民财产的掠夺者。让单靠薪水活下去的制服人员掌权，哪怕是小小的权力，也等于让他滥用。"

当然，李光耀也清楚地认识到激励充分是解决问题的基础，但高薪并不一定能够养廉。曾经有一位李光耀非常倚重的阁员，在贪腐事件东窗事发后请李光耀网开一面。李光耀说："你这是让我在新加坡和你之间做选择。我很想帮你，但我如果选择了你，就意味着放弃了新加坡。"最后，这位阁员只好投海自尽，用生命为贪腐行为买单。这意味着在强化激励的同时，还必须有严格的监督。

淡马锡控股同其他私营企业在用人上没有什么不同，也是根据知识和才华来招募员工，按照贡献和业绩给予他们奖惩。这是职员奖酬体系中最重要的部分，因为合理的奖酬制度有助于将管理层和职员的利益与股东的利益紧密结合在一起。原则上，淡马锡董事会根据财富增值或营业利润来安排业绩奖励计划，该方案全面考虑了短期、中期、长期的业绩表现。

淡马锡的薪酬框架致力于培养一种企业文化，让管理层和员工带着坚定的跨时代使命感，从长期资产所有者的角度思考与行事，兼顾短期业绩与长期价值创造，并与股东同舟共济，共享收益，共担损失。长期奖励最长可递延至 12 年派发，并取决于市场风险和回拨机制，目的是在市场周期内确保回报的可持续性。递延奖励和回拨机制是淡马锡薪酬计划的重要组成部分。过去 10 年，淡马锡共回拨四次花红，其中有三次因递延奖励不够抵消过往财年的回拨资金而延至下一年度。这些递延的回拨资金差额已在后续财富增值为正数的财年中填补。按照时间长短，绩效激励分为以下三类。

（一）绩效激励的类型

1. 短期奖励机制：年度现金花红

预算范围内的短期年度现金花红取决于公司、团队和个人的业绩表现。

2. 中期奖励机制：财富增值花红储备

根据每位员工 4 年里的业绩表现及贡献，淡马锡财富增值花红储备的一部分会用来派发至每名员工的名义财富增值花红储备账户。如果花红储备为负数，则是进行了回拨。

3. 长期奖励机制：投资共享计划

淡马锡管理层可能获得以业绩或时间为兑现条件的联合投资组合，这些联合投资组合的有效期为 12 年。

（二）实践利益共享

自 2016 年起，只有在财富增值和投资组合回报均为负数时，才会进行回拨。淡马锡的所有员工已经历过不同市场周期和重大经济危机的考验，多年来共享收益，共担损失。

实际操作中的基本原则是花红的递延发放和回拨机制。简言之，就是好的年景备荒年，确保回报的可持续性，也体现出"共享收益，共担损失"的资产所有者精神。

淡马锡通过科学方法设立资产收益的基准，用来衡量资产管理团队和相关人员的业绩。淡马锡的收益包括：①通过买进、卖出或持有公司股权来获取收益，这主要是一种资产的差价收益；②投资组合的股息收入；③基金管理的收益，这一部分主要以现金的形式获得。淡马锡以派发股息的方式，向新加坡政府上交可纳入国家预算的收入。

淡马锡从 2003 年起，开始把经过风险调整后要求的资本回报作为衡量投资回报的标准，即投资收益等于投资回报减去经过风险调整后所要求的资本回报水平。为了能够更准确地反映投资回报的水平，淡马锡从 2018 年起采用了《国际税务报告准则》，包括最新的《国际财务报告准则第九号——金融工具：确认与计量》。采用这些新准则就可以保证那些持股比例低于 20% 的投资，其单个年份的市值变化不仅可以反映在资产负债表中，也可以反映在损益表中。

以这些方法做基础，淡马锡就可以清晰地计算出每一年的真实业绩，可以判断每一个业务部门、每一个管理人员和团队在特定的财务年度究竟是创造了价值还是毁损了价值。在科学准确地衡量了业绩之后，管理人员的激励体系就可以完全建立在市场化的原则基础上。

淡马锡激励体系最值得关注和借鉴的内容是它的花红和回拨制度。淡马锡管理人员的薪酬主要包括基本薪酬和花红两大部分。花红由公司的投资收益决定。当公司收益为正时，管理人员就会按照事先约定好的规则获得花红分配；而在公司资产收益为负的年份，他们就得不到花红。

具体来说，淡马锡的管理者都有相对固定的基本薪酬。这部分报酬的水平主要参考市场标准。淡马锡认为，如果基本薪酬水平过低，公司就很难获得一流人才，所以，它的基本薪酬是很有竞争力的。而当管理人员完成了年度目标之后，他们可以拿到相对应的激励性报酬，主要是年度现金花红和风险回报花红。年度现金花红是一种短期激励；风险回报花红是一种中期激励。

花红是一种关于利润分享的传统说法，可以理解为"基于公司红利的奖金"。淡马锡的年度现金花红根据公司、团队和个人的业绩表现来确定。而风险回报花红也叫风险回报分享奖励，是当公司资本的总回报高于经过风险调整后的资本回报时才会发放，也被称为"财富增值回报或额外回报"。

投资活动带来的收益减去经过风险调整后所确定的资本成本，如果是正值，就意味着经营者为股东创造了价值，这时，经理人员会获得"财富增值回报"。对此，淡马锡有自己的一套算法，可以确保每一年都能够在投资收益恰当核算的基础上，确认激励性报酬的数额。

不过，花红激励并不是淡马锡的特色所在，它真正值得关注的是"回拨"制度。回拨的意思是，如果核算出来的投资回报是负的，也就是说，当实际的回报水平低于经过风险调整后所要求的回报水平时，管理人员要向公司"赔钱"。也就是说，管理团队并没有从资产的经营和增长中为股东创造价值，相反，是在毁损公司价值，那么，这时的奖励就应该是负的。负的，就要给股东赔钱，以示承担责任。这个给公司赔钱的过程，在淡马锡叫作回拨。

那么，回拨的钱是从哪里来呢？这就涉及淡马锡的"递延激励"安排。正是在递延激励的大框架下，才存在回拨的可能性。淡马锡为它的管理人员和每一位员工都开设了财富增值花红储备账户。当花红是正数时，这笔财富就会被派发至经理人和员工的储备账户中。不过，这个储备账户中的钱并不能在当年就可以拿走，它是递延发放的。每年只发放其中的一部分，至于发放多少，取决于管理人员的级别。

如果财富增值花红储备的结余是正数，高级管理层将获得不超过其财富增值账户结余 1/3 的奖励，中层管理人员能获得 1/2 的奖励，其他员工则为 2/3。也就是说，级别越高，责任越大，这个账户中的财富被递延支付所拖的时间就越长。这样就始终保证着这个账户里有余额，有余额就有了回拨的可能性。当财富创造是负数时，花红就可以从这个账户被回拨出去。

淡马锡成立的时间虽然不长，出现回拨的情况却不少。甚至在递延奖励不够抵消回拨资金时，多余的回拨额度还曾经被延至下一年度。过去常说，经理人是"负盈不负亏"，但淡马锡在递延激励的大框架下，有效地创造出了"负盈也负亏"的制度。

总之，递延激励和回拨机制成为把管理者、员工和公司在利益上紧紧捆绑的制度。特别是递延机制，达到了高效锁定的效果。而且，级别越高的管理者被锁定的时间越长，最长的时间达到了 12 年。这样就形成了高级管理者更关注长远激励，心态近似于股东的效果。

淡马锡的激励体系在客观上产生了两个重要的结果：第一，它有助于吸引、选拔和保留优秀人才；第二，也是更加重要的，有助于激励员工在选择投资组合的时候建立长远的观念，从股东长期利益最大化的角度出发想问题、做决策。这也是淡马锡取得令人惊羡的业绩的重要原因。

第二节　淡马锡的外部治理以及与淡联企业的关系

通过制定各项管理规则，淡马锡控股不断地把市场经济的新规则和股东的建议吸纳进来，完善自身的体系，并且经常与市场的参与者就他们关心的问题进行对话，帮助淡马锡控股提高应对市场的能力。淡马锡与淡联企业保持一臂的距离，不干涉淡联企业的日常决策和运行，同时作为淡联企业的产权代表，与淡联企业一起确保资产的保值和增值。

一、淡马锡的外部治理

淡马锡近年来走出了一条创新之路，他们在经营中恪守市场原则，不仅保证了国有资产的持续增值，还处理好了国家、政府、共同投资者、私人经济与国民利益的关系，实属不易。尽管新加坡是个小国，国有资产总量与中国相差甚远，但其充满创新元素的运作机理的确有可借鉴之处。

一般而言，企业外部治理机制包括法律的约束、资本市场的监督和市场的力量等。

（一）法律的约束方面

淡马锡宪章规定淡马锡是严格按照《新加坡公司法》创办的企业，新加坡反贪污贿赂局根据《新加坡公司法》对高管和员工的商业贿赂行为进行调查。虽然根据《新加坡公司法》第 4 条第 1 款的规定，淡马锡可以豁免审计，无须委任审计师对其账目进行审计，只需编制非审计财务报表，但是淡马锡还是从 2004 年起，每年公布经过审计的财务报表。

（二）资本市场的监督

淡马锡的资金来源主要有以下几个方面：①出售；②投资组合的股息；③投资基金收益；④新加坡财政部注入的新资本；⑤银行贷款；⑥淡马锡债券；⑦淡马锡欧元商业票据。

淡马锡投资资金的来源有一部分是发行债券、票据和银行贷款，虽然淡马锡并未上市，但是也要受到债权人的监督。因而，淡马锡必须维持一个较好的业绩才能获得投资人的信任。截至 2020 年 3 月 31 日，淡马锡有 16 只淡马锡债券，总计 126 亿新元，加权平均到期时间超过 12 年。淡马锡通过总值 200 亿美元的全球担保中期票据和总值 50 亿新元的担保中期票据项目，直接向债券投资者借款。淡马锡债券分别获得穆迪（Moody's）和标准普尔（S & P）的 Aaa/AAA 信用评级。由此可见，淡马锡经营团队受到资本市场的严格监督，如果经营状况出现问题，淡马锡将会被市场所抛弃，其职业经理人地位也将不保。

（三）市场的力量

淡马锡在新加坡资本市场并不享受特殊的待遇，新加坡政府不授予淡马锡经营垄断权，在融资和政府采购等方面不给予特殊待遇，令其完全按照市场原则强化其硬约束，做不好就任其接受市场的处罚，甚至破产倒闭。因此，从经理人市场来看，淡马锡董事会会通过在全球职业经理人市场遴选优质企业家，国有企业标签并不是淡马锡的令牌。从产品市场来看，淡马锡经营团队需要不断优化产品组合，寻找最佳投资机会，如果多次投资产品失败就会被市场所淘汰。

目前，新加坡的国有资产分别由新加坡金融管理局、新加坡政府投资公司和淡马锡控股负责管理。其中，淡马锡的运作模式最具特色和代表性。淡马锡是按照《新加坡公司法》注册的公司，财政部是其唯一的股东。

作为控股公司，淡马锡将国有资产以股权的形式投资在新加坡的企业，这些新加坡企业便被称为与淡马锡的政府股权有关联的政联企业或淡联企业。新加坡政府通过设立淡马锡控股公司，将国有资产的经营全权委托给这家商业公司运营，财政部仅在淡马锡董事会人选上行使一般股东的职责。即使在行使这项职责的过程中，也会广泛征求专家的意见，并报总统批准。

淡马锡董事会人员的任免虽由新加坡财政部长牵头、各政府部长及专家组成的董事会任命委员会提名，但必须经总统同意后才能任免，这在历届政府与总统之间安排了制衡机制，可以防止各届政府滥用职权。一旦政府乱发指令，淡马锡控股董事会有权驳回政府指令，只要总统支持淡马锡管理层的举措，政府便无法开除现有的董事会成员及管理层。淡马锡董事会成员绝大部分都是非执行董事，甚至是独立董事，在公司里没有股权，且都是来自独立私营企业的商界领袖。

至于淡马锡控股公司的具体经营和投资活动，则由淡马锡董事会及其管理层全权负责，政府从不干预。这种只管人不管事、保持"一臂之距"的治理模式，既有效地把握了淡马锡的大方向和经营文化，又给予了淡马锡充分的自主权。新加坡国立大学副教授顾清扬曾表示，董事会相当于"防火墙"的作用，切断了政府与管理层之间的关系，这样就不会产生政企不分的问题。政府对淡马锡的影响主要表现在两个方面：一方面，派出股东董事，通过参与董事会的方式知晓企业运作情况并参加董事会决策和方针制定；另一方面，淡马锡和财政部之间也建立了协约机制，让政府能够及时了解公司绩效，并及时通告政府买卖资产计划。

由于淡马锡起到了相当于"防火墙"的作用，阻隔了政府与政联企业之间的关系，就不会产生政企不分的问题。这样淡马锡控股及其下属淡联公司就在不受政府干扰的情形下，按照市场化原则灵活运作，为股东创造最大的价值。同时，这种政企分离的另外一个重要意义在于，它成功剥离了政府直接经营国有资产的责任，减轻了政府的负担，使其可以超脱于短期的企业经营绩效，将精力专注于国家长远利益和战略规划，而不被短期目标所绑架。

从成立伊始，淡马锡控股就按照国有私营的原则运行。政府不授予政联企业垄断权，在融资和政府采购等方面不给予特殊待遇，令其完全按照市场原则强化其硬约束，做不好就任其接受市场的处罚，甚至破产倒闭。

淡马锡控股采取了一系列创新措施来克服国有资产运行中常见的通病。例如，采用股权多元化引入私人股东，鼓励通过上市优化公司治理结构，通过国际化增强其竞争力，这些措施大大减缓了信息不对称及随之产生的委托 - 代理关系问题。通过在全球职业经理人市场遴选优秀企业家，并通过长效激励机制平衡企业创新和风险防范，使淡联企业可以长期稳定发展，持续为股东和新加坡的国家储备创造源源不断的财富。

在新加坡良好的市场和国家治理的外部环境下，淡马锡重用独立董事，既加强了公司决策及监督的质量和水平，又在一定程度上克服了独立董事的道德风险和激励不足等缺陷。淡马锡坚持决策与执行相分离，主张董事会独立于管理层。这种权责明确的公司治理模式，既使董事会可以专注于重大决策和问责，又使得管理层更为尽责和专业化。

全球国有企业运营的一大问题是怎样处理好与其他利益相关者的关系，涉及国家长远利益、私人经济活力以及国民的利益。国有企业的行为必须以国家的长期经济利益最大化为原则，而不是国有企业本身的利益最大化。淡马锡在这方面的探索也颇具启示。

淡马锡控股通过两次重要的"国退民进"过程，很好地处理了国有资产和私人资本的配置关系。私人经济是一个国家长期发展的最重要的发动机之一，淡马锡通过上下游关联和资产出售，不断将私人资本引入产业发展中。而当新加坡私人经济逐渐成熟后，国有经济就有序退出。

淡马锡的有序退出同时实现了两个功能：首先，是把国有经济让位给私人经济来经营，为私人经济腾出发展空间，使国家经济增添活力和创新能力；其次，淡马锡适时的"战略撤资"也实现了国有资产的增值。通过股权出售、整体售卖或者上市等方式退出，优质资产得以高价卖出，使股东收益最大化。增值的收益又通过国家储备净投资回报的渠道进入政府财政层面，并最终实现对国民的回馈。正是由于淡马锡对财政的巨额贡献，才使新加坡有能力实行低税率的轻税体制，而这又激励了资本和人才的不断汇集，达到经济的良性循环。

二、淡马锡对下属企业的监督和管理

自 2002 年以来，《淡马锡宪章》的核心内容不断调整聚焦。2002 年，宪章是以新加坡利益为核心，新加坡的底色很重。2019 年，宪章则淡化了新加坡的背景："淡马锡是积极活跃的投资者与股东，是着眼未来的机构，是备受信赖的资产管护者。"

淡马锡现在将自身定位为一个全面商业化的投资机构，完全按照商业原则工作，根本任务就是要追求投资收益最大化，确保公司资产的收益，其实也就是新加坡政府储备金的升值。随着经营战略的调整，在淡马锡的投资组合中，淡联企业（淡马锡持股 20% 以上）的比例也在下降。这种下降体现在年报中就是淡联企业地位并不像以前那般特殊，它们也只是淡马锡所有投资组合中的一类，对其要求也不特殊。

淡联企业最初一部分演变于建国初期英军撤离时留下的企业，另一部分则来自政府为了经济建设需要而发展起来的一些国有企业。它们是在《新加坡公司法》下注册的企业，完全按照私营企业的模式运营，与一般国有企业负有多重目标、多重任务不同，新加坡淡联企业的唯一目的就是盈利。

淡马锡控股的重要功能之一就是管理淡联企业。淡马锡作为公司的股东，在这些政联公司中推行与其自身管理类似的公司治理制度，提倡董事会独立于管理层，独立董事比较多，执行董事跟董事会尽量分离，淡马锡本身不参与这些公司的商业决策或运营。

淡联企业都是独立经营、自负盈亏的，由其公司自己的董事会和总经理负责决策和管理日常经营活动。淡马锡控股董事会作为产权代表，对其下属子公司的经营活动负有监督管理的责任，以确保资产增值。

（一）淡联企业董事会

各个淡联企业的董事会都是按《新加坡公司法》的要求，由股东大会选举的董事组成的。淡马锡控股则根据自己在淡联企业中的持股比例推荐董事人选。在淡马锡持股比较高的淡联企业中，其董事会主要由董事会主席、淡联企业提名的董事、淡马锡控股提名的董事以及政府部门委任的董事等人员组成。

淡马锡控股对董事的职位看得很重，赋予淡联企业董事会的权力很大，董事绝不只是在办公室里签签字、开开会，而是必须到第一线调查了解情况。这些董事主要负责股东结构的调整、公司经营业绩、公司改组、重大投资决策等，董事会以专业、客观、稳健的态度指导和引领管理层朝着既定的目标前进。董事会和管理层紧密合作，制定战略，评估方案，提高决策准确度，提升企业竞争力，但董事会并不干预公司的日常经营管理。作为管理层的一个把握方向的舵手、战友和导师，董事会贡献其专长、经验和建议来帮助公司实现目标。作为公司战略的决策者，董事会对公司业务的增长具有义不容辞的责任。

在董事的选择上，淡马锡控股注意从企业界和公共服务界遴选人员，保证董事会具有良好的双边代表性，使董事会的各项决策包含政府与民间两头的看法。但是，近年来，担任淡联公司董事的现任政府官员越来越少，这是因为大多数淡联公司处在竞争激烈的商业领域，董事必须具备商业方面的专长和经验方能胜任引导和监督管理层的工作，而政府官员的商业能力相对较弱。担任淡联企业董事的企业界人士可以包括银行家、大型上市公司的总裁，以及拥有足够行业经验的退休前总裁。唯一有较多政府官员出任董事的是淡马锡持股 53% 的新科工程，其主要提供与国防有关的产品，因业务需要，这家公司的 11 位董事中有 3 位来自国防部，这是一个特例。

淡马锡控股鼓励淡联企业给予董事符合市场行为准则的、有竞争力的薪酬。在某些情况下，淡马锡控股的高级管理人员也在淡联企业的董事会里占有席位，帮助监督公司的运营。而董事长和总经理则必须由两人分别担任，这是因为淡马锡控股任命淡联企业的最高职位，包括董事长、董事、首席执行官等，是要发挥他们的重要作用，而不是摆摆样子的。他们是制定业务策略和推动业务发展的关键人物，既要密切合作又要相互约束。

如果董事长、总经理由一人担任，这表示他同时领导董事会和管理层。这种情况使得其他董事会成员无法有效地检视管理层的问题，也难以对总经理的表现进行客观的考核，更难对他做出免职的决定。淡马锡控股原董事长丹那巴南在 1999 年时就表示，淡联公司董事长和总经理的职位应由不同的人担任，如此才不会出现董事会被总经理要挟的窘况。

这已作为一项原则被淡马锡长期一贯地坚持。淡联企业必须任命不同的人选担当董事长和首席执行官，以确保董事会的客观审慎性。不只是淡马锡控股的全资子公司，除吉宝集团外，所有在新加坡上市的淡联企业的董事长和总经理也分别由两人担任。如此，董事长和总经理的职责有明确分工，前者领导和负责董事会的运作，后者在董事会的授权下具体执行战略，负责企业日常事务运作，以企业取得的业绩向董事会负责。

（二）对淡联企业的管控模式

淡马锡控股作为政府的产权代表，对其下属公司的经营活动负有监督管理的责任，以确保资产增值。作为监管功能的一部分，淡马锡控股监督下属各公司的业绩表现是实打实的。对于业绩表现较差的公司，淡马锡会和它们密切合作，共同分析经营环境，展望行业前景，检查战略和策略的执行情况，同时协助它们重组不良资产，提高它们的核心竞争力，寻求最优秀的人才以及采取更客观有效的业绩指标，等等。

淡马锡控股还根据淡联企业的半年报和年报，对公司的业绩做一年两次的检查，通过对比同行企业以及其他淡联企业的表现来评估被检查企业的表现。此外，淡马锡的股东代表——新加坡财政部部长和淡马锡的董事每年也会有选择性地抽查部分淡联企业的业绩，这类检查一般都要包括实地考察。

在通常情况下，淡马锡控股对子公司的监控方式有以下 6 种：

（1）审阅子公司的每次董事会备忘录；

（2）审阅子公司的财务和管理月报、季报和年报；

（3）定期审阅子公司有关投资和贷款的报告；

（4）委派人员进入子公司董事会；

（5）子公司的所有增资计划要经控股公司批准；

（6）根据《新加坡公司法》的规定，控股公司也可以通过行使作为大股东的一切权力来对子公司进行监控，如对股本变更、公司重组、年度预决算、委任董事等重大事项进行表决。

从以上内容可以看出，淡马锡控股对子公司的监控，绝不仅仅局限于大股东的权限上，而是对包括公司总体经营状况在内的多方位监控。

对于淡联企业的重大投资以及重组，淡马锡控股也要进行谨慎的监督，以协助它们确认行业走向以及选择正确有利的方案。淡马锡控股还定期组织午餐会，与淡联企业的董事长、总经理等见面，交换意见和分享见解。

其他的淡联企业与新加坡航空公司非常相似。董事会基本上都是由独立董事组成，并且由董事会和淡马锡一起来选拔新董事。淡马锡选择独立董事的过程有一套程序，首先会由一个提名小组先进行董事候选人的筛选，然后依次是淡马锡负责人见面谈话，淡联企业现任董事见面沟通，最后决定是否可以就任。

作为积极的投资人，淡马锡虽然不过多干预公司的运营，但其管理人员与淡联企业董事们的联系还是比较多的。淡马锡非常重视淡联企业董事会主席的选择，注意同董事会成员之间的非正式交流。淡马锡会有固定的联络人员代表股东观察董事们的行为，并建议上级领导是否更换不负责任的董事。当然，淡马锡会比较尊重这些商业人士的独立判断。

激励和监督是一体两面。在给予董事和高级经理人员较强激励的同时，淡马锡也会对淡联企业的董事进行每年一次的评估，评估由专业的顾问公司进行。淡马锡会根据董事的评估结果及时调整内部的董事数据库。淡马锡选择董事的范围是董事数据库，这个库对于在任董事和候选董事的情况都有记录，并随时更新。所以，董事数据库的存在既是一种激励，也是一种声誉上的约束。

淡马锡与政府之间"保持适当距离"，淡马锡控股与淡联企业之间同样贯彻这种原则。淡马锡对淡联企业有明确的盈利要求，考核经营者的业绩也是根据利润指标。但如同新加坡政府不干涉淡马锡的正常经营管理一样，淡马锡一般也不干涉旗下企业的日常经营管理。"保持适当距离"的精髓就是怎样更好地将企业推向市场。这种原则表明这些具有隶属或密切关系的经济组织，如母公司与子公司、厂商与经销商等在日常经营管理、营销策划、处理利益纠纷乃至纳税义务上都具有平等的法律地位，一方不能取代或支配另一方。

淡马锡前执行董事兼首席执行官何晶曾说过："淡马锡与政府的立场一样，不介入旗下企业的日常经营和运作上的决策。淡马锡相信真正能够帮助旗下企业的最好方法便是为它们组成高素质、身具商业经验、包含多方面经验的董事会，来配合表现突出的企业管理层和全心投入企业的员工。"对于具体商业决策的不干预，正如淡马锡前主席丹那巴南先生在 2010 年的分享："当新加坡电信想收购第二大电信公司时，他们并没有问淡马锡的意见。当新加坡航空买下数十亿美元的飞机时，淡马锡只是从报纸上知道的。"

淡马锡对淡联企业的管理如同新加坡政府之于淡马锡，以加强淡联企业董事会建设为管控核心，淡马锡并不指导其商业决策。淡联企业也像其他任何民间企业一样在商场上运作，既有成功的可能，也有失败的风险。淡马锡并不谋求政府给予淡联企业任何形式的津贴或保证，而是让企业在市场竞争中经历风雨。2008年2月，李光耀在马新航空公司分家后的发言足以表明这个观点："我给新加坡航空管理层的第一个信息是，我可以让你披着国旗在空中翱翔，但别指望我贴钱给你们。如果你们能取得盈利，算你行，如果你不行，那也罢，国家航空公司的任务可以由别人来做。"淡马锡也是持有新加坡航空 55% 股份的大股东，商业化运行、效率优先，才能在竞争中存活。

作为股东的淡马锡控股严格遵循《新加坡公司法》，按照市场经济规则参与其所投资的公司管理，但不参与被投资公司的投资、商业和运营活动。这些具体的经营活动由它们各自的管理团队来组织，并由各自的董事会监管。如果需要股东的批准，他们会向所有的投资者征求意见。至于属下企业集团的投资政策，淡马锡控股完全交由它们各自的董事会与专业团队去负责，基本上不介入。淡马锡控股考虑的就是如何给所投资的公司增加价值，其中的一个关键就是建立一支稳固的、高质量的、有商业力量的、有国际化目标的公司管理团队，并由他们自己来做出决定。淡马锡控股并不直接任命所投资公司的管理者，而是由下属公司自己在国内外市场上寻找符合董事会要求的合适的经理人选，最终按批准程序批准。特别是淡马锡控股鼓励所属企业到境外聘请专业董事与职业经理人，这是它的一项重要的人才策略。

至于直属子公司以下各个层次的公司，其组织结构与淡马锡控股无直接关系，主要是通过直属子公司逐级实施产权管理。事实上，这些公司完全按市场规则运营，经营机制与私营企业并无多大区别。这些子、孙公司都独立经营、自负盈亏，由本公司董事会负责决策和管理其日常经营活动。

总体来说，淡马锡控股认为它们必须挑选一批最出色、具有很强的办事能力和高尚品德的高层领导，并让他们全权领导公司，淡马锡控股绝不干预。但有时在必要的情况下，为了维护全局的利益，为了确保淡联企业能够持续健康有序地发展，淡马锡控股也会毫不犹豫地以积极股东身份在企业的董事会和管理层中发挥应有的作用。

淡联企业的董事会也通过定期的考核机制来确定企业近期、中期与长期的总裁接班人选。有了这样一个流程，有助于建立一个正式的人才晋升架构，以确保企业的领导和管理层都由专业精英人才担任，并为各企业的领导和管理层提供后备人才资源库。

在选择总裁接班人的工作上，每家淡联企业的董事会都有其领导接班人研讨小组，由他们来制定筛选的准则，由董事会成员来亲自选拔未来的总裁。淡马锡控股主要是从旁协助和确保每家企业的董事会能够明确地、全权地行使这一项重要的职责。

新加坡国立大学副教授顾清扬认为，淡马锡放手让淡联企业的商界精英掌舵，能够完全施展这些专业人士的活力，而当公司出问题时，能够适时问责，这是淡马锡管理淡联企业的秘诀所在。新加坡国立大学李光耀政策研究院教授陈抗认为，新加坡政联企业实行董事会与管理层的分离，公司治理更多依赖不占股权的独立董事，这种治理方式的效果在美国等其他国家并不十分有效，而在新加坡却很成功，这在很大程度上归功于新加坡法治意识、诚信社会所营造的整体大环境。在淡马锡控股的培育下，新加坡确实已经涌现出一批具有国际水平的大型企业，如新加坡航空公司、新加坡电信、胜宝旺造船厂等。它们的突出业绩不但得到国内各界人士的赞誉，而且在国际市场上也崭露头角，从而使政府赋予的淡马锡"培育世界级公司"的历史使命正在逐步得以实现。

另外，淡马锡在国际上投资的竞争性行业企业很多情况下并不谋求控股地位，而是搭私人股东们的"便车"，借助私人股东的监督积极性和监督机制来降低投资风险，并避免国家不正当干预，这也是淡马锡独到的运营方法之一。

第三节　淡马锡的监督机制

一、新加坡政府储备金管理的三驾马车

2020年4月7日，为了促使国会通过第三份抗疫预算案，当时的新加坡副总理兼财政部长王瑞杰在国会辩论中分享了一个故事。

他较早前收到一位母亲的信，她在家中和女儿一同看《同舟共济预算案》声明的电视直播时，女儿突然问："动用那么多钱，新加坡会不会破产？"2020年，新加坡前后颁布了四份抗疫预算案，总计929亿新元，占新加坡GDP的20%。这其中，新加坡将动用总共520亿新元的国家储备金。

王瑞杰说，他很欣慰女孩小小年纪就理解守护储备金的重要性，政府在新冠疫情结束后将继续未雨绸缪，不让下一代负债。他说："那位母亲写信来为女儿讨答案，而我的答案很简单：不会！我们绝对不会让新加坡破产。"

王瑞杰在新加坡国会上发表《坚毅向前预算案》声明时说："储备金是历代新加坡人积累的血汗钱，得来不易。新加坡必须格外珍惜，并善加利用。"为什么新加坡政府这么有底气呢？因为新加坡有积蓄，还会理财。

《经济学人》2018年8月估计，新加坡的储备金规模约为7 700亿美元。它分别由三家组织来管理，即新加坡金融管理局、新加坡政府投资公司（GIC）、淡马锡公司。其中，金融管理局类似于新加坡的央行，是一个法定机构，负责管理2 900亿美元的外汇储备。GIC也是由新加坡财政部全资持有，这一点与淡马锡相同。GIC管理的政府储备金资金规模大约是2 500亿美元，包括自独立建国以来政府所累积起来的财政盈余，以长期、多元的海外投资组合为主。法人结构与GIC相同的淡马锡则按照《淡马锡宪章》管理其余的储备资金，2020年度淡马锡的政府股东权益为2 905亿新元（约2 200亿美元）。

这三家机构改革组成了国家储备净投资回报框架（Net Investment Returns，简称NIR），三家机构每年收益的一部分通过这个框架支持政府预算。有积蓄、

会理财，这就是新加坡政府"不会破产"的底气。

二、新加坡政府对淡马锡的监督

作为淡马锡的全资拥有者，新加坡政府在淡马锡事务权上的定位是监督审查，采用清单式管理，一目了然。人们常说新加坡政府与淡马锡的关系也是"一臂之距"。其实，新加坡政府在人事、财务、事务三个权力上的清晰边界，大概就是"一臂之距"的真正含义。在实际运行中，一个组织的治理权无非人事任免权、财务权、事务权。

在新加坡政府以财政部长为代表作为唯一股东的淡马锡公司内，这三项权力是怎样的呢？

（一）政府在淡马锡公司的人事任免权

1991 年修订的《新加坡宪法》规定，公民可直选总统。这一宪法修正案的目的是增加对政府收支的监督与制约。其中规定，每一个新当选的政府使用过去的储备需要总统批准。

根据这些原则，在指定的政府机构和公司中的关键人员的任命以及关键财务治理事项都需要总统批准，这些机构和公司归入第五附表公司。第五附表公司中，除了淡马锡，还有中央公积金局、新加坡金融管理局、新加坡政府投资公司。作为附表五的公司，淡马锡董事会成员及总裁的任免由董事会下设的提名委员会向股东即财政部推荐，再由财政部向总统顾问委员会提名，由总统批准或者否决。

在任职年限上，淡马锡的现行规定是，董事长最长可担任 9 年，董事的任期不超过 6 年，但必要时可延长 3 年。另外，为了保证董事长与董事能够投入足够的时间与精力处理公司的事务，每名董事最多只能兼任 6 家企业的董事职位。

除此之外，政府、现任总统不干涉淡马锡公司其他人事的任免。不过，淡马锡的最近两任董事长都有很强的政府背景。现任董事长林文兴在 2013 年担任董事长之前，担任了多个新加坡政府内阁职务，包括总理公署部长，类似于"中办＋国办"主任一肩挑的角色。上一任董事长为印度裔丹那巴南，自 1996 年 9 月起任淡马锡第三任董事长 17 年。他之前也先后在政府担任过多个部门的部长。

最近一任的淡马锡 CEO 则是现任新加坡总理李显龙夫人何晶女士，自 2003 年起担任总裁，2021 年即将退休，即将接任的是狄澜，律师出生，2010 年 9 月加入淡马锡，目前领导美洲的市场团队。淡马锡公司的董事以及总裁的任免权在于新加坡财政部与总统。

（二）新加坡政府在淡马锡公司的财务审查权

作为宪法第五附表公司，淡马锡的宪法责任是保护公司过去所累积的储备金。"虽然政府是淡马锡的唯一股东，但作为受《新加坡公司法》管辖的商业投资公司，淡马锡拥有资产，而不是政府的资金代管者。"这是淡马锡公司网站上对自己的定义。实质大于形式，可以从资金"收支两条线"来看淡马锡与政府的财权关系。

首先看淡马锡的资金来源。淡马锡的原始资本依靠接收的国有企业股权，后期主要依靠自身投资获得利润、增加权益，也即储备金。资产的出售产生的资金是其投资资金的主要来源之一。这一资金增速最快的阶段是旗下企业进入资本市场的阶段，比如，1985年新加坡航空上市、1994年新加坡电信上市，近年来则是通过长期股权投资的变现出售以及派息获得的资金来进行新的投资。过去5年的公司年均出售额约为230亿新元；过去5年，其获得的来自投资企业的年均派息是90亿新元。

另外一个补充资金的来源是借贷，包括发行美元债券、欧元债券以及不定期的银行贷款。截至2020年3月31日，淡马锡的负债中有总值126亿新元的未到期美元债券以及总值12亿新元的未到期欧元商业票据，加权平均到期时间超过12年。相对于2 900亿新元的净资产、3 060亿新元的投资组合，借贷占比只有4%左右。

除了这两个主要资金来源之外，政府作为股东也会出资，但这一出资不包括新加坡公积金储蓄、新加坡政府储备金、新加坡外汇储备，这是其他附表五机构的管理范畴。比如，据《联合早报》2月17日的报道，新加坡政府拨出5亿新元，同淡马锡合作设立一个10亿新元的本地企业资助平台。10亿新元在淡马锡3 000多亿新元投资组合中的比例只有3%，类似规模政府出资的指导意义强于规模意义。

再看淡马锡的支出。除了正常的投资支出、纳税以及其他必要的经营支出之外，作为公司，给股东（政府）分红则是必需的。以2019年预算案为例，来自NIR框架（新加坡金融管理局、新加坡政府投资公司GIC和淡马锡公司）内的三家公司给予政府的分红是172亿新币，占政府当年预算收入的19%左右。NIR框架在2009年是以储备金为基础推行的，一开始只包括新加坡金融管理局和GIC。从2016年起，淡马锡控股的预期收益也被纳入NIR框架。这意味着政府可使用公司的预期长期实际收益，包括已实现和未实现的资本收益，使用额度最高可达收益的 50%。

因为涉及"未实现的资本收益"的使用，当时有市场人士因此猜测，淡马锡需要调整投资策略，例如，持有更多流动资产或接受较低的回报率等。对此，淡马锡公开回应："这只是为计算可纳入政府预算的金额提供了规程。淡马锡的股息政策平衡了两点：给股东（新加坡政府）提供可持续的股息，同时保留盈利进行再投资，以取得未来回报。淡马锡也考虑到保护淡马锡以往储备金的责任。"这段话也清楚地表明了淡马锡与新加坡政府之间关系的关键词——基于商业规则的平衡艺术。

政府与淡马锡的财务权分配可以概括地总结为：政府是甩手掌柜。政府原始出资，淡马锡公司化运营管理资金，政府根据预定长期收益率提取股息，股息纳入政府预算收入。

（三）新加坡政府在淡马锡公司的重大事务权

依据《新加坡宪法》及法律的规定，除非关系到淡马锡过去储备金的保护，总统或股东（政府）均不参与公司的投资、出售或任何其他商业决策。

从下面这两段讲话中可以看出政府对淡马锡的定位："淡马锡成立的初衷是让作为政策制定者的政府与作为股东的角色保持距离。"——新加坡前总统纳丹在淡马锡 30 周年晚宴上的发言（2004 年）。"我们谨慎地去避免在淡马锡的投资决策中扮演任何角色或产生任何影响。对淡马锡来说，这一直是正确的做法，让淡马锡在进行商业评估时不必猜测政府是否会同意其决定。"——新加坡前副总理兼前任财政部长尚达曼在淡马锡 39 周年晚宴上的讲话（2013 年）。

但这并非意味着政府在事务权上也当甩手掌柜。财政部对淡马锡采取清单式管控，管理清单上除了决定淡马锡的董事会成员和总裁外，财政部还有权审查淡马锡的业绩表现，管理清单还包括审定经营业务范围；审批重大投资项目。不过，近年来，淡马锡通过不断地重申其投资理念和投资方向，财政部审定业务范围和审批重大投资的权力已基本上授予了董事会。

第四章
淡马锡的运营绩效

"淡马锡模式"是什么呢？淡马锡是一家以市场化方式运营的政府投资公司，新加坡财政部对其拥有 100% 的股权，其投资决策是基于经济利益。所谓"淡马锡模式"，就是构建政府、国资运作平台、企业的三层架构。在宏观层面由政府牢牢掌控，而在微观运行层面由职业经理人负责，形成了一套独特的国企改革与国资管理的"淡马锡模式"。所有权与经营权的分离，正是"淡马锡模式"的精髓所在。在"淡马锡模式"中，只有国有资本的概念，没有国有企业的概念。国有资本和民间资本一样，追逐的是经济利益，是投资收益率。

自 1974 年成立时约 3.54 亿新元的股本，已经发展成为现在 3 000 多亿新元的投资净值，淡马锡的发展可谓非常成功。截至 2020 年，淡马锡自成立以来，股东投资回报率为 14%，远超新加坡长期银行存款利息率 2% 的水平。新加坡另外一家国有投资公司，自 1981 年成立以来，管理的资产超过 3 000 亿美元。它的投资遍布全球 30 多个国家的 2 000 多家上市及未上市公司。由此可见，新加坡淡马锡和 GIC 两家公司在投资收益方面应该实现了新加坡政府设立国有企业时的预期。

第一节　淡马锡的功能定位

中国的国有资本投资既要注重投资收益，又要激励国有企业做大做强；既要注重保值增值，又要体现国家战略。国有资本的投资是基于经济效益和社会效益的平衡，而非纯粹的经济效益。所以"以'管资本'为主"的国资管理改革不可以与"淡马锡模式"画等号，但是淡马锡模式对于中国国有企业的管理还是有着重要的借鉴意义。淡马锡自身定位是一家国际投资公司。作为投资者，淡马锡着眼于发现新的创新机会。淡马锡点明自己致力于为新加坡民众创造可持续的回报，并遵守《淡马锡宪章》的指引。

一、淡马锡如何看待自己

淡马锡引以为傲的《淡马锡宪章》清晰地定义了淡马锡的角色与使命。《淡马锡宪章》是这样描述的：

（1）淡马锡是积极活跃的投资者与股东。关于这一条，《淡马锡宪章》阐释为："淡马锡创造长期可持续的价值。淡马锡是一家投资公司，按商业原则持有和管理资产。作为积极的投资者，通过增持、维持或减持投资来塑造投资组合。这些投资通过商业原则驱动，致力于创造最大的经风险调整后的长期回报。作为积极的股东，淡马锡在投资组合公司中倡导完善先进的公司治理，包括建立由具备丰富商业经验的高水准、多元化人才所组成的董事会。淡马锡的投资组合公司由各自的董事会和管理层指导和管理，淡马锡不参与其业务决策与运营。同样地，淡马锡的投资、出售及其他商业决策由自身董事会和管理层执行。新加坡总统或淡马锡的股东新加坡政府均不参与淡马锡的商业决策。"

（2）淡马锡是着眼于未来的机构。关于这一条，《淡马锡宪章》中这样写道："淡马锡讲求诚信，致力追求卓越。无论作为机构还是个体，讲求诚信，以淡马锡价值观为指引。淡马锡培养具有归属感的文化，将机构置于个人之上，强调长期利益高于短期利益，将员工利益与股东利益挂钩。作为机构，淡马锡追求卓越，持续培养员工、强化能力并完善流程。淡马锡不断挑战并重塑自我，追求与时俱进；淡马锡立足当下，着眼未来。"

（3）淡马锡是备受信赖的资产管理者。《淡马锡宪章》称："淡马锡力求为世代民众谋福利。淡马锡是负责任的企业公民。在可持续和健全治理的基础上，淡马锡与新加坡及全世界社群密切联系。淡马锡在新加坡和其他地区重点支持人才培育、社群建设、能力增强以及生活重建的各类公益项目。淡马锡和利益相关群体共同发展健全治理的各类实践。根据《新加坡宪法》，淡马锡有责任保护淡马锡过去所累积的储备金。"

二、淡马锡模式中"管资本"的重点方向

淡马锡长期持有投资组合，而且依据资产负债表进行投资，所以并不设置

"资金有效期"。作为投资者和资产所有者，淡马锡主要进行股权投资，但不会对地理区域、行业或资产类别设定限制。淡马锡的投资活动围绕着淡马锡四大投资主题及其代表的长远趋势展开。

（1）重点投资转型中的经济体。通过投资基础设施、金融服务和交通物流等行业，开拓转型中经济体的市场，包括中国、印度以及东南亚和拉丁美洲的市场潜能。

（2）重点投资增长中的中产阶级。借助不断增长的消费需求，在电信、媒体和科技，消费和房地产等行业进行投资。

（3）重点投资具有显著比较优势的行业。关注具有独特知识产权和其他竞争优势的经济体、企业和公司。

（4）关注新兴龙头公司。重点投资在区域和国内具有雄厚基础的公司，也投资在转型过程中具备成为区域或全球龙头企业潜能的公司。

淡马锡在其官网上称，在保护未来世代的生活环境的同时，淡马锡希望以可持续发展的模式，为新加坡和区域带来经济繁荣，并致力于实现一个"活跃的经济，美丽的社会以及洁净的地球"的愿景，这是联合国设定的 2030 年可持续发展目标的一部分。

三、新加坡政府对淡马锡的定位

新加坡在独立初期的工业化进程中，钢铁、造船、石油化工等资金与技术密集的产业以及道桥、港口等基础设施的投资建设基本由政府负责，所以这些企业又被称为政联企业。随着经济的高速发展，这些政联企业的数量越来越多、门类越来越全，如何对其实施有效监管就成了一个非常棘手的难题。1974 年，新加坡政府授权财政部筹划，组建了淡马锡私人控股有限公司，并赋予它"通过有效的监督和商业性战略投资来培育世界级公司，从而为新加坡的经济发展做出贡献"的使命。根据规划，淡马锡持有新加坡开发银行等 30 余家国有企业中价值约 3.45 亿新元的国有股权。淡马锡也被看作管理这些政联企业的旗舰。

长期以来，新加坡对国有企业的治理成就一直为世人瞩目。截至 2020 年 3月底，淡马锡旗下资产 3 060 亿新元，是最初本金的 900 多倍，成立 40 年来的"股东复合年化总回报率"高达 14%（Temasek Review，2020），骄人业绩远超同期私营企业。淡马锡的经验充分证明，所有权性质并非决定企业效率高低的根本因素。如果国有企业不享受特权，公平参与竞争，在为国家创造更多财富的同时，还能让全体股东即全国人民普遍感受到它所带来的好处，那么我们就有充分的理由发展好国有企业。

新加坡对淡马锡的功能定位有以下几个方面。

（一）保障就业的龙头

李光耀曾在回忆录中写道："新加坡独立后，英军开始撤出，新加坡必须能养活自己，说服投资者把资金投在新加坡，设立制造厂和从事其他生意。新加坡必须学会在少了英军庇护和没有腹地的情况下也能生存下去。"当时，没有了英军的开销，新加坡的国内生产总值将减少 20% 左右。在政府接管了英军留下的造船厂以及食品加工厂后，新加坡急需吸引投资，发展经济，保障就业。于是，在 1974 年，淡马锡整合了新加坡财政部旗下的 30 家企业而成立。淡马锡成立初期的宗旨就是保障国计民生，解决就业的问题。如今，淡马锡旗下的新加坡企业已拥有十几万员工，在新加坡就业市场占据重要地位（见表 4-1）。

表 4-1　淡马锡旗下主要国有企业的就业状况（2017 年）

企业名称	营　业　额	员工人数（人）
星展银行	120 亿新元	24 000
新加坡电信	170 亿新元	23 000
吉宝企业	103 亿新元	3 000
新加坡航空	121 亿美元	21 000
新加坡能源	40 亿新元	2 500
新加坡地铁	13 亿美元	9 500

数据来源：经查询各公司网站，作者自制。

（二）财富增值的投行

2002 年发布的《淡马锡宪章》赋予了淡马锡公司新的使命："通过培育成功而有活力的国际业务，淡马锡将帮助扩大和深化新加坡的经济基础。"2009 年修订的《淡马锡宪章》将淡马锡明确定义为"坚持商业原则的投资公司""以价值为本的积极投资者"和"积极的股东"；其使命是通过"增持、减持或维持其在公司的投资、其他资产或领先的创新产品及业务"，"为利益相关者创造可持续的长期回报"并实现"股东利益最大化"。此外，新宪章还极力将淡马锡描述为"一家负责任的企业公民"，承诺将其部分收入用于"支持和帮助更广泛的社会群体的成长与发展"。比较而言，此版本放弃了"培育本国公司""拓展和深化本国经济基础"的说法，以淡化外界对淡马锡在国际商业运作中抱有某种"政治目的"的怀疑。

相对而言，2015 年修订的《淡马锡宪章》最醒目的变化有三处：一是通过广纳国际商业精英确保董事会决策的高水准和全球视野，同时也以无言的方式向外界证明了淡马锡的决策透明度；二是进一步向外界说明了新加坡政府与淡马锡、淡马锡与其所投资的公司之间的"纯商业"关系，两者的合理结合明显有利于进一步降低外界对其抱有"政治目的"的疑虑；三是将其一直在承担且无法掩盖的根本任务公开——"保护我们过去的储备金"。2020 年的《淡马锡宪章》则把淡马锡定义为积极活跃的投资者和股东，着眼于未来的投资，并为新加坡世代民众谋福利。

（三）维护民生的基础

《淡马锡宪章》中规定的重要一项就是在新加坡和其他地区重点支持人才培育、社群建设、能力增强以及生活重建的各类公益项目。与利益相关群体共同发展健全治理的各类实践。

淡马锡控股将所有淡联公司按性质不同划分为三大类，即 A 类企业、B 类企业和 C 类其他企业，对不同类型的企业采取不同的监管方式，主要是运用股东的权利来影响下属企业的业务和策略方针。其中，A 类是政府拥有并监控的企业；B 类是具有国际区域发展潜能的企业；C 类是其他企业。

A 类企业主要包括国家重要资源类和公共事业类企业，如水资源、能源、煤气、网络、机场和港口等企业，除此之外，还包括大众传媒机构、医疗、教育、住宅类企业。对于这些企业，淡马锡控股在其中所占股份为 100% 或持有多数股份，行使新加坡政府对这类企业的管理和控制权。基于以下原因，新加坡政府认为有必要在这些公司中扮演控股和主导的角色。一是在关键资源上的控股，一些事关新加坡的国家安全或与重要经济利益息息相关的经济资源，或是由于市场监管架构尚未完备，有关业务仍然在国内呈现垄断状态的企业，淡马锡控股将继续持有这些关键资源的控股权，如水、电和煤气供应、机场管理和海港业务等。二是监控与国策的执行有关的行业，对这些企业的控股能够确保政府更有效地贯彻和执行一些基本国策，并为国人提供基本服务，或在确保公众利益的前提下进行相关的监控工作。这包括监控大众媒介、获得政府补贴的医药服务、教育事业和政府组屋，以及公共康乐设施，如动物园和飞禽公园等。

如果以上这些企业将来对新加坡的经济利益不再具有战略性的影响，或市场上有新的角色可以取而代之，或宏观的监管架构已经建立，代替政府行使相关职权的淡马锡将会退出或淡化其所持有的有关股权。

目前，新加坡的公路、地铁、航空、港口、能源以及国防的重点企业都在淡马锡旗下（见表4-2）。新冠疫情时期，新加坡这些公共服务类企业亏损较为严重，但是淡马锡扛下了这个责任，尽量维持这些企业的正常运营。

表4-2 淡马锡控股的主要民生企业名单

行　　业	名　　　称	持股比例（％）
交通	新加坡地铁（SMRT）	100
能源	新加坡电力	100
航空	新加坡航空	55
金融	星展银行	29
电信	新加坡电信	52
媒体	新传媒	100

数据来源：淡马锡官方网站，https://www.temasek.com.sg/zh/index

（四）寻找国际机会的工具

新加坡国土面积狭小，政府一直鼓励淡马锡在国际市场上寻找新的投资机会。新加坡前总统陈庆炎2014年曾在庆祝淡马锡成立40周年的讲话中称："在新加坡政府的支持下，许多淡马锡投资组合公司凭借自己的实力，成为区域和全球的龙头企业。淡马锡下属企业自由地与世界上最好的公司竞争，在全球市场竞争中赢得了客户的支持和信任"，"像其他国际上著名的投资公司一样，淡马锡自身也发展到了国外。淡马锡的投资遍布各个大洲。不论走到哪里，它代表着新加坡的标准和价值。"

进入21世纪后，2002年何晶上任淡马锡新总裁，为了应对外界对淡马锡业绩下滑的批评，淡马锡开始调整自己的投资区域，将资金从增长乏力的新加坡本土企业撤出，投资于海外经济高增长地区。经过10多年的努力，淡马锡不但重新表现出快速增长之势，其投资的国际区域与领域的布局也更加合理。在新加坡下一阶段的经济发展中，淡马锡控股致力于建立与培养一批具有国际竞争力的公司，这些公司能充分发挥新加坡的竞争优势，进而增强新加坡的经济增长持续力。

从淡马锡的发展过程可以看出以下几点：

（1）淡马锡已经将投资重点从新加坡本地转移到美欧发达国家和中国、印度、马来西亚等新兴市场，这样做的目的是规避风险，并寻找更有价值的投资机会，毕竟新加坡国土面积小，投资机会相对有限。

（2）具有显著竞争优势的科技企业是淡马锡的投资重点，包括新科工程、吉宝造船和 GHX 等。同时，淡马锡在中国市场投资了腾讯、美团、蚂蚁金服、药明康德等创新企业。

（3）淡马锡专注于金融服务行业，重点在非银行金融服务领域，尤其是支付企业，包括全球支付网络 Visa 和万事达卡、Adyen、Paypal 等。电信和传媒也是淡马锡专注的领域，包括新加坡电信、新传媒和 Intouch 等。未来的消费和房地产业，也是跟随投资潮流寻找的新投资机会。

在中国，淡马锡的投资方式较为多元化，除了直接参与投资项目和投资股权与基金以外，也会通过旗下子公司或与其他公司成立合资公司的方式进行投资。从 2002 年至今，淡马锡共完成在中国内地（大陆）及港澳台地区投资案例 100多起，项目 IPO 的比例高达 20%。

淡马锡也在积极布局对国内股权投资基金的出资。早在 2007 年厚朴基金成立时，淡马锡就作为出资最多的有限合伙人，出资了 8 亿美元，并先后投资毅达资本、博裕资本、方源资本等基金。2017 年 1 月，淡马锡同中投公司、丝路基金、深圳深业集团、厚朴投资共同发起设立的厚安创新基金在北京正式成立启动。厚安创新基金由全球领先的半导体知识产权提供商 ARM 公司及厚朴投资负责管理，落户于深圳。基金结合 ARM 的全球产业生态系统，专注于投资移动互联、物联网、人工智能等多个关键领域具有潜力的技术公司。

此外，淡马锡很多投资会通过旗下子公司或者与其他公司成立合资公司的方式进行。举例来说，著名的房地产商嘉德中国是淡马锡旗下凯德投资的子公司；入股中行和建行通过富登金融控股和新加坡亚洲金融来完成；投资地产通过丰树投资；投资 PE 和未上市股权通过祥峰投资；通过 Baytree Investment 持有天威英利；等等。2012 年，淡马锡成立了一只管理规模为 25 亿新元（折合 19 亿美元）的基金，并由其控股的兰亭投资国际有限公司投资。该基金由淡马锡控股原首席投资官 Tow Heng Tan 领导，专注于投资东亚的基金及直接投资，尤其是投资中国私营企业及中小型企业。

未来，淡马锡会继续布局中资银行的投资，目前淡马锡已成为中国银行业最大的外来投资者，淡马锡旗下亚洲金融控股公司（Asia Financial Holdings，简称AFH）收购了中国建设银行、中国工商银行、中国平安等多家内地银行和保险公司的股份。在中国股权市场，淡马锡的两大主题是科技创新和消费升级。这两个主题交融之下，比如，非银行金融服务、保险、金融科技、电子商务等也是淡马锡投资中国的方向。淡马锡经过多年的演变已逐步发展成为一家与新加坡政府投资公司较为类似的股权投资企业。

第二节　淡马锡的微观效率

淡马锡是新加坡政府根据《新加坡公司法》的规定以有限责任公司的形式成立的。《新加坡公司法》第 4 条第 1 款规定，豁免私人公司为一家股权没有被另一家企业直接或间接持有的私人公司，并且其股东人数不超过 20 人，或任何政府全资持有的私人公司，并且由部长出于国家利益通过政府宪报宣告其为豁免私人公司。因此在法律上，淡马锡实为一家豁免私人公司。虽然新加坡相关法律并不要求淡马锡公开其任何的财务资料，但淡马锡选择自 2004 年开始在其年度报告中公布其集团财务要点，并聘用普华永道会计师事务所为其审计师。同时，淡马锡进一步从两家国际评级机构标准普尔与穆迪投资获得 AAA 的最高信用评级。

一、新加坡政府从淡马锡获得高额投资回报

淡马锡控股成立于 1974 年 6 月 25 日，由新加坡财政部全资拥有，并以投资控股公司的身份拥有自己的资产，而非股东的资金代管人。淡马锡的股东在按照《新加坡公司法》行使对淡马锡董事会成员任免或续任的权利时，须得到总统的同意。董事会对首席执行长的任免也须获得总统的同意。这些约束能确保淡马锡董事会成员和首席执行长的诚信，以保护过去所累积的储备金。

依照股息政策，淡马锡每年根据所得利润派发股息。淡马锡的利润一部分以股息的形式可持续地派发给股东，另一部分留存用于再投资以获取未来回报，董事会确保股息政策在这两者之间取得平衡，并兼顾保护淡马锡过去所累积的储备金的宪法责任。董事会建议派发股息金额，并在年度股东大会上提交供股东考虑。

在国家储备净投资回报框架下，新加坡政府获准使用新加坡政府投资公司、新加坡金融管理局以及淡马锡的预期长期实际回报，来计算可纳入政府预算的金额，比例最高不超过 50%。这一框架不会影响或改变淡马锡作为长期投资者的股息政策、战略和运营，以及保护淡马锡过去所累积的储备金的责任。

从 2009 年起，新加坡金融管理局和新加坡政府投资公司被纳入了新加坡国家储备净投资回报框架。淡马锡从 2016 年起也被纳入该框架。国家储备净投资回报是对政府财政预算的贡献。在该框架下，新加坡政府可使用最多 50% 的淡马锡预期长期投资回报（扣除通胀因素）。这些回报为基于现有投资组合所预测

的未实现回报。国家储备净投资回报是根据预期长期实际回报率的净投资回报而得出的，已经扣除了通胀因素。

国家储备净投资回报对新加坡政府收益的贡献最大，约占 2020 年财政预算的 20%。接下来，贡献最大的三项收益来源分别是企业所得税、个人所得税和消费税。国家储备净投资回报不是淡马锡的支出，国家储备净投资回报框架也不要求淡马锡派发更多股息，或出售任何资产，它只是淡马锡预期净利润的上缴财政部分。

二、淡马锡的财务表现

新加坡自 1965 年独立以来至今已有 40 多年，其经济发展水平提高迅速，快步将新加坡带入发达国家以及"亚洲四小龙"之列。掌控新加坡国有经济命脉的淡马锡控股自然也得到了飞速发展。与众多国有企业亏损或业绩不佳的状况相比，淡马锡的长期盈利和成长显得尤为可贵。更为重要的是，淡马锡作为一家国有企业，切切实实地贯彻执行了新加坡政府的经济政策，极大地促进了新加坡的经济发展，并在新加坡经济中占据着极为重要的位置。

2004 年，尽管受到《新加坡公司法》的豁免，但是淡马锡还是首次公布其年度财务报告，在这一年里，淡马锡的营业收入占新加坡国内生产总值的 13.5%，它所有下属企业的市值加起来大约占到新加坡资本市场市值的 1/3。可以说，淡马锡几乎主宰了新加坡的经济命脉。在新加坡 10 家规模最大的企业中，淡马锡涉足的就有 7 家。当地媒体因此评价："从规模来看，即使同在一幢大楼办公的汇丰银行的总规模要大于淡马锡，但在新加坡，汇丰和淡马锡相比黯然失色。"

根据 2020 年淡马锡公布的财报，淡马锡不仅总体规模巨大，而且业务种类多种多样，下属企业数量众多。它直接参股的企业有 45 家，业务涉及金融、电力、电信、传媒以及交通等基础设施等多个行业。这些公司又分别通过投资建立起各自的子公司、孙公司。有人估算，如果算上所有的控股、参股企业，淡马锡麾下的企业已超过了 2 000 家。

在淡马锡国际化的过程中，尽管海外企业所占的比重越来越大，但新加坡国内企业仍占有相当重要的比重。淡马锡直接持有股份的新加坡企业有 20 多家，主要包括新加坡电信、星展银行、凯德置地、新加坡航空、新加坡港务国际集团、新加坡科技工程、新传媒和新加坡能源等。这些以通信、金融、航空、科技、地产等为主要业务的公司，都是与新加坡国民的生活和工作息息相关的垄断性企业。

（一）总资产

淡马锡于 1974 年成立之初，其总资产仅有 3.54 亿新元（当时约合 2.69 亿美元），46 年后，这一数字攀升至 5 950 亿新元（约合 4 492 亿美元），足足增长了 1 681 倍。淡马锡控股自正式公布年报以来，2004 年 3 月 31 日至 2020 年 3 月 31 日的总资产增长变化状况如图 4-1 所示。

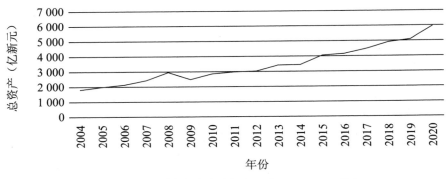

图 4-1　淡马锡总资产的增长变化（2004—2020 年）

数据来源：作者根据淡马锡历年年报编制。

（二）投资净值和净利润

虽然受到新冠疫情的影响，截至 2020 年 3 月 31 日，淡马锡的投资组合净值仍达到了 3 060 亿新元（约 15 200 亿元人民币）。比 2004 年的 900 亿新元增长了 3.4 倍，淡马锡的投资增长性较高（见图 4-2）。

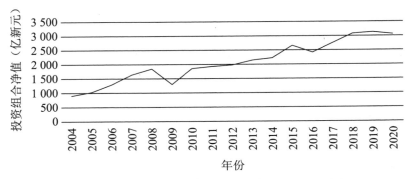

图 4-2　淡马锡投资组合净值的变化（2004—2020 年）

数据来源：作者根据淡马锡历年年报编制。

　　淡马锡在发展过程中，经历了几次重大的历史事件。1993 年 11 月，新加坡电信公司股票上市。股票分为 A、B、C 三种，所有居民均可用公积金优惠购买 A 股，每股 1.8 新元，每人限购 200 股；B 股由居民用其他个人收入认购，每股 2 新元；C 股向国内外发行，按股价约为每股 3.6 新元，市值为 550 亿新元，约占当时全国股票市场总市值的 1/3，绝对控股新加坡电信的淡马锡的资产也随之水涨船高。1997 年，亚洲金融危机在东南亚爆发，淡马锡的经营也受到了一定的影响。进入 21 世纪后，一股新的科技热潮开始兴起，淡马锡通过积极的产业结构调整，资产总额首次超过 1 000 亿新元大关。随着科技热潮的退却以及淡马锡从一些行业的退出，淡马锡的资产也经历了一个阵痛期，其间又碰到了 SARS，淡马锡受到了负面的冲击。从 2009 年年末的全球金融危机复苏后至2019 年年初，淡马锡经历了黄金发展的 10 年，总资产也大幅增长（见图 4-3）。不过，受到新冠疫情的影响，淡马锡的经营业绩近年又出现了一定程度的回落（见图 4-4）。

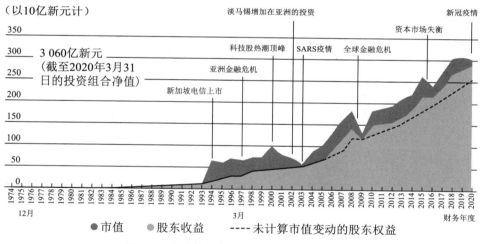

图 4-3　淡马锡自成立以来投资组合的变化

数据来源：淡马锡官方网站，https://www.temasek.com.sg/zh/index

　　2011—2020 年这 10 年，淡马锡总收益为 9 964 亿新元，总利润为 1 224 亿新元，在经营上取得了非凡的业绩。依照股息政策，淡马锡每年向新加坡财政部派发股息，剩余的利润用于淡马锡的再投资。作为按照《新加坡公司法》注册的商业公司，淡马锡也要为集团净利润缴纳税费。

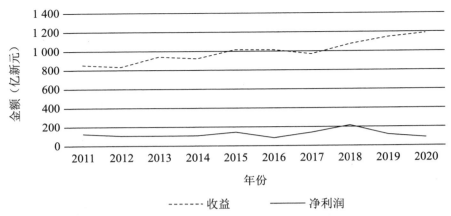

图 4-4　淡马锡的总收益和净利润（2011—2020 年）

数据来源：作者根据淡马锡历年年报编制。

（三）股东总回报率（TSR）

自 2020 年年初的新冠疫情以来，淡马锡的市值曾一度缩水，但从股东总回报率来看，其依然保持了持续增长的势头（见图 4-5）。股东总回报率（TSR）是指在特定期间内的复合年回报率，它需要考虑的因素包括投资组合市值的增减、已派发股息以及新发行资本净额。对于未上市的投资项目，淡马锡通过股东资金的变动，而不是市值来计算股东总回报率。

图 4-5　淡马锡的股东回报率（2010—2020 年）

数据来源：作者根据淡马锡历年年报编制。

如图 4-5 所示，淡马锡按市值计算，最近 1 年内的股东总回报率为 –2%。自 2020 年以来，受到了新冠疫情的负面影响，国际化投资程度较高的淡马锡 1 年期股东回报率出现大幅下滑，创近 5 年来的新低。而从近 10 年来，包括 2008 年全球金融危机在内，股东总回报率为 5%，淡马锡成立近 40 年来的复合股东总回报率为 14%。如此持续稳定地保持高增长，无论和哪家公司相比，这些数据都是十分惊人的，同时也反映了淡马锡的雄厚基础和稳健经营的一贯作风。

第三节　淡马锡的社会绩效

自 1974 年成立以来，淡马锡已经设立了 17 项非营利性公益捐赠基金，旨在为新加坡培育人才、建设社群、培养能力和重建生活。至今，这些捐赠基金已在亚洲和新加坡援助超过 50 万人。

一、非营利性公益组织

2016 年 9 月，淡马锡将各项捐赠基金重新归类于 6 个淡马锡基金会下，以更好地规划和执行社群项目，实现各自使命，顺应时代变化。为了实现规模经济效益，淡马锡还成立了"淡马锡基金会管理服务"这一机构，汇集资源，加强能力，以支持这些非营利性基金会。

淡马锡信托基金会继续负责各项捐赠的财务管理，确保资金以审慎、可持续的方式发放给各个基金会。信托基金会也致力于提升非营利性公益领域的治理水平。为了应对人口老龄化、气候变化、资源匮乏、收入不均和贫困等一些已知的挑战和机遇，淡马锡各基金会推行了各项公益项目，包括可持续发展和创新计划，创造更宜居的生活环境，减缓气候变化威胁等。

（一）淡马锡信托基金会

淡马锡信托基金会成立于 2007 年，负责独立监督与管理淡马锡控股的慈善捐赠和馈赠事务。淡马锡信托基金会以原淡马锡董事长丹那巴南为主席，以审慎、可持续性和健全治理为原则，负责监督淡马锡对 6 个基金会捐赠资金的财务管理与发放。信托基金会将淡马锡的捐助和淡马锡一起进行联合投资。当捐助款项达到一定数额时，基金会可以委任获得淡马锡认可的第三方基金经理来管理基金。基金会负责将捐赠资金在可持续的基础上，按规定发放给淡马锡批准的非营利性公益组织。

1. 淡马锡国际基金会

淡马锡国际基金会与新加坡和国际机构合作，资助和支持亚洲的能力建设项目。这些项目专注于医疗保健、教育、公共行政、城市管理和灾难应对等。自2007年5月至今，淡马锡国际基金会已在21个亚洲国家资助了347个项目。

2. 淡马锡关怀基金会

该会成立于2009年，是以改善新加坡弱势群体生活为宗旨的公益机构。淡马锡关怀基金会致力于改善新加坡弱势个人、家庭和社群的生活，包括年长者、需要临终护理和有特殊需要的人。2009年至今，基金会已资助118个项目，令超过38 000人受益。

3. 淡马锡联系基金会

淡马锡联系基金会通过资助项目建立沟通桥梁与合作，促进国际社会间的交流和相互了解。基金会负责举办新加坡峰会，这一国际论坛汇聚了全球商业和思想领袖，针对影响经济增长、繁荣和稳定的议题分享观点。

4. 淡马锡培育基金会

淡马锡培育基金会旨在培养年轻人才，资助教育和职业发展项目，尤其是帮助年轻人（例如，新加坡艺术学院与新加坡体育学校的学生等）在音乐、艺术、体育、数学与科学、工程和科技领域取得飞跃。

5. 淡马锡创新基金会

淡马锡创新基金会资助研究和创新项目，发掘解决方案。基金会管理两项捐赠基金，即新加坡千禧基金会，以及一项针对科学、技术、工程和数学的捐赠基金，支持从事生物分子研究的淡马锡生命科学实验室。

6. 淡马锡生态繁荣基金会

淡马锡生态繁荣基金会资助倡导可持续性和创新解决方案，打造宜居的ABC世界（Active、Beautiful、Clean，活跃、美丽、洁净）。基金会鼓励创新与创业精神，促进和倡导实现可持续发展的最佳实践和标准。

（二）淡马锡社会培训机构

（1）沈基文金融经济研究院。沈基文金融经济研究院成立于2008年，由淡马锡捐赠了1 000万新元在新加坡管理大学设立。研究院附属于新加坡管理大学，着重金融经济领域应用性强的学术研究。该研究院以新加坡企业领袖沈基文先生命名，他曾于 2000—2007 年出任淡马锡董事。研究院侧重于通过教育和研究来增强金融行业从业者的能力和专业深度。

（2）财富管理学院。财富管理学院成立于 2003 年 9 月，淡马锡管理服务公司发起成立了财富管理学院。学院的合伙人包括瑞士银行学院、新加坡管理大学。它们还从新加坡政府投资有限公司、新加坡金融管理局和其他 4 个国际金融学院获取支持的资源。财富管理学院为亚洲的财富管理人员提供良好的理论学习和专业实习的机会，并为他们提供一种全球化的视野来弥补他们自身的不足。

2004 年 10 月，该学院在新加坡举办了第一个财富管理硕士课程，这使学院成为第一家颁发私人银行证书的培训机构。这一课程是受新加坡金融管理局的委托面向私人金融机构开办的培训业务——金融业人士再培训计划。参加该培训计划的人员必须先经过评估，拥有大学学位、专业文凭或专业技能。学员的国籍不限，但必须在新加坡本地工作，最好拥有金融业的从业经验。这个培训计划让学员学习基本的技能和知识，提高他们在成长的新经济领域受聘的概率。财富管理学院已培训了 23 个国家超过 100 家金融机构的 14 500 多名金融专业人士，包括私人银行、基金管理公司和杰出的商学院人士，旨在帮助亚太地区的高净值人群全面提升财富管理能力。

（3）淡马锡生命科学实验室。淡马锡生命科学实验室成立于 2002 年，主要进行基础和应用研究。25 名主要研究员带领约 200 名科学家团队支持实验室的各项研究，项目范围广泛，包括培育海啸灾区种植的健康、适应能力强的大米品种，以及利用生物方式防控病媒蚊子等。

二、新冠疫情下淡马锡的公益行动

淡马锡还通过各类捐助和馈赠支持国计民生。淡马锡多年来设立了 23 项非营利公益捐赠基金，旨在搭建人与人联系的桥梁、帮扶社群、保护地球和增强能力。至今，淡马锡基金会已在新加坡和亚洲惠及超过 130 万人。新冠疫情给世界各国的经济和民生带来冲击。面对这场大流行病，淡马锡竭尽所能，共同抗疫，援助蒙受这场危机影响的群体。自新冠疫情暴发以来，淡马锡将这些社群基金中相当一部分用于资助各种抗击疫情的倡议和行动中，其中部分项目由淡马锡基金会牵头发起。

2020 年 2 月，淡马锡拨出部分的社群基金成立淡马锡坚韧公共传染病防控应急（T-PRIDE）基金。这笔基金加上机构限薪措施实施后所筹得的义款，已转用于资助各种保障社群的计划。当新加坡确诊病例激增时，淡马锡和投资组合公司合作，火速地将会展空间改造为社区护理设施，让症状轻微的新冠患者入住，在尽最大努力帮助病患的同时，减轻对医疗体系造成的压力。

随着新加坡在防控疫情阻断措施结束后重启经济，淡马锡把重点放在保障人际交流密集场所的安全，比如，餐厅、工地食堂、购物中心等。淡马锡还拓展基本必需品的来源，配合填补治疗所需的缺口，避免病毒在社群中传播开来，让新加坡和海外地区能取得足够的基本物资。

第五章
新加坡国有企业的代表性部门分析

本章选取了淡马锡绝对控股的新加坡能源集团（Singapore Power）和新加坡航空（Singapore Airline）两家公司，来讨论淡马锡与其下属企业的关系，以及其下属企业的运营机制等问题。

第一节　新加坡能源集团

新加坡能源有限公司（Singapore Power）简称新能源，又称新加坡电力。前身为新加坡公共事务局（PUB）所属的电力与天然气事业部，为新加坡超过160万名的客户提供电力及液化石油天然气的传输、分配以及市场支持服务，是新加坡最大的公司之一。新能源于 1995 年 10 月在新加坡电力改革初期进行公司化重组，由新加坡政府投资的淡马锡控股集团以控股的方式控制公司的全部资产。

除了传统的能源服务外，新加坡能源集团同时为新加坡和其他区域客户提供其他服务，例如，提供商业区域和城镇住宅供冷供热系统、分布式能源、电动车快速充电网络和数字能源管理系统等服务。

目前，新加坡能源公司的子公司主要有：①新加坡电能实业公司（SP PowerAssets）。该公司成立于 2003 年 10 月，是新加坡目前唯一的拥有输电执照、拥有电力输电网与配电网的输配电企业。其拥有新加坡国内主要的输配电资产，包括变电站和地下输电电缆。②新加坡电网公司（SP PowerGrid）。该公司成立于 2003 年 10 月，由新加坡电能公司委任管理其业务，包括输配电电网的运行与维护。新加坡电网公司的业务包括电力网络的规划、项目管理、网络管理、控制通信以及状态监控。③新加坡燃气公司。该公司是新加坡唯一的天然气提供商与系统调度方。④新加坡能源服务公司（SP Services）。该公司提供整合的电力、自来水以及天然气的客户服务，拥有新加坡电力市场中唯一的市场支持服务执照，提供计表服务、电表数据管理、协助客户进行服务的登记注册，以及在不同的零售商之间进行业务转移。

一、新加坡政府主导下电力改革之路

新加坡是一个城市国家，电力发电主要靠进口的天然气，其次是燃油，燃料全部依赖进口。因为新加坡电网阻塞情况不严重，尽管新加坡电网与马来西亚电网通过电缆连接，但连接线主要用于事故支援备用，很少有跨境电力输送。

新加坡电力工业一直以来由新加坡政府直属的新加坡公用事业委员会（PUB）垂直一体化管理。1995年，新加坡公用事业委员会管理的电力资产进行了公司化改组，成为淡马锡公司旗下的企业，也就是现在的新加坡能源公司。1998年，新加坡按照英国"电力竞价模式"建立起批发市场；2000年，隶属新加坡能源公司的发电厂独立运营，"厂网分离"的格局形成。2001年新加坡能源局（EMA）成立，并在旗下设立了独立的电网调度机构（PSO）；同年新加坡能源市场公司（EMC）成立，负责筹建和运营新的批发市场。到2018年，新加坡电力市场完全开放，新加坡居民可以像选手机套餐一样选择从电力供应商购电。

新加坡目前电力市场的主要成员包括新加坡能源局、能源市场公司、新加坡电网公司和新加坡能源服务公司。新加坡能源局（EMA）隶属新加坡贸易与工业部，作为电力工业的主管部门，负责确保电力市场提供可靠、经济、高效的电力供应。电网调度（PSO）隶属EMA而独立于电网。新加坡能源市场公司（EMC）作为交易组织机构，实行公司化运作，产权由新加坡证券交易所全资所有，负责批发市场的运营管理，包括竞价上网、资金结算等（见图5-1）。

新加坡电网公司作为唯一的输电许可商，负责新加坡输、配电网的建设和维护。新加坡能源服务公司实质上是电网公司的零售公司，作为唯一的市场支持服务商（MSSL），一方面，提供抄表、数据管理、用户登记和变更零售商服务；另一方面，作为保底供应商，以政府管制电价向非自选用户供电，或以批发市场实时电价向自选用户供电。

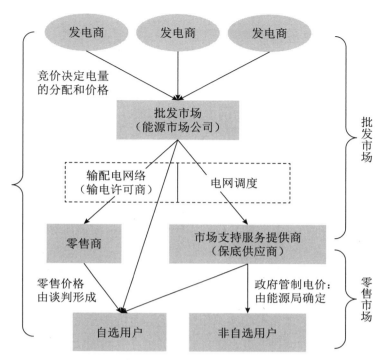

图 5-1　新加坡电力市场的结构

　　新加坡实行的是发电和零售许可证制度，截至 2018 年年底，共有 12 家发电商和 10 家零售商。发电侧呈"三大三小"格局，前六大发电商的容量份额超过 90%，而且这 6 家发电商均成立了零售公司。但除了前六大发电商的零售公司外，目前注册的独立零售公司均未开展实质性的零售业务，这主要是由于缺乏有效控制成本风险的渠道。

　　在零售市场中，用户根据月平均用电量被划分为自选用户和非自选用户，居民全部为非自选用户。自选用户可以向零售商，或直接从批发市场购电；非自选用户仅能通过新加坡能源服务公司（MSSL）购电。不过，到 2018 年 9 月，居民购电市场已经完全放开。

　　新加坡 2001 年通过了《电力法》，并以此为基础制定了《电力许可证管理制度》《输电管理规定》《电力市场管理规则》等一系列完善的法律法规，保障市场有序运行。市场监管工作由政府主导，新加坡能源局（EMA）拥有重大事项的最终决策权，具体工作则由新加坡能源市场（EMC）组织实施。新加坡能源市场（EMC）组织成立市场规则修改委员会和市场监督委员会，前者负责市场规则的修改，成员由发电商、零售商、输电商、调度和用户等市场参与者的代表组成；后者负责监督批发市场运营和电网调度运行。当市场参与者间发生争议时，由新加坡能源市场（EMC）召集调解委员会或仲裁委员会处理。

为了限制发电商的市场力，保持非自选用户的电价稳定，新加坡能源局（EMA）于 2004 年建立了固定合同机制。固定合同由发电商和新加坡能源服务公司（MSSL）签订，合同量和合同价格由新加坡能源局（EMA）确定。无论批发市场上的价格如何，发电商承担的固定合同电量均按照政府定价结算。固定合同电量首先用于满足非自选电力用户的需求，其余通过零售商的强制购买义务分摊给自选用户。

新加坡零售电价由三部分构成，包括电能费用、过网费以及新加坡能源市场公司（EMC）、新加坡电力调度机构（PSO）和新加坡能源服务公司（MSSL）收取的管理费。电能费用一般占零售电价的 75% 以上，非自选用户执行政府管制价格，自选用户则可以选择零售商提供的各类价格套餐。过网费和其他管理费的费率均由新加坡能源局（EMA）核定。

目前，新加坡电力零售商向自选用户提供的电价产品主要有四种。一是固定电价，价格在 1~3 年内保持不变，零售公司通过在燃料期货市场上进行套期保值来锁定合同期的燃料成本；二是指数电价，电价跟随燃料价格指数变化；三是管制折扣电价，即在政府管制价格的基础上给予一定折扣；四是按批发市场电价结算。用户也可以选择以上几种定价方式的组合。

过去，作为新加坡能源公司的子公司，新加坡能源服务公司承担保底供应商的职能，只能被动地参与零售市场，不能像其他零售商一样设计多种价格套餐去主动争取用户。这是为了避免其利用上游配电业务以及客户信息的垄断优势在零售市场上进行不公平竞争，挤压其他零售商的生存空间。但是，到 2018 年新加坡电力市场完全放开之后，新加坡能源服务公司也可以制定各种优惠套餐吸引用户。

新加坡目前的电力市场已成功运行多年，新加坡能源局（EMA）一直致力于完善现有机制，酝酿新的市场改革，一是全面放开零售市场，不再设立用户准入限制，赋予居民用户用电选择权，届时市场将新增 120 万名以上用户；二是建立电力期货，即依托新加坡证券交易所平台建立标准化的电力期货交易市场，以季度为单位对未来两年内的电量进行交易。

自电力市场化改革以来，新加坡一直保持着安全、稳定、充裕和经济的电力供应。其改革的具体成效表现在：新加坡电网已成为世界上可靠性最高的电网之一，单位客户年断电时间少于 1 分钟，低于中国香港（2.7 分钟）、东京（3.7 分钟）、纽约（20.5 分钟）和伦敦（43.4 分钟）等城市。表 5-1 显示了新加坡电力自由化历程。

表 5-1　新加坡电力自由化历程

年　　月	新加坡电力自由化历程
1963 年 5 月	新加坡公用事业局成立，负责电、水、天然气供应
1995 年 1 月	新加坡公用事业局所属的电力、天然气公用事业公司化，转为淡马锡控股旗下，成立新加坡能源公司，包括： 1. 圣诺哥发电公司（Power Senoko） 2. 西拉维发电公司（Power Seraya） 3. 新加坡电网公司（Power Grid） 4. 新加坡售电公司（Power Supply） 5. 新加坡天然气公司（Power Gas） 6. 新加坡电力自动化公司（Power Automation） 7. 新加坡能源通讯公司（SP International） 8. 资源开发公司（Development Resources）
1998 年 8 月	成立新加坡电力竞价公司（SEP）从事目前电力零售市场，由发电公司间竞争与售电公司执行交易。Power Grid 负责电力调度与市场运作
1999 年 9 月	新加坡政府通盘检讨电力产业
2000 年 3 月	新加坡决定将电业更进一步解除管制，主要倡议包括：将电业区分为开放及不开放竞争两部分，建立系统调度及市场运作机构，即使批发市场、零售市场开放自由竞争。同时决定天然气产业解除，引入市场竞争主体，为电业解除管制的配套措施
2001 年 4 月	2001 年 3 月，新加坡国会通过 2001 年版《电业法》《新加坡能源市场管理局法》，2001 年 4 月 1 日生效。公用事业局改组，成立能源市场管制局（EMA），接替原 PUB 负责的电力及天然气产业的管制；EMA 内设立电力调度部门（PSO），以接替原 Power Grid 电力调度业务，确保电力系统运作的安全；由 EMA 与新西兰合资成立能源市场公司（EMC），接管原 Power Grid 负责的电力池批发电力市场的运转及管理
2001 年 5 月	SP 两家发电公司转移到淡马锡控股，包括新加坡能源控股公司（新加坡电网、新加坡能源服务公司、新加坡天然气公司）、大士发电公司、圣诺哥发电公司、西拉维发电公司
2001 年 7 月	开放契约容量大于 2MW 以上的高压大用户为自选电力供应户
2003 年 1 月	新加坡新的电力零售市场——新加坡电力市场（EMS）开始营运，替代原先的新加坡电力竞价（SEP）。该市场主要包括现货市场、备用电市场、需求面管理、节点定价等市场
2003 年 6 月	开放月平均电量大于 2 万度以上大用户为自选电力供应户

续表

年　月	新加坡电力自由化历程
2003 年 10 月	SP 成立新能源资产公司（SP PowerAssets），接收电网公司（PowerGrid）的书店执照业务，另签约委任 SP 新成立的新能源电网公司（SP PowerGrid）维护运转管理原电网公司的输配电系统
2003 年 12 月	开放月平均用电量大于 1 万度以上大用户为自选电力供应户
2004 年 1 月	为避免大型发电公司市场垄断，实施特殊保护合约（Vesting Contract）机制，要求发电公司与公用售电业根据发电量比例签订购售电合约，其合约价参考每季新加坡电力市场批发价，以保障小型用户的权益。实施可停电力计划
2008 年 12 月	淡马锡控股公司分别出售大力、圣诺哥、西拉维 3 家发电公司给中国华能集团、日本丸红商社、马来西亚杨忠礼集团
2012 年 8 月	新加坡交易所透过子公司收购 EMC 49% 的股份
2014 年	开发月平均电量大于 4 千度以上大用户为自选电力供应户
2014 年 8 月	新加坡交易所再次收购 EMA 持有的 EMC 51% 的股份，EMC 成为新加坡交易所子公司
2015 年	开放月平均用电量大于 2 千度以上用户为自选电力供应户
2015 年 6 月	开放电力期货市场
2016 年 10 月	实施需量反应计划
2108 年	全面开放自选电力供应户

资料来源：新加坡能源管理局网站

二、新加坡能源集团的组织架构

新加坡能源集团（SP Group）拥有并经营的新加坡电力网络，被认为是世界上最可靠的电力网络之一。每天进口到新加坡的天然气中，多达 95% 被输送到发电厂。确保燃气供应的可靠性是重中之重。天然气向发电厂的输送也由新加坡能源集团负责。

新加坡能源集团目前拥有横跨新加坡 40 千米，深度为地下 60 米，寿命为 120 年的输电网络隧道。管理着新加坡全国 11 000 个变电站和超过 28 000 千米的电缆，并且为 160 万名工业、商业和住宅客户提供输电、配电和市场支持服务。此外，除了传统的公用事业服务外，新加坡能源集团（SP Group）还提供一套可再生和可持续能源解决方案，包括太阳能解决方案、微电网、商业区和住宅城镇的冷却和加热系统、电动汽车快速充电和为新加坡客户提供的绿色数字能源管理工具以及地区。

董事会为本集团提供广泛的战略方向，并进行重要的投资和融资决策。此外，董事会确保高级管理层维持健全的内部控制系统，以保护本集团的资产并审查本集团的财务表现。

新加坡能源集团的现任董事长是丹斯里哈山，他既是董事长，又是独立董事。他于2011年2月15日加入董事会，并于2012年6月30日被任命为董事长。丹斯里哈山还是新加坡多家公司的主席和独立董事，他同时也是淡马锡控股子公司淡马锡国际顾问公司的高级国际顾问。丹斯里哈山是一位马来西亚人，从1995年到2010年2月一直担任马来西亚国家石油公司（PETRONAS）的总裁兼首席执行官，在能源领域、金融和管理领域拥有超过30年的经验。

新加坡淡马锡在新加坡能源公司的代表是梁慧玲，同时她也是新加坡能源公司的董事会副主席兼非执行董事。梁慧玲在2021年4月加入新加坡能源有限公司董事会。梁慧玲是淡马锡控股和淡马锡国际的首席财务官，她在加入淡马锡之前，于2001年至2006年担任淡马锡公司旗下莱佛士控股的副首席执行官，她还兼任莱佛士酒店运营和莱佛士国际的首席执行官。

此外，新加坡能源公司的董事会成员还包括独立董事王有发，他曾是安永会计师事务所新加坡公司执行主席；独立董事贾志明，他曾是新加坡悦榕控股有限公司执行主席；吴冠名，他是SP集团财务公司的主席；独立董事谭安东，他曾是李光耀的特别助理；独立董事李金信，他是新加坡安联公司合伙人；独立董事吴瑞臣，他是新加坡全球契约网络主席；执行董事黄天源，他是现任新加坡能源公司总裁，也是新加坡电力集团主要子公司的主席，包括新能源和综合电力有限公司（SP PowerAssets Limited）、新加坡区域供冷私人有限公司（Singapore District Cooling Pte Ltd）、新加坡新能源国际私人有限公司（Singapore Power International Pte Ltd）、新能源数码控股私人有限公司（SP Digital Holdings Pte. Ltd）、新能源服务有限公司（SP Services Limited）及新能源集团财务私人有限公司（SP Group Treasury Pte. Ltd.）的董事，并曾任新加坡电力有限公司的集团首席财务官。

新加坡能源集团的高管团队以黄天源首席执行官为首，具体还包括子公司的首席执行官、首席财务官、首席人事官、首席法务官等。新加坡能源集团的高管团队由董事会任命，并对董事会负责。董事会拥有重大投资项目的决策权，执行高官团队则集中在主要项目的执行权上。新加坡能源集团的组织架构见图5-2。

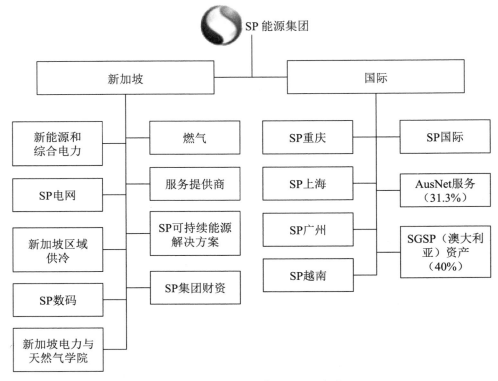

图 5-2　新加坡能源集团的组织架构

资料来源：新加坡能源公司官网，https://www.spgroup.com.cn/

三、淡马锡对新加坡能源公司的监督管理

（一）直接委任董事

新加坡能源集团作为淡马锡的控股企业，独立经营、自负盈亏，董事会和总经理负责决策和管理日常经营活动。淡马锡控股作为产权代表，对其新加坡能源公司的经营活动负有监督管理的责任，以确保资产增值。

新加坡能源集团的董事会都是按《新加坡公司法》的要求，由股东大会选举的董事组成的。淡马锡控股则推荐董事人选。在新加坡能源集团中，其董事会主要由董事会主席、淡马锡控股提名的董事和独立董事等人员组成。

淡马锡对新加坡能源集团董事的职位看得很重，赋予新加坡能源董事会的权力很大，董事需要经常到第一线调查了解情况。这些董事主要负责股东结构的调整、公司经营业绩、公司改组、重大投资决策等，董事会以专业、客观、稳健的态度指导和引领管理层朝着既定的目标前进。董事会和管理层紧密合作，制定战略，评估方案，提高决策准确度，提升企业竞争力，但董事会并不干预公司的日常经营管理。

在新加坡能源公司董事的选择上，淡马锡控股注意从企业界和公共服务界遴选人员，保证董事会具有良好的代表性，新加坡能源集团的董事长丹斯里哈山就是从马来西亚国家石油公司董事长的位置上引进过来的，而且是独立董事，这也说明了淡马锡董事会对新加坡能源集团董事会的信任度相对之高。现在担任新加坡能源集团的前政府官员只有独立董事谭安东一人，同样显示出淡马锡不再专注于从前政府官员当中选拔董事会成员。近年来，担任淡联公司董事的现任政府官员越来越少，这是因为大多数淡联公司处在竞争激烈的商业领域，董事必须具备商业方面的专长和经验，方能胜任引导和监督管理层的工作，而政府官员的商业能力相对较弱。担任淡马锡控股公司董事的企业界人士可以包括银行家、大型上市公司的总裁，以及拥有足够行业经验的退休前总裁，新加坡能源公司的董事长丹里斯哈山就具有丰富的企业管理经历。

淡马锡控股鼓励新加坡能源公司给予董事符合市场行为准则的、有竞争力的薪酬。淡马锡控股的高级管理人员也在新加坡能源集团的董事会里占有席位，帮助监督公司的运营，比如，董事会副主席梁惠玲就是典型的案例，她之前做过淡马锡控股的财务运营官。董事长和总经理则必须由两人分别担任，这是因为淡马锡控股任命新加坡能源集团的最高职位，包括董事长、董事、首席执行官等，就是要发挥他们的重要作用，而不是摆摆样子的。因为他们是制定业务策略和推动业务发展的关键人物，既要密切合作，又要相互约束。

如果董事长、总经理由一人担任，这表示他同时领导董事会和管理层。这种情况使得其他董事会成员无法有效地检视管理层的问题，也难以对总经理的表现进行客观的考核，更难对他做出免职的决定。新加坡能源集团的董事长和总经理的职责有明确分工，前者领导和负责董事会的运作，后者在董事会的授权下具体执行战略，负责企业日常事务运作，以企业取得的业绩向董事会负责。

（二）对新加坡能源集团的管控模式

淡马锡控股作为产权代表，对新加坡能源集团的经营活动负有监督管理的责任，以确保资产增值。淡马锡会和新加坡能源集团密切合作，共同分析经营环境，展望行业前景，检查战略和策略的执行情况。同时加强它们的核心竞争力，寻求最优秀的人才以及采取更客观有效的业绩指标等。

淡马锡控股还根据新加坡能源集团的半年报和年报，对公司的业绩做一年两次的检查，通过对比同行企业以及其他淡联企业的表现，来评估新加坡能源集团的表现。此外，淡马锡的股东代表——新加坡财政部部长和淡马锡的董事每年也会有选择性地抽查新加坡能源集团的业绩，这类检查一般也包括实地考察。

在通常情况下，淡马锡控股对新加坡能源公司的监控方式有以下6种：

（1）审阅每次的董事会备忘录；

（2）审阅财务和管理月报、季报及年报；

（3）定期审阅有关投资和贷款的报告；

（4）委派人员进入新加坡能源公司董事会；

（5）新加坡能源集团的所有增资计划要经淡马锡批准；

（6）根据《新加坡公司法》，淡马锡也可以通过行使作为控股股东的一切权力来对新加坡能源集团进行监控，如对股本变更、公司重组、年度预决算、委任董事等重大事项进行表决。

从以上内容可以看出，淡马锡控股对新加坡能源集团的管理，绝不仅仅局限于控股股东的权限上，而是对包含公司总体经营状况在内的多方位监控。

对于新加坡能源集团的重大投资以及重组，淡马锡也要进行谨慎的监督，以协助它们确认行业走向以及选择正确有利的方案。淡马锡控股还定期组织午餐会，与新加坡能源的董事长、总经理等见面，交换意见和分享见解。

前面已经提到，淡马锡与政府之间"保持适当距离"，淡马锡控股与新加坡能源集团之间同样贯彻"保持适当距离"的原则。淡马锡一般不干涉新加坡能源的日常经营管理。新加坡能源也像其他任何民间企业一样在商场上运作，既有成功的可能，也有失败的风险。淡马锡并不谋求政府给予新加坡能源公司任何形式的津贴或保证，而是让企业在市场竞争中经历风雨。新加坡电力系统的改革就是新加坡政府将新加坡能源推向市场，打破行业垄断，促进整个电力市场的发展，这对于新加坡能源而言既代表了政府的立场，更是对新加坡能源集团管理能力和市场开拓精神的鞭策。

淡马锡控股不从事贷款业务，新加坡能源公司必须依据商业条款从市场或商业银行取得资金，这方面它有足够的灵活性，如可以通过市场借贷或从股票市场取得资金等。如果新加坡能源向淡马锡控股提出需要新增资本的项目，淡马锡控股也是按照商业准则来评审，以评估项目的投资回报是否合理和划算。

淡马锡的"保持适当距离"的精髓是不谋求控股，一是为了节约资本金；二是可以充分发挥私人股东的监督积极性和监督机制来降低投资风险，并避免来自淡马锡总部的不适当干预，保证公司完全按照规范的市场游戏规则运作。但是由于新加坡能源集团掌握着新加坡的经济命脉，淡马锡就不得不根据政府的要求而对新加坡能源集团进行绝对控股，以保证新加坡的电力供应和国计民生。

淡马锡控股虽然不直接管理新加坡能源集团，它把对新加坡能源的工作重点放在建立企业的价值观、企业的重点业务、培养人才、制定战略发展目标、争取持久盈利增长等宏观层面上，以便更好地履行作为政府出资人这一角色的职责。

淡马锡控股目前的工作方向是让新加坡能源集团实现核心业务国际化，将它们发展成根在新加坡、花开在全球的富有竞争力的企业。淡马锡控股的投资策略也是出售那些"不再相关或没有国际发展潜力"的业务，同时准备采取出售股票或通过并购，减少其在那些"有潜力走出国内市场"冲向地区或全球市场的公司中股份的办法，让这些公司更具活力。当然，新加坡政府将继续要求淡马锡控股拥有"关键性资源"的控制权，如水、能源、天然气设施及航空和海港等，新加坡能源集团就是典型的案例。

总体来说，淡马锡控股认为它们必须挑选一批最出色、具有高度办事能力以及高尚品德的高层领导，并让他们全权领导新加坡能源公司，淡马锡控股绝不干预。但有时在必要的情况下，为了维护全局的利益，为了确保新加坡能源公司能够持续健康有序地发展，淡马锡控股也会毫不犹豫地以积极股东身份发挥应有的作用。

淡马锡控股曾明确表示，新加坡能源公司董事会的成员应当积极参与审核公司总裁的业绩表现，并在公司高层管理不参与的情况下与部门领导一起对他们做出客观的审核评估。新加坡能源公司的董事会也会通过定期的考核机制来确定企业近期、中期与长期的总裁接班人选。有了这样一个流程，有助于建立一个正式的人才晋升架构，以确保企业的领导和管理层都由专业精英人才担任，并为各企业的领导和管理层提供后备人才资源库。

在选择总裁接班人的工作上，新加坡能源集团的董事会都有它们的领导接班人研讨小组，由他们来制定筛选的准则，由董事会成员来亲自选拔未来的总裁。淡马锡控股主要是从旁协助和确保新加坡能源公司董事会能够明确地、全权地行使这一项重要的职责。

新加坡能源集团 2019 年营业额达到 300 亿新元，总资产达到 900 多亿新元，比 1995 年成立之初，营业额增长了 9 倍，总资产增长了 6 倍，已经成为一家运营非常成功的淡马锡的子公司。

第二节　新加坡航空

新加坡作为一个城市国家，国土面积狭小，只有 710 平方公里，东西长 46 公里，南北宽 24 公里，没有国内航线的需求。新加坡航空成立伊始就必须与国际大型航空公司开展竞争，因此公司从一开始就定位为"提供高质量顾客服务的世界一流亚洲航空公司"。经过 50 多年的发展，当前新加坡航空以樟宜机场为基地，以经营国际航线为主，已拥有一支平均机龄偏小、安全系数较高的机队。

新加坡航空是新加坡的国家航空公司，也是唯一的机身载有新加坡国旗的航空公司。目前，淡马锡控制着新加坡航空 55% 的股份，是名副其实的控股股东。新加坡航空经营的航班主要飞往东南亚、东亚、南亚、中东、欧洲、北美、大洋洲和南非共 32 个国家，通航城市 66 个。新加坡航空曾于 2004 年、2007 年、2008 年和 2018 年赢得"全球最佳航空公司"大奖，也被评为世界五星级航空公司之一。

自成立以来，新加坡航空取得了耀眼的成绩，背后离不开国资控股的股权设计、经营有方的公司治理以及张弛有度的政企关系。新加坡航空公司股权高度集中，政府持股约 55%，前十大股东基本稳定，持股近 80%；董事会成员绝大多数为独立董事，均是来自私营企业的商界领袖；代表新加坡政府持股的淡马锡始终采取"保持一肩臂距离"原则，基本不参与公司的商业决策或运营。

新冠疫情对新加坡航空的运营影响非常大，因为新加坡航空都是国际航班，没有国内航班。新加坡政府非常担忧新加坡航空的运营情况，因为新加坡航空在 2020 年度出现了大幅度的亏损，这对于新加坡政府拥有的唯一的航空公司而言是不可以长期持续的。从母公司淡马锡控股对新加坡航空发售的债券进行包售的行为可以看出，淡马锡在新加坡政府的推动下对新加坡航空是尽全力扶持的，希望新加坡航空能挺过这次前所未有的危机至暗时刻。

一、新加坡航空的发展历史与现状

（一）新加坡航空的发展历史

新加坡航空成立于 1947 年，原为马来亚航空公司。1963 年，马来亚、新加坡、沙巴和砂拉越组成了马来西亚联邦，马来亚航空更名为马来西亚航空。1965 年，新加坡正式宣布独立，又使马来西亚航空更名为马来亚—新加坡航空。1972 年，新加坡与马来西亚政府间的关系破裂，这使马来亚航空一分为二，分别为现在的马来西亚航空和新加坡航空，此后两家各自发展。如今的同生兄弟马来西亚航空已经接近破产的边缘，正在寻找国际买家收购，而新加坡航空则发展顺利，成为世界上最具盈利能力的航空公司之一。

当新加坡脱离马来西亚成为一个独立的国家时，当时的新加坡航空如同这个国家一样，看不到任何希望，竞争对手嘲笑他们说："把机场建到海里去吧。"作为一个城市国家，新加坡没有国内航线，因此一开始就要开拓国际航班——到澳大利亚、北美和亚洲其他地方，和强大的竞争对手抢市场份额。当时的新加坡航空并没有什么政府补助。因为当时的新加坡政府太穷了，没有多余的政府补贴支持新加坡航空，也没有银行贷款，银行不敢把钱贷给他们。新加坡航空成立时，新加坡政府就清楚表明，政府不会提供任何补贴，也不会让这家航空公司只是为了国家声望而经营。政府要的是，新加坡必须以商业化经营，并为国家的经济利益做出贡献。既要在国际市场上和强大的竞争对手竞争，又要保持低成本的运营方式，这就是新加坡航空当时面临的处境。

新加坡航空从马来亚航空分离后，当时只保留了 10 架原马来西亚—新加坡航空的波音 707 和波音 737，以及部分国际航线。在 20 世纪 70 年代，新加坡航空急速扩张其业务，包括在亚洲和南亚次大陆开拓更多新航点，并购入波音 747 壮大其规模。到了 80 年代，进一步开拓更多北美洲和欧洲航线。到了 90 年代，新加坡航空开拓了南非的约翰内斯堡航线，随后又开通了开普敦和德班航线。

目前，新加坡航空的机队由 5 款宽体客机组成，包括空中客车 A330、A350、A380 以及波音 777 和波音 787。新加坡航空保持年轻机队的政策，平均机龄约为 7 年，机队更新迅速。2020 年，新加坡胜安航空并入新加坡航空，机队旗下的 17 架波音 737~ 波音 800 和 37 架波音 737MAX 改由新加坡航空营运。至 2020 年 9 月，新加坡航空机队的平均机龄为 6.8 年，拥有 8 架空客 A330、50 架空客 A350、19 架空客 A380、54 架波音 737、44 架波音 777 和 15 架波音 787，机队总数近 200 架。不过，受到新冠疫情的影响，2021 年新加坡航空运力大减。在客运和国际旅游需求持续低迷的情况下，新加坡航空宣布裁员 4 300 余人，并推行无薪假以减少成本，同时，在新加坡政府的支持下获得最多 150 亿新元集资以度过危机。

（二）新加坡航空的经营状况

尽管国际航空市场竞争激烈，新加坡航空也不能期望政府给予保护或者任何资助。从成立伊始，新加坡航空就被逼着走上了一条与众不同的发展模式，兼顾低成本运作和高客户满意度，并由此带来高收益以维持公司的高速运转，创新几乎是唯一的选择。当时，在其他航空公司的飞机上点饮料和葡萄酒、看电视剧和电影都要收费，而在新加坡航空的飞机上则是免费的，他们还首先推出了视频点播。除此之外，新加坡航空非常强调创造出一种独特的顾客体验。比如，新加坡航空公司的乘务员制服——新加坡民族特色的纱笼装，就受到了很多外国人的喜欢，这种差异化也吸引了不同国家的旅客，新加坡航空的乘务员形象几乎就是新加坡航空的品牌形象。

新加坡航空从成立初期就确立了发展全球性航线网络的经营战略，这样有助于扩大业务范围，同时降低来自局部地区的风险。早在 1991 年，《远东经济评论》就撰文指出新加坡航空正在跻身全球性航空公司的行列，凭借亚洲以外地区的航线收入，新加坡航空收入是国泰航空的 2 倍还多。新加坡航空具有几个战略优势，抵消了因为提供优质服务而造成的成本上涨。一是与竞争对手相比，新加坡航空的劳动力成本相对比较低；二是新加坡航空的飞行年限较短的机群不仅节省燃油，而且减少了维修费用，同时还拥有多元化、高效率的相关服务企业，包括维修、飞行餐、货运及机场服务；三是先进技术，包括通过电话、网络和短信形式办理登机手续；四是新加坡航空在公司内部的成本节约意识。

新加坡航空公司营业收入的构成可以划分为三部分，即乘客收入、货运收入和其他收入等。在新冠疫情开始之前，从 2018/2019 财年的数据来看，新加坡航空的营业收入为 163 亿新元（约 815 亿元人民币），其中来自客运的收入为 130 亿新元（约 650 亿元人民币），来自货运的收入为 22 亿新元（约 110 亿元人民币），其他收入有 11 亿新元（约 55 亿元人民币），营业利润为 10.6 亿新元（约 53 亿元人民币）。

凭借得天独厚的地理位置和明确的发展定位，新加坡航空业如今已经成为新加坡国民经济的重要组成部分，在新加坡经济结构转型过程中扮演着十分关键的角色。作为亚洲著名的航空枢纽，樟宜机场入驻了 100 多家航空公司，经营的航线覆盖 100 多个国家的 200 多个城市，新加坡航空公司已成为享誉全球的顶尖航空公司之一。新加坡航空公司的发展带动了新加坡航空维修产业的崛起与成熟。目前，在新加坡实里达航空工业园拥有大型飞机维修企业 40 余家，产值近百亿新元。据统计，航空产业对新加坡 GDP 的直接和间接贡献高达 200 多亿新元。航空业的雇员人数约有 10 万余人，加上产业链相关企业的雇员，总数近 20 万人。

二、新加坡航空的公司治理

(一) 股权结构

新加坡航空公司作为一家典型的国有企业,尽管新加坡政府很少干预新加坡航空的具体运作,但是政府也明确提出了必须实现盈利的要求。进入 20 世纪 80 年代,新加坡经济增长出现了大幅减速,最严重的时候该国实际 GDP 增长率降至 −2%。为了扭转不利局面,新加坡政府启动了一轮大规模民营化浪潮,将政府控制的国有企业的部分所有权交给大众,借上市的途径让国有企业接受外部市场的压力和约束。1986 年,继新加坡电信之后,新加坡航空的股票正式在新加坡证券交易所挂牌上市。截至 2021 年 6 月 30 日,新加坡航空公司的十大股东如表 5-2 所示。在上市的前三年,新加坡航空公司实现了大幅度的盈利。由于历来盈利水平较高,新加坡政府为了维持公司经营的稳定性,上市前将部分原始股份出售给新加坡航空的员工,以激励他们长期为公司服务。

表 5-2 新加坡航空公司的十大股东

新加坡航空公司的主要股东	股份数量 (万股)	占比 (%)
1. 纳皮尔投资 (淡马锡下属基金)	98 596	33.25
2. 淡马锡控股	65 731	22.17
3. 花旗银行	21 447	7.23
4. 星展银行	19 426	6.55
5. 星展私人银行	6 617	2.23
6. 汇丰银行新加坡	6 464	2.18
6. 莱佛士控股	5 634	1.90
8. 大华银行	4 242	1.43
9. 菲利普证券	2 120	0.71
10. 法国巴黎银行	1 645	0.55
合计	231 922	78.22

资料来源:新加坡航空公司网站 (截至 2021 年 6 月 30 日)

股权结构是公司治理结构的基础,公司治理结构是股权结构的具体运行形式。从新加坡航空股权变化情况中反映了以下变化:

(1) 新加坡航空公司的控股股东,即第一大股东始终是淡马锡控股,保持了国有资本控股的地位。多年以来,淡马锡控股的持股比例曾出现增减,但整体波动幅度不大，始终保持了超过 50% 的控股地位。淡马锡的控股体现了新加坡政府的意志，那就是新加坡航空作为新加坡的支柱，不可能落入私人公司或者其他国家主权投资公司手中。

（2）新加坡航空公司的股权高度集中，体现为前五大股东的构成基本稳定，且持股比例基本超过了 70%。新加坡航空公司最大的股东除了淡马锡控股之外，还包括星展银行、花旗银行、汇丰银行和大华银行等银行机构。这些说明，通过银行的大量参股，更有利于新加坡航空获得贷款和资金支持，不依赖于政府的补贴和救济。

（二）公司治理

作为在新加坡证券交易所（SGX）挂牌交易的上市企业，新加坡航空公司治理的特点主要是：①严格遵守《新加坡公司法》和新加坡财政部颁布的《公司治理准则》，不断完善上市公司的治理结构；②董事会内部治理规则与新加坡交易所其他上市公司类似；③成立若干专业委员会，主席均由非执行董事担任，各委员会被授予特定权力，以协助董事会更好地履行职责；④按照新加坡交易所的要求，每年定期发布业绩公告、年度报告和可持续发展报告；⑤为了提高决策的透明度，公司从 2008/2009 财年开始，对所有在股东大会上提交的决议都进行投票表决。

（三）董事会结构

新加坡航空董事会的主要职能包括：确定公司的战略方向，审阅、批准年度预算和财务计划，监察公司各项的业绩；批准重大的收购及融资活动，确保公司从事的业务行为遵从相关的法律法规。截至 2020/2021 财年，新加坡航空董事会里共有 10 名董事。董事会从经营业务的范围和性质考虑，以提供不同观点、促进有效决策为目标，不定期增减董事会成员的数量，实现在执行董事和非执行董事、独立董事和非独立董事之间的平衡。

1. 董事会成员构成

当前新加坡航空董事会的 10 名成员中，有 8 位是非执行的独立董事，他们都是来自私营企业的商界领袖。另外 2 位是公司 CEO 兼执行董事和淡马锡控股的股权代表。

在每个财年里董事会将举行 4 次会议。董事会还会单独召开会议，协助集团管理层制定未来发展的战略和计划。按照新加坡航空的治理章程，实行董事会领导下的总经理负责制，全球招聘顶尖的专业管理人才组成管理团队进行专业管理，严格遵守所有权和管理权的分离，管理层向董事会负责。董事长由董事会选举产生，报股东大会批准生效，当然淡马锡有决定权；而 CEO 和其他高管则由非执行董事组成的薪酬和劳资关系委员会负责选拔，并报股东大会批准。历届 CEO 均来自企业管理层，无公务员背景。董事长和 CEO 由相互独立的不同人选担任，确保适当的权力平衡，促进独立决策，加强董事会的监督能力。

新加坡航空公司的高级管理人员享受的薪酬组合分为固定部分和可变部分，可变部分包括短期激励、中期激励和长期激励，由公司和个人的表现共同决定。固定薪酬包括基本工资、年度工资补贴和现金津贴，而可变薪酬则分为现金激励计划和股票激励计划。其中，现金激励计划由利润共享奖金、以经济增加值为基础的激励计划、增强战略激励计划三部分组成；股票激励计划同样由当年绩效股计划、当年限制性股票计划、递延股奖励三部分组成。

2. 董事会五大专业委员会成员构成

新加坡航空董事会下设有执行委员会、审计委员会、提名委员会、薪酬和劳资关系委员会、安全和风险委员会、客户体验、技术和可持续发展委员会。审计委员会不能有执行董事，独立董事也可以成为委员会主席，董事长也可能是委员会的普通一员。在重大事项方面，董事长与各委员会成员具有同等的投票权，并没有否决权或者一锤定音的权力（见表 5-3）。

表 5-3　新加坡航空董事会和各委员会成员（截至 2021 年 7 月）

姓名	董事会职务	执行职务	审计职务	薪酬和劳资职务	提名职务	安全和风险职务	客户体验、技术和可持续发展职务	其他职务
谢林发	董事长	主席		主席	主席	委员		星展银行主席
吴春风	执行董事	委员					委员	新加坡航空总裁
班纳吉	董事	委员				委员		前普华永道新加坡主席
张树鹏	董事			委员			主席	新加坡 SC 房地产董事长
希尔	董事						委员	前摩根大通亚洲区总裁
吴瑞珍	董事		委员		委员		委员	新加坡壳牌公司前任总裁
何朝辉	董事		委员			主席		星展银行中国区主席
谢俊仁	董事	委员	主席	委员				新加坡麦肯锡前任总裁
李金信	董事				委员	委员		新加坡 A＆G 律所合伙人
黄启元	董事		委员					前星展银行执行官

按照新加坡航空公司章程的规定，在每年的股东大会上，董事会需提交一份不少于董事会成员总数 1/3 的人员名单，供全体股东投票决定名单中的人员是

否应当退休或获得连任。退休董事人选的选择通常从最近一次连任后工龄最长人员中考虑。新加坡航空 CEO 应服从公司章程中有关董事退休和连任的规定，当年新任命的董事需从次年起遵从股东大会上关于退休和连任选择的相关规定。此外，所有关于董事会成员的任免和续任的决定，必须得到股东大会批准方可生效。

3. 新世纪以来董事会结构的重要变化

通过梳理新加坡航空公司的年度报告，不难发现其董事会结构曾出现以下几点重大变化：①取消了副董事长的职位。以前新加坡航空董事会中还专门设置了副董事长职位，通常由 CEO 兼任。从 2003 年 1 月起，董事会任命新的 CEO，同年 6 月，董事会不再设立副董事长职位。②取消了来自政府的非独立董事的提名。2004/2005 财年之前，在新加坡航空董事会的非独立董事构成里，除了两位来自第一大股东（淡马锡控股）的提名外，始终还有一位来自新加坡政府的提名。如 1997—2003 年担任该角色的李宝恒曾出任总理公署的部长，时任新加坡全国职工总会秘书长。目前，这项任命已经取消了。③董事会下属专业委员会的设置曾发生多次调整。当前六大委员会的设置直到 2010/2011 财年才确定下来。

三、新加坡航空公司的政企关系

新加坡航空公司是典型的淡联企业，淡马锡控股作为政府的产权代表，通过行使股东权利实现国有资产增值。除了上述方式，新加坡政府对新加坡航空运作的干涉非常少，几乎没对其提供过保护和津贴补助，而且对本国航空业的经营采取开放的态度，允许外资航空公司进入，鼓励公平市场竞争。这种特殊的政企关系让新加坡航空因祸得福，最终发展成为一家世界知名的航空公司。

淡马锡控股对下属政联企业，按照性质区别划分为两类，对不同类型企业采取不同的监管方式。一类是关系国家重要资源类和公共政策目标类的企业，如水资源、能源、机场和港口等。淡马锡控股采取绝对控股的方式，代表政府对上述企业实施管理。另一类是有潜力向本区域或国际市场发展的企业。淡马锡控股支持上述企业通过并购、出售、发行新股等方式加快国际化进程。

新加坡航空公司无疑属于上面的第一类淡联企业，按《新加坡公司法》的规定，新加坡航空董事会成员由提名委员会推荐，作为第一大股东的淡马锡控股可以根据持股比例推荐董事人选，最后经股东大会选举产生。例如，目前担任新加坡航空董事长的谢林发就是来自淡马锡控股的推荐。

多年的实践证明，淡马锡控股基本不参与淡联企业的商业决策或运营，但这并非意味着它对下属企业放弃监管，而是采取"保持适当距离"的原则。其具体表现为以下几个方面：

一是在淡联企业中推行健全的公司治理制度。如坚持淡联企业的董事长和总经理职位必须由不同的人担任，鼓励董事会与管理层加强合作，提高决策准确度，尽可能推荐具备企业界和公共服务界双边代表性人员出任董事，鼓励淡联企业给予董事符合市场行为准则、有竞争力的薪酬，要求提名委员会成员至少有3人，其中独立董事必须占多数，基本不对淡联企业提供商业贷款。

二是密切关注淡联企业的经营业绩。如建立业绩考核制度，根据行业特征设置不同的业绩考核指标。如果业绩出现下滑，则由执行委员会启动相应问责机制；根据淡联企业财务报表，一年至少开展两次业绩分析，并实地检查；对涉及淡联企业的重大交易，淡马锡控股会进行谨慎监管，协助前者做出最合理的选择。

三是适时调整持股比例。如果说20世纪80年代淡马锡控股减持国有企业的股份是配合政府实施民营化计划的被动行为，那么进入21世纪以来，淡马锡控股不定期的减持行为则是基于自身企业发展考虑主动做出的战略撤资。此举既可以节约资本金，加快海外投资节奏，又可以促进私营经济发展，完善社会监督机制。

20世纪70年代之前，新加坡经济发展局代表政府管理国有资产，之后国有资产首先被转移到财政部，其后才通过注资的形式转移到了淡马锡控股。因此，按规定淡联企业每年都应向淡马锡控股上缴国家股东应得的分红，其金额大小与当年的经营业绩有密切关系。不同行业、不同年份上缴的分红可能存在较大的差异。过去15年里，新加坡航空公司每年都向淡马锡控股上缴分红，2007年、2008年和2011年新加坡航空的经营业绩最为突出，上缴的分红超过5亿美元，而大部分年份上缴的分红还不足2亿美元，其中表现最差的是2002年、2003年和2012年，均低于1亿美元。

作为国有控股的资产管理公司，淡马锡控股每年的收入来源有出售所得、股息收入、基金投资收益和其他收入。按照规定，公司必须将利润总额的15％上缴给财政部，其余部分则可由公司自主使用。

四、新冠疫情下新加坡政府和淡马锡合力拯救新加坡航空

新加坡航空一直被誉为最舒适和最安全的航空公司之一。最舒适体现在周到

的服务、高端的餐饮、优秀的飞行体验等；最安全则是得益于它年轻的飞机群，飞机的平均机龄不到 7 年。不过，新加坡航空最近几年的财务状况不容乐观。2020 年以来，在新冠疫情和油价大跌的双重打击之下，新加坡航空更是步履维艰。

（一）控股股东淡马锡大力驰援

自与马来西亚航空分家以来，新加坡航空能达成今日的成就并不容易。甚至在 2015 年东南亚航空市场整体低迷的情况下，它也能保持"一枝独秀"的强劲盈利势头，实属不易。除了其本身的高服务质量与舒适安全的乘机体验值得称道，配得上"全球最佳航空公司"的称号外，新加坡航空还有不得不提的另一重身份——新加坡的"国企"。

新加坡航空公司的控股股东，即第一大股东始终是淡马锡控股。在过去十几年的时间里，淡马锡控股在新加坡航空的持股比例也曾暂时出现增减，但整体波动幅度不大，始终保持在 50% 以上，整体变化不超过 3 个百分点。换句话说，淡马锡控股基本上是采取绝对控股的方式，代表政府对新加坡航空实施管理。淡马锡控股作为政府的产权代表，通过行使股东权利来实现国有资产增值。除此之外，新加坡政府对新加坡航空运作的干涉非常少，除重大事件外，几乎没对新加坡航空提供过保护和津贴补助。然而到了 2020 年，连一向淡定的淡马锡控股也不得不出手救市了。

回顾新加坡航空首次亏损，还是在 2003 年。受到 SARS 和伊拉克战争的影响，新加坡航空出现了首次季度亏损，当年的第二财政季度净亏损 3.123 亿新元，约合 1.779 亿美元。2003 年之后，新加坡航空有长达 6 年的时间没有出现过任何季度亏损的情况。但到了 2009 年第一与第二财政季度，连续两个财政季度出现亏损，第一财政季度亏损 3.07 亿新元，第二财政季度净亏损 1.59 亿新元。在这一年里，困扰新加坡航空的主要是"全球经济衰退、甲型 H1N1 流感和燃油套期保值三重因素"。2017 年，新加坡航空第四财政季度出现亏损，净亏损 1.383 亿新元，约合 9 950 万美元。此次出现亏损主要是因为激烈的竞争和为针对其货运子公司的反竞争裁决提供准备金的缘故。因此，新加坡航空的亏损主要受经济形势、油价和全球流行病的影响。

更糟糕的是，由于遭受燃油对冲交易和新冠疫情导致的大部分飞机停飞的双重打击，新加坡航空 2019 财政年度预期将会出现年度亏损的情况。2019—2020 财政年度，看前三个财政季度（2019 年 4—12 月）的财报，三个财政季度所得的净利润总额高达 5.2 亿新元。这本是新加坡航空可以大展拳脚，一扫这几年盈利情况不佳的颓势之年。然而新冠疫情暴发后，第四财政季度（2020 年 1—3 月）的情况却将新加坡航空从天堂打入地狱。仅仅第四财政季度的亏损就让前三个财政季度所有的盈利化为乌有。

随着新冠疫情的到来，对以国际航线为主的新加坡航空公司的经营冲击很大，因为在疫情下，很多国家都闭关锁国，国际航班大幅减少或者停止。疫情暴发，淡马锡控股作为新加坡航空的控股大股东，对新加坡航空频频追加投资，让它能够渡过这场自成立以来从未遇到的难关。淡马锡在 2021 财年支持新加坡航空公司及胜科航空的融资计划，还对新加坡航空更新机队计划表示欢迎，这将让新加坡航空在后疫情时代比同行占了更大优势。

新加坡航空 2020 年 5 月向股东配售 53 亿新元附加股及最高可达 97 亿新元的强制可转换债券（MCB），未获其余股东认购的债券全部由淡马锡以 62 亿新元包销。新加坡航空 2021 年 5 月发售第二批 MCB 以筹集 62 亿新元资金，淡马锡出资逾 58 亿新元来认购及包销。由此可见，淡马锡在当今背景下对新加坡航空的支持已经不言而喻。新加坡航空承诺在 2050 年达到净零碳排放目标，包括投资新一代的飞机，取得高营运效率及采用低碳排放科技等。过去一年，新加坡航空已让 45 架老旧飞机退役，且计划逐步用新一代飞机来取代，这些飞机的燃油效率可提高多达 30%，将大幅降低集团未来几年碳排放。这些都需要大量的资金支持，但是在新冠疫情背景下，如果离开淡马锡控股的支持，新加坡航空的投资计划可谓天方夜谭。

（二）新加坡政府对新加坡航空大力支持

新加坡航空在提呈给新加坡交易所的披露文件中说，尽管集团在 2019/2020 财政年度头 9 个月业绩表现强劲，净利达到 5.2 亿新元，但是，单单最后一个季度的亏损预计就会把前三个季度的净利给抹杀掉，有可能在成立以来首次出现全年大面积亏损。疫情更为严重的 2020 年对于新加坡航空来说更是一个较大的难关。由于绝大多数国家关闭了边境，新加坡航空不得不削减 96% 的航班量，大量飞机停在樟宜机场的停机坪。新加坡航空目前的境况也引起了新加坡政府的极大关注，政府被迫连连出手救助新加坡航空。

新加坡总理李显龙在 2020 年五一劳动节致辞中指出："新加坡航空正面临成立以来最严重的危机。"但新加坡也会尽全力帮助新加坡航空度过这场危机。新加坡航空对于新加坡的意义，不是简单几个字可以表达的。航空业是新加坡经济的一个关键支柱，支撑着超过 12% 的国内生产总值（GDP）和 37.5 万个就业岗位。新加坡航空集团更是新加坡航空生态系统的核心，其旗下三大航空公司——新加坡航空公司（SIA）、胜安航空公司（SilkAir）和酷航公司（Scoot）运输樟宜机场进出港旅客的一半以上。

新加坡航空集团在全球各地就有超过 2.7 万名员工，其命运紧扣酒店和旅游业——新加坡经济的一大支柱，仅这些领域的员工就占新加坡总就业人数的约 5%。此外，新加坡航空也是新加坡航空枢纽整体结构中不可或缺的一环，涉及新加坡与全世界的联通和物流运输。如果新加坡政府不救新加坡航空，所造成的工作岗位流失将是新加坡不能承受的，更将对新加坡的经济带来无可逆转的恶劣冲击。因此，对于新加坡政府而言，新加坡航空必须得救。

2021 年 2 月 18 日，新加坡副总理兼财政部部长王瑞杰发布新加坡 2021 年财政预算案时表示，政府将为航空业者提供飞机降陆和停泊费回扣，同时协助地勤服务公司，并为樟宜机场的店铺租户和货运代理提供租金回扣。樟宜机场也将享有 15% 的产业税回扣。另外，新加坡民航局将为申请和更新飞机适航证书的本地航空公司提供 50% 的费用回扣。3 月 26 日，王瑞杰在新加坡国会公布 2021 年追加预算案时表示，政府决定再拨出总值 3.5 亿新元的加强版航空业援助配套，缓解业界资金周转问题，挺过疫情危机。

加强的援助措施包括：所有客运和货运航班从 2021 年 4 月 1 日至 10 月 31 日，可获 10% 降陆费回扣；航空公司在樟宜机场搭客大厦的贵宾室和办公室可享 50% 租金回扣；所有客运航班可获得的 100% 停泊费回扣将延长至 10 月 31 日；原定 2021 年 4 月调高 1% 的客机降陆、停泊和登机桥费再推迟 6 个月，到 2022 年 3 月 31 日才启动。同时，为协助航空领域业者保住员工饭碗，政府将为该领域的雇佣补贴计划加码，工资低于 4 600 新元的部分补贴 75%，高于的部分补贴 25%。

新加坡民航局也宣布从 2021 年 4 月起，允许新加坡航空公司和机场经营者延后支付部分费用 1 年，缓解业者的资金周转问题。这包括飞行服务执照费、机场证书和营运执照费，以及航空公司在申请或更新适航证书时须付的费用等。可延期支付的款项总金额约 1 400 万新元。

（三）新加坡航空的自救措施

除了新加坡政府的扶持，新加坡航空自身也在采取措施积极进行自救，包括卖飞机回血。新加坡航空公司将会考虑出售飞机或以售后回租的方式获取现金流，确保企业的长期运作。新加坡航空旗下近 200 架飞机，其中 70 多架是属于旗下子公司的。另外，就是发行新股与债券。2021 年 3 月，新加坡航空向新加坡交易所申请暂停交易。第二天即宣布，将通过发行新股和债券筹集最多 150 亿新元，以应对此次疫情带来的经济冲击，而淡马锡控股则表示将会全力支持上述解决方案，并会认购其附加股和债券份额，以及所有已发行但未被认购的余额。

在新加坡政府的扶持和淡马锡控股的帮助下，新加坡航空积极自救，在这场与疫情的抗争中，新加坡航空作为新加坡航空业的一面旗帜绝不会倒下。

五、启示

新加坡航空公司作为新加坡的国家航空公司，能在成立后短时间内跻身全球顶尖航空公司之列，离不开其合理的发展战略设计、良好的公司治理结构和独特的政企关系等多重因素。在新冠疫情影响的大背景下，新加坡航空背后有大股东淡马锡控股和新加坡政府的大力支持，新加坡航空得以挺过难关，重振后疫情时代的航空运输发展。这有以下几点启示：

（1）保持持续创新是新加坡航空获得成功的重要驱动力。新加坡航空从成立之日起就面临开放的全球市场竞争，严峻的外部环境使其早早确立了"提供高质量顾客服务的世界一流亚洲航空公司"的目标定位，之后通过塑造"新加坡空姐"的品牌形象、提高头等舱和商务舱的服务质量、控制机群的平均飞行期限和缔结联盟合作战略等方式解决了高质量服务和低成本运营间的矛盾。

（2）规范的公司治理结构有助于企业成功。20 世纪 80 年代中期的民营化浪潮尽管让新加坡政府将持有的国有企业的部分股权转让给了私营企业和外资企业，但是也帮助政联企业建立了规范的公司治理结构。董事会独立于管理层，对后者实施有效监督。以独立董事占多数的董事会结构有助于做出科学决策，从而避免利益纷争。

（3）新加坡航空的发展离不开新加坡淡马锡和政府的大力支持。虽然新加坡航空自称是独立运营的企业，不受新加坡政府的支配，但是新加坡航空有着明显的国企特征。新加坡政府为了本国航空业的发展方向也不可能放弃新加坡航空，让私人控股或者国外资金控股新加坡航空，因为新加坡航空是新加坡的一面旗帜。不过，新加坡航空在日常运营和管理方面，不管是母公司淡马锡还是新加坡政府都保持了"一肩臂"的距离，不干涉新加坡航空的日常管理和运营，给予新加坡航空极大的自主权，这也是新加坡航空能够取得重大成功的原因。新冠疫情突发，在新加坡航空遇到困难时，淡马锡和新加坡政府都挺身而出，救助新加坡航空。这种救助能够帮助新加坡航空度过最艰难的时刻，也是迫不得已的。正因为有新加坡政府的大力支持，新加坡航空的命运将与众不同，这也进一步证明了新加坡政府和淡马锡一直在暗地里支持新加坡航空的发展，并不是完全放手不管。

第六章
淡马锡模式对我国国有企业发展的启示

　　淡马锡模式对于新加坡政府而言是非常成功的，因为它出色地完成了政府在设立淡马锡公司初期所设立的目标。新加坡政府设立淡马锡的目的就是让新加坡财政部能够及时掌握国有企业的经营状况，并且剥离出政府管理国有企业的职能，让商业回归商业，政府回归政府。淡马锡在发展过程中总结出了一套资本运作国有资产的经验，淡马锡模式也开始为世人所知。

　　淡马锡的经营历史并不是一帆风顺的，也曾走过不少弯路，过去也曾经出现过严重亏损的状况。新加坡国内对淡马锡的批评也不少，比如，决策缺乏魄力、任人唯亲等。在这种背景下，淡马锡不断改变公司的治理结构，强化出资人管理，完善对管理团队的激励机制。通过一系列的运作，淡马锡逐渐从一个管理国有企业的运营公司发展成为一家主权投资公司，投资范围日趋广泛，投资区域也扩大到新加坡之外的国家和地区。

第一节　淡马锡模式的独特性

　　淡马锡自 20 世纪 70 年代成立之后，曾经跟随新加坡的高速经济发展，取得黄金发展时期。但是进入 90 年代后，由于故步自封，业绩发展停滞不前，与国际上知名的大公司拉开了差距，平均投资回报率也只有 3%，只比新加坡长期固定存款利率高一点。何晶在争议声中上任之后，淡马锡开始走上国际化之路，通过投资中国、东南亚等新兴市场以及欧美和澳大利亚等成熟市场获利颇丰，取得了较好的投资收益。

　　随着民营化时期出售大量下属企业的股权，只保留一部分关乎国计民生的企业控股权，淡马锡对下属公司的管理已经从建立之初的行政式管理演变为纯商业化的经营模式，给予下属企业更大的经营自主权和人事任命权，以经营业绩作为主要诉求。

纵观淡马锡模式的发展可以看到，不论是新加坡内阁，还是新加坡财政部，都有意无意地与淡马锡保持一定的距离，不干涉企业的经营活动。政府放手淡马锡管理层的重大决策，更加注重市场化，通过规范的公司运营制度对董事会和管理层进行约束和监督。淡马锡看似是一家国有企业，但其经营运作与私营公司并没有什么两样。淡马锡除了投资人为政府外，包括淡联企业的一切运作模式与私营企业一样，在市场中的竞争地位一律平等。

一、淡马锡模式的成功要素

为什么淡马锡取得了成功？归根结底还是完善了公司治理结构。在新加坡，国企的单位资本估值比私企的还高。可以说自 1974 年成立以来，淡马锡少有腐败，并且资产价值增长了 1 000 倍，其成功存在几个基本事实。

（一）政府放手淡马锡的商业决策过程

新加坡政府授权淡马锡和淡联公司按照商业模式灵活经营，与国有企业保持一定的距离。同时政府也刻意自制，不干预淡马锡和其他国有企业的管理与商业决策。新加坡前副总理吴庆瑞曾称，"许多发展中国家都有一个错觉，就是认为政治家及公务员能成功地执行企业家的职能。虽然有很多历史经验表明这样的想法并不正确，但是令人惊奇的是，还是有很多国家坚持这样的理念"。

新加坡政府对于淡马锡此类的国有企业一向坚持"能者居其位"的用人原则，任命有能力的人，确保决策过程透明化，给予其充分的信任，同时也赋予其相应的责任。淡马锡董事会成员、总裁的任命和免职由财政部部长牵头，并由各政府部长及专家组成的提名委员会推荐，须经民选总统同意。为了达到保值和增值目的，淡马锡董事会必须向总统负责并确保每次投资的交易价格符合其公平市场价值。未经总统批准，淡马锡的年度营运预算或计划中的投资项目不能动用过去的储备金。淡马锡董事长和总裁必须每半年向总统证明当前和以往储备金报表的正确性。此外，淡马锡定期向财政部提供财务报告和简报，并不定期和财政部审查股息发放政策，在现金回报和再投资之间寻求最优组合。而在制定投资和其他商业决策方面，全部由淡马锡董事会和管理层负责实施，政府不介入其中。

（二）淡马锡作为"积极活跃的股东角色"

虽然唯一的股东是新加坡财政部，但是政府不对淡马锡的决策进行干预。淡马锡与其唯一的股东财政部之间的关系，类似于淡马锡与其投资组合公司之间的关系。除非关系到保护淡马锡的储备金，不论是新加坡总统或政府都不参与淡马锡的投资或其他商业决策。同样，淡马锡也不参与旗下投资组合公司的商业决策或运营。淡马锡期望这些公司的董事会和管理层对其决策和经营活动负责。

淡马锡的成立承担了新加坡政府作为国有企业所有者的定位。淡马锡代表新加坡财政部行使股东的权力。淡马锡作为新加坡财政部完全控股的公司，对淡联企业董事会成员和管理层的任命具有发言权。但是对淡联企业的具体经营并不进行干涉。如果董事会成员和管理层违背契约精神和伦理道德，做出违反企业规定的事，淡马锡可以通过大股东的身份对董事会结构和管理团队进行调整。不过，淡马锡经常保留这种股东权力，备而不用。淡马锡董事会包括淡联企业的董事会在任用董事会成员方面，逐渐摒弃了过去从政府退下来的高官中选人的制度，而是重点关注在商业企业中摸爬滚打了多年的成功人士。这也是前政府高官慢慢从董事会成员中消失的重要原因。淡马锡坚持贯彻"能者居其位"的理念，在选人用人问题上坚持了自己的独立性。

（三）淡马锡对掌控的国有资金采取闭环的投资操作

近几年来，从亚洲到欧洲，从北美到南非，淡马锡不断寻找投资机会，在各地投下了数十亿美元的巨额资金。仅在中国的银行业，淡马锡现已公布的投资计划就已达 100 亿美元之多。淡马锡掌握的国有资本数额庞大，政府宽松的授权和强大的投资能力使它能够源源不断地向其中意的投资项目输送资金，同时也从这些项目中获得回报。

淡马锡的投资资金主要来自新加坡政府财政的支持、资本市场募集的资金以及投资收益的积累。淡马锡实质上是新加坡政府主权投资基金的运作者，有强大的政府背景，政府以划入优质资产的方式给予支持，而新加坡财政部也会不断注入资金支持它滚动发展。与此同时，淡马锡本身的融资能力很强，它发行的债券过去多次被穆迪等资产评估公司认定为 AAA 级债券，非常安全，也在资本市场上获得了投资者的追捧。新加坡总体上资金富裕，信贷相对宽松，以淡马锡的优质资产和良好信誉，融资当然不成问题。淡马锡通过长期的投资也获得了不少红利，资产不断积累，淡马锡拥有上市资产的市值占全国股市总市值的 1/3 以上，这使得淡马锡通过出售或减少控股权就可获得上百亿新元的收益。

淡马锡通过对掌控的国有资金进行闭环式的操作，拥有极高的投资自主权，也承担起自负盈亏的责任。国有资本的闭环运营同样给淡马锡带来了丰厚的利润，并且不受政府其他财政投资类项目的干扰，避免了国有资本与财政类资金的混合滥用，促进了国有资本的保值和增值，符合国际惯例。

（四）高效激励机制笼络了高素质人才

"能者居其位"，说白了就是精英治理。淡马锡及其下属公司的董事会及高管机构，现在已经很少有现任和前政府官员，绝大多数为商界精英。这与淡马锡主张自己是一家与私人公司无异的商业公司是分不开的，笼络了全球各地的精英人士为其服务。董事会中很多独立董事都是一些大企业的现任和前任总裁，国籍也五花八门。高管则是由董事会直接任命，也是企业培养起来的人士。

淡马锡的高速发展，特别是向新市场、新行业的进军，离不开国际人才的支撑。一流的人才才能做出一流的决策，创造出一流的业绩。新加坡作为一个国际开放程度非常高的国家，特别注重国际化人才的选用和培养。淡马锡及其旗下企业十分重视人才队伍的建设，认为"经济发展最重要的动能来自人力资源"。因此，把"人力资本"作为企业第一位的竞争要素来开发。

淡马锡高度重视全员培训，致力于把企业建设成学习型机构，利用新加坡国际化的特点，招揽各类国际化精英人才。淡马锡管理层拥有一批面向全球招聘，熟悉不同行业投资环境的专家。譬如从世界级金融机构如汇丰、花旗、通用电子聘来的金融专才，每个人都有自己的强项；为了开拓在中国的金融投资业务，淡马锡不惜重金从著名的高盛公司挖来一位资深银行家，包括聘任原香港财政司司长梁锦松负责董事会的计划。对于有些重大投资计划，它有时干脆就委托世界一流的咨询机构去做。淡马锡在全球范围内的经理人市场上搜寻自己所需的投资与管理团队。淡马锡有一套短、中和长期的分配激励机制，能够吸引优秀的人才长期为淡马锡服务，而不是看中短期的利益。此外，淡马锡也和业界高端商务人士维持良好的合作关系和进行广泛的交流，综合公司内外部专家的意见使淡马锡能有效监督和判断旗下公司的经营业绩。

（五）良好的制度环境和市场环境

新加坡是一个国际化程度非常高的城市化国家。在《新加坡公司法》和《反商业贿赂法》的监管下，淡马锡董事会和管理层人员需要遵纪守法来运营，否则将受到新加坡法律的严苛惩治。淡马锡有健全的治理结构和完善的管理制度，投资决策的科学化和风险防范也都有制度的保证。淡马锡掌控的国有资本的进与退可以完全依据利润最大化原则来决定。在内部治理和外部治理的共同作用下，新加坡成熟健康的生产要素市场，特别是经理人市场、人力资源市场和投融资市场也为淡马锡的发展提供了良好的发展环境。

（六）坚持董事会为中心的治理结构

淡马锡模式的成功之处目前来看是董事会发挥了中流砥柱的作用。董事会不是形同虚设的机构。一方面，董事长与总经理分别设立，职权和责任不同，而不是由一人承担；另一方面，也避免了董事长与总经理分权争利。新加坡政府授权淡马锡董事会对关系到企业生存和经营发展的所有重大事项在充分讨论的基础上做出决策，还要承担与决策相应的责任。董事会成员以外部独立董事为主，系统高效运转，按照市场化的原则独立进行投票和决策。选用独立董事会避免与企业存在重大的利益冲突，独立董事也在董事会各委员会中发挥着重要作用，有时，独立董事的关键一票比董事长的话语更管用。董事会任何成员的投票权都是平等、独立做出的，不存在要挟或者胁迫的情况，保证了公正、廉洁和高效。

淡马锡董事会结构类似于美英董事会结构，但是又有所不同。淡马锡自称管理结构上重视实质大于形式，主要特征是没有监事会，设立独立董事。董事会实行票决制，独立董事的一票与董事长并没差别。超过投资数额的决策要由董事会决定。新冠疫情期间，线上会议的决议要超过 2/3 的人数同意才能通过。

（七）长期持有投资组合

依据资产负债表进行投资，不受限于"资金有效期"。淡马锡作为投资者和资产所有者主要进行股权投资，在地理区域、行业或资产类别上设定限制。重大投资不受新加坡财政部控制，拥有充分的运营自主权。淡马锡虽分为 A 类公共类企业、B 类国际类企业，但是淡马锡更像是一个完全的商业公司，如果公共类企业不能盈利，那么淡马锡依然可能会把它出售。事实上，淡马锡在发展历史中曾经私有化了不少公共类企业，它现在持有的公共类企业都是盈利能力较强的能源、交通等垄断行业。

二、淡马锡模式的新加坡属性

（一）淡马锡模式虽属于英美公司治理模式但略有不同

淡马锡是典型的英美公司治理模式，没有监事会，实行独立董事制度。因为英国法人治理机构是一元制委员会模式，该模式没有独立的监事会，治理机构中仅包含股东会、董事会。为了达到监督的效果，这一模式要求公司必须聘请独立的会计师，来对公司财务进行监督审计。而英国的非执行董事更多是作为公司的顾问，而不起监督和约束的作用。

美国的公司构造也是只有股东会和董事会，没有设置监事会之类的专门监督机构，而是由董事会承担监督职能。正因为美国公司的股权非常分散，以至于没有一个股东能对公司进行有效的控制，因此才容易导致内部人控制的问题，独立董事制度正是针对这一问题而建立的，希望通过对董事会这一内部机构的适当外部化，引入外部的独立董事对内部人形成一定的监督制约力量。

英美一些国有企业经营得不好，主要是因为董事会成员经常由国会议员担任，国有企业管理太过分散。这些人精于权力斗争，而不是专心经营企业。而淡马锡有所不同，拥有一个国际化的董事会，聘请的独立董事是根据个人的能力和专业素质，他们都能为企业的发展方向做出独立的判断。这也决定了淡马锡董事会能把握企业发展的正确方向，而不以董事长或者董事会成员的个人利益为依托。

另外，在德国和北欧一些国家，如瑞典、丹麦、挪威等，国有企业为了体现全民所有制的特征，本国国民均可参加国企股东大会，并有权提出质询。公司董事会成员由公民参加的股东大会决定并确定其报酬和红利分配比例。与英欧美等分散化的公司治理不同，强势的董事会本身就是新加坡淡马锡公司治理的主体，具有经理人的内涵。这与新加坡作为华人社会，汲取了东西方文明治理之道的精髓有明显的关系，高管层既有决策强势的一面，同时兼顾一部分民主的特性。

（二）新加坡政治环境决定了淡马锡模式的独特性

淡马锡模式公司治理主体的安排是由新加坡的政党制度、竞选制度、廉政制度和法律制度决定的。

1. 既有威权又有民主特色的政党制度

新加坡开国总理李光耀创立的新加坡人民行动党在新加坡政坛长期"一党独大"，在国会中长期占据超过 2/3 以上的议席，政权从未旁落，其他反对党并不能对人民行动党发起挑战。新加坡政府的权力渗透到新加坡社会中的方方面面。新加坡虽然是个民主政体，但是经常被西方看作威权体制。淡马锡公司的董事会成员和总裁的任命按照宪法规定必须经过总统同意，这不仅是国家治权的体现，也是与新加坡的威权体制相符合的。对新加坡总理李显龙夫人何晶作为淡马锡的总裁任命，曾经在新加坡社会引发极大的争议。许多人质疑这项人事任命的不当动机，并批评淡马锡根本由李光耀家族为所欲为地把持。但是，何晶力排众议，接受了当时淡马锡董事长丹那巴南的邀请。淡马锡下属企业新加坡电信也曾经由李显龙的弟弟李显扬任总裁近8年的时间。何晶和李显扬都属于李显龙的至亲，虽然他们掌管企业都做出了突出的成绩，但是难免在新加坡社会一部分人中对李光耀家族留下了不好的印象。

2. 内阁成员的竞选制度

新加坡实行议会民主制，政府内阁成员从获胜的议员当中产生，与英国、日本、加拿大、澳大利亚等国类似。尽管执政的人民行动党在历次大选中都能够获胜，但还是要经过一人一票制的选举过程。因此，人民行动党只有靠取得人民的信任来获得国会多数票，才能在历次的国会议员选举中获胜。新加坡这种依赖选票定胜负的选举制度也被搬到淡马锡董事会决策当中。淡马锡的治理模式植根于英美国家的投票制度，并在实际操作过程中被发扬光大。

3. 严格监督的廉政制度

众所周知，新加坡建立起一套行之有效的保障政府官员廉洁的制度，如对官员腐败采取有罪推定制度，建立反贪调查局，决策信息公开透明等。如果发现贪污腐败，不论职位高低都会受到法律的严惩。同样，对官员严格的监督制度也会被应用到市场化运作的公司当中。淡马锡作为市场化的一员，不可避免受到新加坡严苛商业法律的影响。此外，新加坡还保留了传统的鞭刑和绞刑，而且执行起来非常严格，以此来监督公司高管营私舞弊的情况。

4. 精英治国的传统

人民行动党的党员都是从各阶层遴选出来的精英分子，并不是以普罗大众为基础的。因而，以李光耀为代表的精英分子在建国初期就崇尚精英治国。新加坡通过各种培养和锻炼的方式，为政府培养接班人。高素质的公务员团队带来了高效的政府管理。淡马锡公司的董事会成员和高管团队也是面向全世界物色的精英人选，绝大部分独立董事都是成功的商业人士和知名跨国公司的高级管理人员。高素质的国际化管理队伍成就了淡马锡在国际化投资过程中的专业性和高水平。

第二节　淡马锡的危机管理和投资化运作经验

淡马锡作为一个国际化的投资公司，在经历了几次经济危机的洗礼后，逐渐总结出了一套成熟的投资策略。从最初带着国企光环诞生，到投身于市场化的浪潮，再到搏击国际投资舞台，淡马锡在政府与市场两种力量的交汇处，走出一条与众不同的发展模式。

一、淡马锡的危机策略

在风险管理上，淡马锡为了更好地监控风险，其内部建立了规范的审计制度和监督机制。淡马锡不会针对单一资产类别、地区、行业、主题或者企业，预先设置资本集中度界限或者目标值，也不会设置具体的退出期限，但为了防范业绩波动，淡马锡非常重视风险评估，通过设置市值评估政策，追踪前瞻性的投资组合波动，以降低持有劣质资产的风险。

在淡马锡内部，高层会直接介入风险控制，比如，进行风险预警和管理就是董事会的重要职责，而执行委员会和审计委员会分别担任具体的风险控制工作，并且会把风险管理纳入流程。又如，其投资提案参照"两把钥匙"体系，由市场团队和行业团队共同提交投资委员会审核。根据投资规模或风险程度，投资提案可能上报执行委员会或董事会以做出最终决议。在此过程中，其他职能团队提供额外的专业建议和独立评估。

此外，淡马锡倡导风险意识和均衡承担风险的企业文化，共担风险的薪酬理念让员工与股东的利益一致，将机构置于个人之上，强调长期利益高于短期利益。比如，其年度分红采取递延发放和回拨机制，确保回报的持续性，鼓励"共享收益，共担损失"的资产所有者精神。

1997年亚洲金融危机爆发，将新加坡带入阵痛期，淡马锡因此深受重创，当年投资回报率跌至3%。面对严峻的经济形势，淡马锡时任董事长丹那巴南当机立断，决定效仿通用电气，给淡马锡开出了两个药方，即打造一流企业和向海外扩张。但丹那巴南的改革还没来得及被验证，另一场更严重的金融风暴再次呼啸而来。淡马锡不断调整投资策略，收缩投资战线，逐渐走出业绩衰退的阴霾，而调整后的淡马锡业绩也走出了一轮小高潮。

（一）淡马锡的投资策略

淡马锡所持资产可分为两类：A类是新加坡政府拥有并监控的企业；B类是

国际区域具有发展潜能的企业。近年来，淡马锡不断加大在国际市场上的投资力度。淡马锡的投资策略始终围绕四个主轴：①转型中的经济体；②增长中的中产阶级；③显著的比较优势；④新兴的龙头企业。在实施国退民进的战略后，淡马锡已从政府资产监管者的角色中抽身，追求最大投资回报成为其第一要务。

淡马锡在国际市场上的投资组合主要以股权为主，这意味着年度同比回报波动幅度较大，个别年份的负回报风险较高。个别年度的负回报风险越高，则可期望更高的长期正回报。无论是对资产类别还是国家、行业、主题或单一企业的投资，淡马锡都不会预先设定资本集中度的界限或目标值，具有大额单项投资和长期持有投资组合的灵活性。同时，审慎地管理资金杠杆比例和流动性，确保即使在极端压力下，仍能保持韧性与灵活性。

（二）淡马锡的风险管理

淡马锡投资的日常风险决策由管理层负责，而主要风险决策，包括主要投资和出售则由董事会负责。为了使运营风险最小化，淡马锡将风险管理纳入系统与流程之中，包括审批权限授权、公司政策、标准运营流程以及向董事会进行风险报告。

淡马锡机构风险管理框架包括以下风险回报偏好原则（RRAS），设定了不同的风险容忍度，其中包括名誉风险、资金流动性风险、总体投资组合长期持续亏损风险等类别（见表6-1）。

表6-1　风险回报偏好原则

风险回报偏好原则1	绝不容忍任何可能损害名誉和信用的风险
风险回报偏好原则2	注重长期业绩表现
风险回报偏好原则3	具有进行大额集中投资的灵活性
风险回报偏好原则4	维持稳健的资产负债表
风险回报偏好原则5	评估总体投资组合长期持续损失的潜在风险，并利用不同的情境测试我们的韧性

为了规避风险，淡马锡制定了规范化的流程以确保能综合考量各种观点，包括环境、社会和治理风险等。在"两把钥匙"体系下，淡马锡的投资提案须由两支团队提交至投资委员会审核，如市场团队和行业团队。根据投资规模或风险程度，投资提案可能上报执行委员会或董事会以做出最终决定。在此过程中，其他职能团队提供额外的专业见解和独立评估。每一项投资经风险调整后的资金成本都会将国家和行业风险考虑在内。在不断变化的投资环境中，淡马锡根据对内涵价值的判断来进行估值。

与此同时，淡马锡也会在不同经济和市场周期中监测和管理风险，包括资产层面的具体风险，评估各类风险情境对投资内涵价值的持续影响。这些变化的综合情况可以让淡马锡对投资组合在每一种情境下的现值和未来收益变动做出预估。淡马锡并不仅仅按短期市值计价的变化来衡量投资组合，而是同时还考虑企业的长期收益。

二、淡马锡如何应对海外投资限制

随着国际投资环境的变化，淡马锡在海外投资过程中也曾经遇到过一些阻力和困难。虽然淡马锡声明会遵守新加坡法律与法规所约束的所有义务，包括国际条约和联合国制裁所规定的责任，同时也遵守投资或运营所在地的法律与法规，但是淡马锡的业务遍布全球，在法律与合规环境不断演变、相关部门加强监管的大背景下，健全、扎实的合规计划对于淡马锡而言变得越发重要。

由于海外扩张需要跟进大规模的后续资金，淡马锡必须出售自己手中的大量股权，而几乎每一次的出售都会给国内证券市场造成大小不一的震动。例如，连续三次的新加坡电信股份转换直接引发了股民纷纷跟进抛售，导致股价持续走低，国际股评机构随之降低了对新加坡电信的股票评级，广大中小股民的利益因此受到直接冲击。不仅如此，淡马锡的外向型战略还直接削弱了其对国内就业人口的吸纳能力，许多新加坡人认为，原来国营的淡马锡如今越来越商业化了。

在海外，淡马锡的扩张也并非一帆风顺。2006 年，泰国爆发了驱逐淡马锡的群众抗议活动。事情缘由是，2006 年 1 月，淡马锡通过在泰国的子公司收购了泰国前总理他信家族所持有的臣那越电信集团 96% 的股权，而他信家族把这次的出售收益按泰国的法律予以免税处理。舆论一片哗然，批评之声鹊起，矛头直指淡马锡与新加坡政府的密切关系及其神秘性质，并指责淡马锡公司与他信"勾结"。恰在此时，泰国发生政治动荡，他信被迫辞职。淡马锡从此不再享有泰国政府的宠爱，而且要面对的第一个头疼问题是如何避免臣那越被泰国政府强制私有化。因为，按照泰国政府的规定，一家上市公司里股东不能持有高出 15%的股份，而淡马锡持有的臣那越集团多家子公司的股份都在 42% 以上，这引起了泰国政府的不满。

在亚洲的其他国家和地区，淡马锡的扩张步伐也屡屡受阻，而且公开说"不"的多是来自政府的权威声音。这一方面是因为淡马锡的政府色彩，但更多的还是因为淡马锡总裁何晶的特殊家庭背景，使很多人怀疑淡马锡的投资活动是否隐含某种政治目的。

在马来西亚，淡马锡触犯了该国关于在未获批准前外国机构不得收购马来西亚金融机构 5% 以上股权的规定，抢在该国政府采取惩罚措施之前匆忙出售了所持有的马来西亚南方银行 4 000 万股的股份。在韩国，该国将淡马锡公司划定为非银行机构，禁止淡马锡拥有韩国银行 10% 以上股份，并且拒绝星展银行购买韩国外换银行。在印度，政府也不允许新科电信媒体公司对本地手机运营商 IdeaCellular 公司的股份超过印度巴蒂电信投资有限公司在其中所拥有的股份。在中国同样如此，中央汇金公司否决淡马锡参股中国银行 10% 的请求，只给其 5% 的股份。

为突破新加坡岛国的发展限制，新加坡一直在海外特别是亚洲的金融和服务业寻找商机，而近年来新加坡源源不断的投资，也推动了印度尼西亚国内的经济增长。但相应的垄断纠纷案给两国未来的合作前景蒙上了一层阴影。在淡马锡投资较为积极的东南亚最大的国家——印度尼西亚，国会议员们担心新加坡有可能垄断印度尼西亚的电信部门。因此，他们集体游说淡联企业新科电信媒体公司放弃对印度尼西亚手机运营商印尼卫星通信公司的控股权。

2007 年 12 月，印度尼西亚国家反垄断机构"商业竞争监督委员会"裁定，新加坡国有投资公司"淡马锡控股公司"触犯了当地的反垄断条例。该委员会裁定，淡马锡同时拥有印度尼西亚两大电信公司，即印度尼西亚流动电信公司（Telkomsel）和印度尼西亚卫星公司（Indosat）的股权是违法的，并下令淡马锡必须在两年内脱售其中一家公司的股权，理由是跨公司的股权架构使淡马锡有能力垄断市场和操纵定价。在印度尼西亚商业竞争监督委员会宣布判决前夕，淡马锡曾警告说，任何"错误的裁决"都会影响印度尼西亚在投资者心目中的形象。可是，该委员会的裁决还是宣告了新加坡的"东望"投资策略再次受挫。

据统计，印度尼西亚拥有 8 000 万名移动电话用户，Telkomsel 和 Indosat 两大公司合起来约占 75% 的市场份额，剩余 25% 的市场份额由其他 8 家电信营业者争夺。商业竞争监督委员会判处淡马锡及旗下 8 家电信子公司，各须缴付 250 亿印尼盾（约 270 万美元）的罚款，原因是违反了印度尼西亚商业竞争条例。印度尼西亚的有关条例规定，外国企业不得拥有超过本地电信公司 50% 的股权。对此，淡马锡坚称无罪，并向印度尼西亚法庭提出上诉。

当时，印度尼西亚政府希望通过自由化发展来促进电信行业的健康发展，通过吸引外资来带动整体经济。与此同时，新加坡和马来西亚的电信公司由于眼看国内市场即将饱和，因此也将目光放在了增长潜力较高的印度尼西亚市场，但还是在投资过程中遇到了印度尼西亚国内民族主义和反垄断的问题。

对此，淡马锡向雅加达地区法院提出上诉，理由是：①印度尼西亚商业竞争监督委员会无权对淡马锡做出判决，因为淡马锡不是印度尼西亚公司；②淡马锡的股权没有限制竞争，因为印度尼西亚政府才是印度尼西亚两大电信公司的最大股东；③委员会口中的"淡马锡商业集团"并不存在。但是，印度尼西亚雅加达地区法院最后仍然判决淡马锡败诉。

由于淡马锡具有浓厚的政府背景特色，它在海外对能源、通信、金融等重要领域进行投资收购时，会遭遇投资国民族主义情绪反抗，投资所在的国家也不能完全放下戒备。因此，淡马锡在投资时尽量去除自己的国有企业色彩，努力表现为一家与私人公司无差别的商业投资公司，但是有时候在媒体的报道中往往其背后有政治因素起作用，遇到这种情况，只能通过法律诉讼或者政府游说解决。总体来看，淡马锡在投资时尽量避开国外的投资禁区和陷阱，以免在投资账面上遭受重大损失。

第三节　淡马锡在投资海外过程中的教训

没有任何一家企业在发展过程中是一帆风顺的，淡马锡也不例外。淡马锡模式并非神话，也有诸多缺陷。不可否认的是，淡马锡将目光过多地集中于新加坡和亚洲地区，金融市场一有动荡便受牵连，导致抗风险能力偏弱。中国应该吸取淡马锡的教训，"走出去"企业海外投资应多元化布局，以有效地分散和化解风险，同时避开地缘政治风险较大的地区；优化投资结构，注重基础性行业；培养市场意识，慎用政商关系；以民企为主体开展海外竞投标等。

当下，随着我国正在实施的"一带一路"倡议，中国企业"走出去"进行海外投资的步伐逐步加大，淡马锡的海外资本运作也可以为我国的国有企业提供启示。淡马锡的成功有其特殊的历史条件和政策背景，也无须捧得过高。尤其值得注意的是，淡马锡模式对中国"一带一路"倡议和我国企业"走出去"提供了警示的一面。

一、投资尽量多元化

作为国有主权财富基金，淡马锡的盈亏极大地影响着新加坡经济的稳定性，这就要求淡马锡具有较强的抗风险能力。淡马锡在过去 10 年取得了骄人的成绩，但不可否认的是，其抗风险能力仍然偏弱，国际市场上的风吹草动都会极大地影响淡马锡的盈利，甚至直接导致新元的贬值。

例如，在 2008 年国际金融危机的影响下，淡马锡 2009 财年投资组合净值便缩水 50 亿新元；而中国等亚洲国家的经济增长放缓又直接导致淡马锡 2016 财年 240 亿新元的亏损。这次，新冠疫情更是让淡马锡连续两年巨额亏损。究其原因，淡马锡相对固化的投资结构使得这一现象不可避免。在投资目的地的选择上，淡马锡将目光过多地集中于新加坡和亚洲，这两者在淡马锡投资的目的地选择中所占比例高达 70%。2020 年，淡马锡在中国、新加坡以及美国的投资位居前三，这三个国家也占据了淡马锡近七成的投资份额。

淡马锡过度集中的投资市场选择就决定了，一旦中国或美国出现经济波动，或者因为新加坡长期以来在中美之间搞平衡而导致的失衡，以致其中的任何一个国家对淡马锡采取抵制政策，淡马锡将遭受重创。事实上，淡马锡自身也意识到了这一问题，正在有意识地降低亚洲地区在其投资中所占的比重，不过，说起来容易，做起来难。

中国国有企业在"一带一路"倡议以及"走出去"过程中，也应注意这一问题。资产配置在成熟市场与发展中市场的比例，以及在"一带一路"沿线各个国家中的比例，都要有科学而合理的布局，多元化的选择可以有效规避风险，避免"牵一发而动全身"。从国家角度来讲，应该吸取淡马锡的教训，高瞻远瞩地指导我国"走出去"企业的海外投资布局，尽可能多地覆盖不同地区，以有效地分散和化解风险。

另外，还要重视基础性行业投资。截至去年，金融服务是淡马锡投资的最大领域，占其总投资组合的 24%。从投资结构来看，淡马锡对前沿科技的关注和投入较大，基础性行业所占据的比例相对较小。这样的比例结构对于我国而言，不具有太大的借鉴意义。中国是一个大国，经济体量远非新加坡可比。在我国对外投资中，与国民经济相关的基础性行业要占据更加优势的地位，还要兼顾新兴行业和未来发展的"朝阳产业"。

二、强化市场意识运作

一直以来，淡马锡特别重视发展良好的政商关系，并从中受益良多，但近年来有些不灵了。淡马锡之前与印度尼西亚政府保持较好的关系，对包括印度尼西亚国际银行在内的多家企业进行了投资。但是，随着印度尼西亚政府的更迭，印度尼西亚宣布了反垄断法令，这一政策的调整对淡马锡在印度尼西亚的布局造成了较大影响。虽然印度尼西亚财政部部长宣称"并非针对本地的淡马锡"，但是，大众还是将其看作当局与淡马锡关系的破裂。

在中国也是如此，新加坡政府通过在新加坡举办的总裁班、市长班，宣传新加坡治国理念、推销淡马锡经验、搜挖中国富豪落户新加坡等做法，使得淡马锡与中国建立了良好的政商关系，也获得了很多资源。但是，随着中国反腐力度的加强和程序的规范化，其在华的投资也会受到很大的影响。

我国实施"一带一路"倡议和中国企业"走出去"一定要培养市场意识，把政商关系放到次要的地位。虽然良好的政商关系可以提供发展的捷径，但是，从长远来看，只有加强核心竞争力，以产品、技术、理念服人，才能在海外丛林法则的投资并购竞争中脱颖而出，让别有用心的人无话可说，从而为国家争取利益。

三、不刻意突出和强化国企身份

在中国企业"走出去"的过程中，国企所具有的国家属性一直为一些国家所警惕，同时也让中国企业"水土不服"，并因此丧失了一些机会。前面提到，淡马锡作为新加坡财政部独家控股的企业也同样提供了诸多的深刻教训。中资企业"走出去"要吸取淡马锡的教训，不刻意突出和强化国企身份，这样不仅会面临来自投资所在国政府和民众的质疑乃至抵制，还将耗费更大成本以换取妥协，比如，采购当地原材料、雇用当地居民等都将带来额外的成本支出。

面对这一情况，我们可以有效地发挥民营企业的作用，融合国企、民企二者优势以换取最大利益。具体而言，可以促成国企和民企合作，以民企为主体开展海外的竞投标，负责前端开局的相关事宜。一旦做成之后，再引入国企作为战略伙伴，发挥国企的资源、人力优势，通力合作，运营海外项目。这样的良性循环将有助于快速地打开海外市场，也将增强我国市场经济的活力，有效地改善投资所在国政府和民众对国企投资质疑的状况。

第四节　淡马锡管理模式对中国国企改革的启示

淡马锡模式是在借鉴英美国有企业管理模式下运营得较为成功的管理案例。根据西方学者的委托—代理理论，国企通常被看作效率低下、滋生腐败的代名词，因为在国企更容易出现道德风险和逆向选择。所谓道德风险，就是国企运营的好坏与自己无关，而只关心个人的利益得失。而逆向选择则是类似于劣币驱逐良币，工作踏实肯干的人往往被排挤，而善于投机钻营的人则容易得到重用和升迁。造成以上问题的原因是在激励与责任方面的不一致，或者信息的不对称，而导致国企代理人背离委托人的利益或者不忠，而采取的机会主义的做法。

20世纪90年代，中国国务院总理朱镕基访问新加坡并参观了淡马锡，留下深刻印象。他嘱咐身边的人员好好研究淡马锡模式。2002年国有资产管理体制改革，2003年中国国资委正式宣告成立，中国国有企业管理体制机制迈入新的历史阶段。中国首任国资委主任李荣融第一次出访就选择新加坡，研究淡马锡模式。李荣融主任后来主导的国企改革在某种程度上也有淡马锡的影子。

一、中国国企改革不可照搬淡马锡模式

淡马锡经历了40多年的发展，已经成为世界一流的投资公司，它为中国国有资本的改革和发展提供了借鉴。但是，中国国有企业的改革必须走中国特色的道路，不能照搬淡马锡模式。我国和新加坡这个城市国家相比，始终存在着较大的国情差异，"取其精华，去其糟粕"，对淡马锡进行批判性的研究和借鉴，而不是一味地追捧，才是我国和我国企业应有的态度。我们应该明白，淡马锡乃至新加坡当局吹嘘与放大淡马锡"经验"不排除有其赚取声誉资本、博得中国资源的重要考量。我国国有企业的运行机制也不可以简单地转为市场化的淡马锡模式，主要有以下几个方面的因素。

（一）中新政治制度的不同

中国实行的是社会主义制度，而新加坡实行的是资本主义制度。我国的国有企业要坚持党对企业的全面领导，包括人事、管理制度、重大投资项目等。这就决定了我国国企的管理机构，包括董事会和高管团队，在设计上与淡马锡会有明显的不同，必须有党组织的领导。

（二）中新两国市场环境的不同

淡马锡投资和管理的企业多为市场化环境中成长的企业，但我国传统国企市场化程度不足。淡马锡本质上已经发展为一家主权投资公司，以追求企业最大利益为目的，其所管理的企业所在行业的环境趋于市场化。而中国国有企业大多

是从计划经济转变而来的，背负着沉重的历史包袱，行政化的情况仍然或多或少存在。

（三）中新对国企的定位不同

在推动发展和振兴民族产业的过程中，中国特色社会主义的性质、国企的属性与国资委作为政府派出机构的特征都是非常明确的，需要全面考虑国有企业在政治、社会、文化以及经济等方面的功能与作用，不可能像淡马锡那样，把追求经济效益作为仅有的目标。国有资本投资公司应发挥资本在产业调整和升级转型中的领头作用，实现国有资本的保值与增值。

（四）中新国有企业治理结构存在差异

中国国有企业董事会的票决制很难实现。董事会作为最高决策机构，通过票决制进行决策是淡马锡企业法人治理模式的主要特征。新加坡资本市场发展水平高，为淡马锡的管理和投资创造了便利条件。在我国，国企体量庞大且成分复杂，资本市场尚待成熟，所以沿用淡马锡模式的票决制在中国根本行不通。

中国的上市国企也在实行过独立董事制度，但是在执行的过程中出现了不小的问题，导致独立董事话语权不高，形同虚设，容易被董事会主席所左右等各类问题。而淡马锡的董事会实行严格的投票决策制度，独立董事与董事会主席一票的权力是一样的，所以有时独立董事会起到扭转乾坤的作用。董事会结构和高管制度的不同，决定了中国国有企业不可能实行和淡马锡一样相对独立的董事制度。

二、对我国国有企业管理体制改革的启示

淡马锡模式的确创造了国有企业管理经营的"神话"，创下了令世界瞩目的业绩，给我国国有企业的改革提供了一些新的思路和方法。但在淡马锡 40 多年的发展过程中，同样经历过投资失败，业绩下滑的危机，也曾受到其他国家的质疑和抵制。所以，我们要辩证地看待淡马锡模式，不能一刀切。结合中国特殊的国情，我国国有企业的改革是不能完全复制淡马锡模式的。

（一）如何治理国企高管腐败的问题

党的十八大以来，中央反腐力度空前加大，国企也成为反腐的重要战场之一。中纪委网站显示，仅 2023 年上半年，国资央企纪检监察机构本级共查办留

置案件 142 起，其中国资央企党组（党委）管理干部留置案件 57 起。在案件震慑和政策感召下，中管企业主动投案 214 人，其中中管企业党组（党委）管理干部 13 人。

从目前来看，国有企业腐败问题较为严重，具体表现在，国企腐败案件案发之频、案值之巨、危害之深、影响之广，令人震惊。国企腐败者掠夺人民财富的行为，已经引发社会公众对国企内部管理团队有效性的质疑。

通过梳理一系列案件发现，国企腐败主要表现在以下几个方面。一是国企高管的以权谋私、贪污受贿。如部分高管利用职务之便，在企业重组、物资采购等环节搞权钱交易、权力寻租。二是官商勾结、利益输送。如某些国企高管为本人、亲属及特定关系人谋取不正当利益，造成国有资产严重流失。三是奢侈浪费、假公济私。如某些国企高管每年用于非公务消费的费用高达数百万元。四是管理混乱、有章不循。如某些国企事权划分不清晰，监督不到位。五是大权独揽、独断专行。如某些国企高管不履行规定决策程序，个人拍板决定，过程不公开等。

国企腐败的频发主要源于公司治理的失效，产权不到位，内部监管缺失，国有股一股独大，缺乏股东制衡等。国企遵循的更多是行政化管理而非现代企业治理。具体来看，这可以从主客观两个方面来认识。

一方面，从主观上来看，国企的"一把手"机制，一部分国企高管企业大权独揽，监管失控。而且，一些国企高管与党政机关人员存在着类似"脐带"的关系，"亦官亦商"，存在权力寻租的风险。以华融集团的赖小民为例，他身兼董事长、党委书记、总经理三职，集企业党务、决策和经营管理权于一身，通过其职务便利为有关单位和个人谋取利益，或利用其职权、地位形成的便利条件，通过其他国家工作人员职务上的行为，为他人谋取不正当利益。

另一方面，从客观上来看，国企高管面临的环境，如股东大会、董事会、监事会和经理层，构成现代公司治理结构，形成分权制衡的决策、执行与监督体系。可是在国企中，股东大会、董事会、监事会不健全，董事会形同虚设，监事会监管不力，必然导致企业内部一些机构虚设、企业决策程序化，为个人独断专权创造条件，让一部分人在企业资金使用、产品销售等重大事项上搞暗箱操作。

应对国企腐败问题，最主要的是解决好委托代理的机制问题，做好"一把手"的监督，建立科学、健全的监督管理制度。另外，还要完善国企重大事项决策制度，包括董事会和高管团体的决策和管理。通过梳理委托代理制中存在的薄弱环节，真正让国企负责人把心思用在发展企业上，而不是总想着个人利益。

（二）完善国有企业法人治理机构

国有企业改革的一个重要内容就是对国有大中型企业实行规范的公司制改革。完善公司法人治理结构就是要按照现代企业制度要求，规范上市公司股东会、董事会、监事会和经营管理者的权责，完善企业领导人员的任命和选聘制度。股东会决定董事会和监事会成员，董事会选择经营管理者，经营管理者行使用人权，并形成权力结构、决策机构、监督机构和经营管理者之间的制衡机制。要着重处理好董事会与经理层之间的关系，分设董事长和总经理，两者职权不可由一人行使，这是公司法人治理结构权力制衡的重心。公司的重大决策权在董事会，执行权在经理层特别是总经理，经理层执行董事会决策，对董事会诚实信用，接受领导监察和监督。

在现代企业制度下，坚持将党组织工作制度与公司法人治理结构的工作规则相结合，形成党组织与公司法人治理结构相适应的领导体制和运行机制。正确处理上市国有企业党组织与股东会、董事会、监事会、经营管理者以及职工代表大会之间的关系。国有企业党组织发挥政治核心作用，并适应法人治理机构的要求，建立和完善党组织参与企业重大问题决策的工作机制，支持股东会、董事会、监事会和高管团队依法行使职权。淡马锡董事会制定的发展目标就是营利，个人所获得的激励也与经营业绩有关。国有上市企业需要真正发挥董事会的核心作用，在公司重大决策上，需要董事会的监督。为什么淡马锡采用外部董事制度能成功？事实上，我们上市国企的独立董事和监事会制度都存在监督的漏洞。综合起来看，就是运用好国有企业党委集体决策，解决"一言堂"的问题。

（三）对国有企业高管的激励机制

过去，国企高管薪酬过高演变成畸形状态，特别是在国企业绩不好时，国企高管仍然在拿高薪，这其中隐藏着很大的腐败问题。国企的高管既获得较高的行政级别，又享有丰厚的市场化的薪酬，这使得国企高管的角色掺杂着权力与金钱，迷失了自己的身份，更易滋生腐败。因此，建立有效的薪酬策略是制衡国企腐败的重要手段，从而达到在不必增加国企高管待遇的基础上，让他们在腐败上"不敢、不想、不能"。

2014 年 8 月 18 日，中央全面深化改革领导小组召开第四次会议，审议了《中央管理企业主要负责人薪酬制度改革方案》和《关于合理确定并严格规范中央企业负责人履职待遇、业务支出的意见》。央企、国有金融企业主要负责人的薪酬大幅削减，平均薪酬较高的金融企业高管削减数额最大。这为国企负责人薪酬制度改革探路和示范提供了方向。

薪酬策略是防止国企高管腐败的有效途径，可是只靠降薪也不能从根本上防止腐败。薪酬策略是在战术上制衡腐败，而在战略上要通过市场化的国企改革，重新定位国企高管的性质与身份，通过市场化的行为选聘职业经理人，依靠公司业绩确定管理层的薪酬。脱离行政级别的国企管理层，有助于国资委更有效地监管与调任国企领导者。有效的激励监督机制有利于制衡国企腐败的发生，为国有企业健康发展创造良好的生态环境。

淡马锡实行高薪养廉，又通过严格的《新加坡公司法》对董事高管进行监管，因此高管团队能够有足够的激励，把淡马锡当作自己家的事一样办。特别是淡马锡实现的激励机制，通过个人业绩来决定薪酬的多少。淡马锡创建了奖金池，对高管进行短期、中期和长期的激励，如果个人业绩不好，还可能花红回拨，奖金也有可能延迟兑现。这样就从根本上解决了高管团队不稳定、人心不齐的问题。

我国的国有企业高管实行严格的限薪制度，工资有上限，而淡马锡则没有。这可能导致我国国有企业高管团队该拿的不敢拿，不该拿的却伸手的问题。淡马锡将一切激励摆在明面上，有利于消除私底下的腐败，对高管也是一个公平的激励机制。

（四）淡马锡作为一家投资性公司，业务范围广泛，新加坡政府对其经营范围并没有限制

淡马锡实现了新加坡的政企分开，让新加坡财政部能更好地关注公共管理的事务。淡马锡作为新加坡政府成立的一家投资公司，真正实现了国有企业的商业化运作。淡马锡成立后，新加坡政府并没有限定淡马锡的经营范围，它不仅可以控股关乎新加坡国计民生的行业，也可以到国际市场上进行投资。这种做法值得中国国企改革借鉴。

2014年以来，我国国资委选择了10家中央企业开展国有资本投资、运营公司改革试点，其中8家是国有资本投资公司，2家是国有资本运营公司。虽然投资性公司和运营性公司的试点目的是优化国有资产的配置，但试点过程中也产生了一些问题，让一些企业失去了一些较好的投资机会，同时也让部分企业分不清楚自己是投资性公司还是运营性公司，特别是地方国有企业更是失去了灵活性，造成了一定混淆。淡马锡作为投资性公司独立运作，业务范围广泛，并没有被政府的限定所阻碍，且发展得非常不错，这种放手的做法值得借鉴。

值得一提的是，社会中有一种错误的论点是要学习淡马锡取消国资委，这种看法是欠妥的。中国与新加坡的国情不同，国有资产的体量也不可同日而语，淡马锡作为一家管理国有资产的投资公司，虽然部分履行了国有资产管理的职能，但它毕竟是一家依照《新加坡公司法》成立的公司，并不能有效代替政府管理国有资产。国务院国有资产管理委员会作为政府部门管理我国庞大的国有资产是必要的。取缔国资委，设立类似于淡马锡之类投资公司的做法，并不适合中国的国情。

（五）淡马锡在公司章程中剔除政府职能，为的是获取外界对淡马锡的信任

在 2002 年的《淡马锡宪章》中，淡马锡的定位是新加坡政府通过淡马锡控股，持有并控制那些与新加坡国家安全、经济利益和公共政策目标紧密相关的公司。淡马锡前任董事长丹那巴南就曾表示，"我们更多地在海外开展业务，所以想让人们对我们公司有更好的理解"。2009 年，淡马锡宣布修改公司章程，此举是为了将公司的使命与新加坡政府的利益区分开来。其修改后的章程规定，淡马锡控股是一家投资公司，依据商业准则经营，为利益相关者创造和输送可持续的长期价值。

修改后的章程摒弃了 2002 年所公布的上一版章程的说法，即淡马锡控股是一家为了新加坡的长期利益而为政府管理其在企业投资的公司。淡马锡控股为新加坡财政部全资拥有，并将其所投资的公司视为"利益相关者"。虽然政府是唯一股东，但淡马锡控股并不将自己视为主权财富基金。淡马锡的目标主要是在投资收益方面，而不是按照新加坡政府的指令去投资。

在市场化管理体制下，淡马锡控股与其他私营企业一样，必须遵守市场规则，按市场规则运作，公平竞争，追求利益最大化。新加坡有明确规定，政府的控股公司不得享受任何特权和优惠，必须加入自由竞争的市场中获取利润。淡马锡控股对此也有清醒认识，多次强调淡马锡是一家按照商业原则管理的投资公司，并放弃了公司肩负的改善新加坡经济状况职责的说法。

淡马锡控股总裁何晶在淡马锡成立 30 周年的演说中指出，政府一开始就让国有企业独立运作，政府不干涉企业的专业化经营和经营策略的制定，这是新加坡国营事业成功的最主要原因。

其实，在我国的国有企业章程中，包括一些文件规定中，也不必明确写清楚国有企业为政府服务的职能，特别是在美国以此为借口攻击我国国有企业的背景下，以免被美国人抓住把柄。美国正在千方百计地搜集我们的文件，有些内容易

被当作口实。从新加坡淡马锡可以学到其智慧，虽然是完完全全的国有企业，但是淡马锡把自己标榜为一个高度国际化的企业。淡马锡用国际化的语言从事着服务新加坡的国家战略。淡马锡搞国际化投资时，在其文件或章程当中看不到一条与新加坡政府有关联性的证明。中国国有企业要打开国际市场，也需要用国际化的思维，通过国际化的经营和布局来赢得国外的信任，毕竟迄今，我们有近 8 万亿元的境外国有资产。①

（六）淡马锡对董事会成员的专业评审制度值得借鉴

国资委过去也曾尝试过到全球聘请高级的职业经理人，包括 2005 年 25 家央企公开面向全球招聘高级管理人员，但最后的实际效果并不是太好。与之相比，新加坡国际化程度高，可比性不一样。新加坡的地位与我国的香港地区有些类似，新加坡作为城市国家，国际化程度高，有适宜国际化人才聚集和生活的环境。

淡马锡国际化的董事团队整体运行效率较高，能起到对淡马锡统领的作用。淡马锡聘请专业公司对董事进行评审，这一方法解决了董事适不适任的难题。在我国，对国有企业董事的评价是个弱项，一般由国资委干部局开会考核，但是行政化的评审和专业化考核是两码事，难以形成专业化的声音。

对淡联企业董事会的表决决议，淡马锡基本上是放手的政策，只有在超过一定数额的投资决策时才会由淡马锡董事会决定。在我国，国有企业二级企业董事会做出决定之后，仍然需要上报母公司审批，造成了下级企业意见很大。既然是放权改革，就应该实行现代企业制度，但是二级企业的一些投资决策仍然不能落实，造成现实操作中的意见很大。国有企业母公司可以规定多大的额度和二级企业董事会的权限，学习淡马锡与淡联企业"一肩臂"的距离，统放结合的办法，以保证下面企业的灵活性。

（七）学习淡马锡的国有资本独立运作

淡马锡管理着新加坡公民的部分储备金，实行统一的国有资本独立运作，具有较高的自主权。而中国的国有企业资金运作是大盘子，由财政部统一到国家的税收当中。过去，美国人经常指责我国对国有企业进行补贴，主要是因为财政部对国有企业采取的一些补贴措施，容易让美国人认为政府在对企业进行补贴，违反竞争中性的原则。如果由国资委对国有资金统筹管理，实行国有资本的概念，

---

① 国资委：中央企业海外资产近 8 万亿元，环球网，https://china. huanqiu. com/article/48SQxdv7M3t.

像淡马锡一样投资化运作，老板管自己的钱，那么国资委的投资行为就如同企业的投资行为一样，所以也就少了国外对我国国有经济补贴的指责。另外，国家经常会有专项经费，包括科技专项、民生专项等，如果国有资金统一由国资委进行管理，那么就符合国际普遍的规则，专款专用，也利于监管。

虽然淡马锡在新加坡能够取得成功，但不能代表中国也可以完全照搬淡马锡模式。新加坡是以美国等西方典型的董事会治理为中心，而我们事实上主要发挥党委的集体领导作用。对国企的定位不同，淡马锡的存在就是盈利，而我们的国企还有一部分国计民生和为国家中长期发展战略服务的职能。但是这不代表淡马锡没有可借鉴之处，特别是在如何更好地保护海外资产，让外界更好地理解淡马锡践行竞争中性原则，在一些规章制度中不刻意强化易使外界误会的国企身份，有效地控制在海外投资的风险，避开一些地缘政治风险区域，寻找新兴投资市场等方面。作为"他山之石"的新加坡国有企业治理经营，存在一些可借鉴之处，有些操作方法放在当今仍具有借鉴意义。中国的国企改革需要走出中国的特色之路，照搬并不适用于中国，其实我们有很多好的管理思想，在国内实施得就非常好。没有一条放之四海而皆准的规则，适合自己的就是最好的。

参考文献

[1] 徐静冉，吕汉阳.淡马锡模式对我国国有资产管理的启示 [J].智慧中国，2020（8）.

[2] 宋清辉.淡马锡经验究竟能否适应中国 [N].证券时报，2017-08-06.

[3] 李珊.淡马锡对中投海外投资的启示 [J].中国企业家，2018（9）.

[4] 刘伟.浅析新加坡淡马锡公司对我国主权财富基金管理的借鉴 [J].科技展望，2014（19）.

[5] 刘钊.淡马锡在规避投资保护主义方面对中投公司的启示 [J].山西财经大学学报，2010（32）.

[6] 淡马锡官方网站，https://www.temasek.com.sg/.

[7] 2020 年版《淡马锡年度报告》，https://www.temasekreview.com.sg/zh/media-centre/downloads.html.

[8] 《李光耀回忆录上部（1932—1965）》和《李光耀回忆录下部（1965—2000）》，新加坡联合早报出版社，2000.

[9] 莫少昆，余继业.问道淡马锡 [M].北京：中国经济出版社，2015.

[10] 郎昆，冯俊新.韩国、新加坡国有经济：发展历程和经验启示 [J].当代世界，2020（2）.

[11] 新加坡财政部网站，https://www.mof.gov.sg.

[12] 新加坡国企改革的借鉴和启示.中国社会科学网，http://www.cssn.cn/dzyx/dzyx_xyzs/201408/.

[13] Speech by President Tony Tan Keng Yam at Temasek's 40th Anniversary Dinner，https://www.temasek.com.sg/.

[14] Mak Yuen Teen. Governance of Government-Linked Companies in Singapore. EU Asia Corporate Governance Dialogue, 2015. 9.

[15] Mak Yuen Teen. Governance of Government-Linked Companies in Singapore. EU Asia Corporate Governance Dialogue, 2015. 5.

日本国有经济研究

刘湘丽 [1]

① 刘湘丽，日本名古屋大学经济学博士，中国社会科学院工业经济研究所研究员，主要从事人力资源管理、技术创新机制以及日本产业政策等研究。日本国有经济研究部分主笔人。

第一章
日本国有经济现状

在市场经济中，国有经济相对于民营经济而存在。从产出的角度来看，民营经济是民营企业生产活动的结果。同样，国有企业也在国有经济中承担着创造价值的功能。这部分将焦点放在国有企业上，从产出的视角来考察日本的国有经济。

在日本的经济发展和工业化进程中，国有企业发挥了重要作用。日本国有企业的源头可追溯到百余年前，迄今经历了率先引进欧美先进技术、支撑侵略战争以及和平时期促进社会经济发展等历史阶段。如今，日本国有企业虽然整体规模大幅缩小，但在提供公益服务、弥补市场缺陷和落实国家政策等领域仍然是不容忽视的重要力量。

"国有经济"是指"国家所有的商品生产、流通、交换、分配及其消费、积累过程，以及由此形成的社会关系总和"[①]。国有企业的商品生产、流通、交换、分配及其消费、积累过程是国有经济的一部分。根据本研究的目的，这部分将把考察对象限定于国有企业，而不拘泥于关于"国有经济"的概念及整个运行过程。

第一节　日本国有企业的类型

日本把负责国家事务的中央行政部门即中央政府称为"国家"或"政府"，把负责地方事务的地方行政部门即地方政府称为"地方公共团体"或"地方自治

[①]　新村出编.広辞苑（第四版）[M].東京：岩波書店，1995：786，909.

体"，另外把各级政府投资或参与控制的企业称作"公企业"①，把其中的由中央政府投资或控制的企业称为国有企业。

日本国有企业具有以下特点。第一，为公共目的而设立，如提供民营企业不愿意提供的商品与服务（即弥补市场失败），培育现代化产业（即实施赶超战略），提高国民福利水平（即实现福利国家目标），等等。第二，业务聚焦于公共事业，如铁路、公路、邮政、电信、政策性金融等社会基础设施。第三，经营呈现"企业性"。国有企业虽然带有政府背景，但不是行政机构，而是市场主体。它在经营中要遵循"独立核算原则"和"生产率原则"，要考虑收支平衡，要依据收益性和价值合理性来管理财务，要提高劳动生产率②。这一点跟民营企业没有什么区别。

日本国有企业有两种类型，即特殊法人型特殊公司和许可法人型特殊公司。特殊公司是根据日本的"特别法"设立的公司。所谓特别法，是指针对特定对象（主体、地点、事项）而制定的法律，与其相对应的是"一般法"，它适用于一般对象（主体、地点、事项）。鉴于此，每个特殊公司都是依据单独的法律而成立的。特殊公司具有以下共性：一是该公司从事的是民营企业不愿意介入，但从实现国家目标来看是不可或缺的公共事业；二是该公共事业不适合由行政机构来运营，而适合由公司形态的企业来运营；三是特殊公司大多采取股份公司形态。采取股份公司形态是出于两方面的考虑：一方面，公共事业的规模较大，采取股份公司形态既可以减少经营风险，也可以提高效率；另一方面，国有公司今后有可能因民营化被改制为普通公司，而股份公司形式有利于今后的改制。

特殊法人型特殊公司和许可法人型特殊公司都是由中央政府出资成立的企业。中央政府（具体负责国家职能的机构）对企业负有监督责任，同时要保障其经营自主性和灵活性。特殊法人型特殊公司和许可法人型特殊公司的区别体现在以下方面：①特殊法人型特殊公司的数量不受法律限制，但许可法人型特殊公司的数量受法律限制；②特殊法人型特殊公司的设立不需要行政部门的批准，但许可法人型特殊公司必须得到行政部门的批准方可成立。

中央政府向特殊法人型特殊公司和许可法人型特殊公司出资，但并非都是全额。向特殊法人型特殊公司和许可法人型特殊公司出资的还有地方政府、民营企业、个人等。不过，中央政府全额出资的情况在以前还是比较常见的。很多特殊法人型特殊公司的前身都是中央政府全额出资的国有企业，如日本电信电话公

---

① 吉田和夫，大桥昭一. 基本经营学用语辞典 [M]. 东京：同文馆，2015：81-82.
② 占部都美，海道进. 经营学大辞典 [M]. 中央经济社，1988：272。

司、日本邮政公司等。只不过在随后的民营化改革过程中，这些国有企业变成了股份公司，中央政府减持了股份，引进了民营企业等出资人，因此中央政府不再是唯一的出资人。

日本除了中央政府向企业投资以外，地方政府也向企业投资。其中一类企业是所谓的"第三类企业"。日本把地方政府和民营企业共同投资的法人称为"第三类事业体"。"第一类事业体"是指政府投资的法人，"第二类事业体"是指民营企业投资的法人，"第三类事业体"则是地方政府和民营企业共同投资的法人。"第三类事业体"中既有财团法人、社团法人，也有公司法法人。第三类企业就是指其中的公司法法人。第三类企业既不是地方政府的企业，也不是单纯的民营企业，而是半官半民形式的企业。有学者认为，第三类企业有三个方面特点：一是不以利润最大化为目标，注重成本最小化；二是兼有股份公司的优点，利于提高经营效率；三是经营自主，专业人才多，有能力从地方政府承接公共事业。

第三类企业最早出现在 20 世纪 70 年代。当时日本制定了"新国家综合开发规划"，各地政府计划进行大规模城市开发，兴建产业基础设施，扩大公共事业。为了减轻财政负担，同时提高运营效率，各地政府想出了跟民间资本、民营企业合作的办法，于是就成立了很多第三类企业。20 世纪 80 年代到 90 年代，第三类企业的数量增加很快，但进入 21 世纪后，大规模城市开发等告一段落，第三类企业的数量就不再增加了，相反地，因为一些亏损企业破产和被整合，其总数有所下降。

还有一类企业也是由地方政府投资的，这就是所谓的"地方三公社"。地方三公社具体是指各地的住房供给公社、公路公社和土地开发公社。这些企业均由各地政府全额投资成立，属于地方政府的独资企业。关于第三类企业和地方三公社的具体情况参见文末附录的"三、日本的地方政府投资企业"。

应该指出的是，日本对国有企业的界定和我国有所不同。我国的国有企业分为中央国有企业和地方国有企业，但日本的国有企业通常不包括地方政府投资或参与控制的企业。另外，此部分关注的全面与进步跨太平洋伙伴关系协定（Comprehensive and Progressive Agreement for Trans-Pacific Partnership，简称 CPTPP）对国有企业的定义也跟我国有所差异。CPTPP 第 12 章第 1 条规定，从事商业活动并且符合以下任一条件的企业被视为国有企业：①国家直接持股比例超过 50% 的企业；②国家通过持股可支配行使 50% 以上议决权的企业；③国家拥有任命半数以上董事会等成员权限的企业。依据此定义，政府相对控股的企业不被视为国有企业。而在我国，这是被视为国有企业的。

为了客观、准确地描述日本国有企业的现状，此部分将采纳日本对国有企业的定义，只把中央政府投资或参与控制的国有企业作为考察对象，符合这个条件的就是特殊法人型特殊公司和许可法人型特殊公司。

第二节　特殊法人型特殊公司

日本内阁府（主管国家政策规划立案和综合调整的中央机构）和会计检查院（负责国家财政审查、各部门独立行政法人会计检查的中央机构）的资料显示，日本 2022 年的特殊法人型特殊公司有 27 家，详见附表 1。

下面对这 27 家公司的主管部门、出资构成、企业规模和业务分布进行说明。

一、主管部门

这 27 家公司分别由内阁府、总务省（主管国民经济及社会生活的中央机构）、财务省（管理国家财务的中央机构）、经济产业省（主管经济社会政策的中央机构）、国土交通省（主管国土资源系统综合利用、开发和保护，以及社会资本建设、交通政策的中央机构）和环境省（主管环境保护等事务的中央机构）来管理。各主管部门所管辖的公司数量为：国土交通省 12 家，财务省 6 家，总务省 5 家，经济产业省 3 家，环境省 1 家（见图 1-1），详见附表 2。

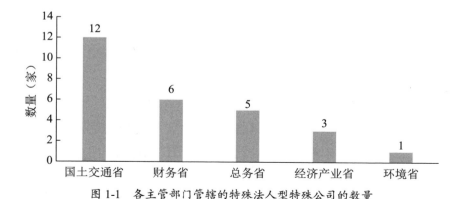

图 1-1　各主管部门管辖的特殊法人型特殊公司的数量

数据来源：作者根据 27 家特殊法人型特殊公司资料计算。

二、出资构成

这 27 家公司的出资者分别是政府及地方公共团体、金融机构、金融商品交易者、其他法人、外国法人和个人及其他，详见附表 3。从政府及地方公共团体的出资比例来看，大于 50% 的有 19 家（约七成），小于 50% 的有 8 家（约三成）。从政府的出资比例来看，大于 50% 的有 16 家（约六成），小于 50% 的有 11 家（约四成），见图 1-2。政府出资比例大于 50% 的公司分别是日本政策金融公库、日本政策投资银行、进出口与港湾相关信息处理中心公司、国际协力银行、日本贸易保险公司、新关西国际机场公司、北海道旅客铁路公司、四国旅客铁路公司、日本货物铁路公司、东京地铁公司、成田国际机场公司、东日本高速公路公司、中日本高速公路公司、西日本高速公路公司、本州四国联络高速公路公司和中间储藏与环境安全事务公司。

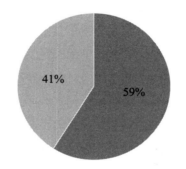

图 1-2　政府持股大于（小于）50% 的特殊法人型特殊公司的比例

数据来源：作者根据 27 家特殊法人型特殊公司资料计算。

三、企业规模

这 27 家公司的规模如图 1-3 所示。首先，这 27 家公司的资本金总额是212 904 亿日元。资本金的最大值是 116 127 亿日元（日本政策金融公库），中位值是 650 亿日元（中日本高速公路公司），最小值是 10 亿日元（进出口与港湾相关信息处理中心公司）。根据日本对大 / 中小企业的定义，资本金超过 3 亿日元的制造业企业、资本金超过 1 亿日元的批发业企业、资本金超过 5 000 万日元的零售业企业和服务业企业被视为大企业。这 27 家公司的资本金远高于 3 亿日元，显然都是大企业，详见附表 4。

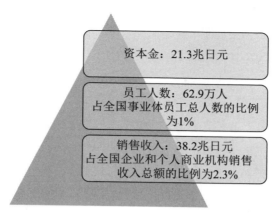

资本金：21.3兆日元

员工人数：62.9万人
占全国事业体员工总人数的比例
为1%

销售收入：38.2兆日元
占全国企业和个人商业机构销售
收入总额的比例为2.3%

图 1-3 2021 年特殊法人型特殊公司的规模

数据来源：作者根据 27 家特殊法人型特殊公司资料计算。

这 27 家公司总共雇用了 628 641 人。员工人数的最大值是 324 650 人（日本电信电话公司），中位值是 2 031 人（日本邮政公司），最小值是 30 人（横滨川崎国际港湾公司）。根据日本对大 / 中小企业的定义，员工超过 300 人的制造业企业、超过 100 人的批发业企业和服务业企业、超过 50 人的零售业企业被视为大企业，大企业以外的企业被视为中小企业或小规模企业。因此，从员工人数来看，除了日本酒精产业公司（制造业企业）、横滨川崎国际港湾公司（服务业企业）、新关西国际机场公司（服务业企业）以外，其余都是大企业，详见附表 4。

另据日本总务省调查，截至 2021 年 6 月 1 日，全国共有 521.1 万家事业体（包括民营事业体和国家及地方公共团体事业体），雇用了 6 193.6 万名员工（民营事业体 5 745.8 万人；国家及地方公共团体事业体 447.8 万人）。这 27 家特殊公司占全国事业体员工总人数的比例大约是 1%，详见附表 4。

这 27 家公司 2020 年的总销售收入为 382 342 亿日元。销售收入的最大值是 119 440 亿日元（日本电信电话公司），中位值是 2 695 亿日元（日本政策投资银行），最小值是 81 亿日元（进出口与港湾相关信息处理中心公司）。

另据日本总务省调查，截至 2021 年 6 月 1 日，日本共有 367.4 万家企业（不包括外国企业）和个人商业机构开展业务 / 活动，2020 年的总销售收入为 17 020 201 亿日元。这 27 家特殊公司占全国企业和个人商业机构销售收入总额的比例约为 2.3%。

四、业务分布

这 27 家公司所属的行业包括信息、通信业，服务业，陆运业，银行业，其他金融业，保险业，食品制造业，化学业，物流业等 9 个行业（见图 1-4），详见附表 5。

分布在服务业的企业有 10 家，居第 1 位。其主要业务领域有 4 块。第 1 块是高速公路的运营管理，如东日本高速公路公司等 6 家公司。第 2 块是机场的运营管理，如成田国际机场公司等 2 家公司。第 3 块是邮政业务，如日本邮政公司。第 4 块是 PCB 废品处理，如中间储藏与环境安全事务公司。

分布在陆运业的企业有 5 家，排在第 2 位。陆运业的企业主要是与邮件物流、铁路客运、地铁客运相关的企业。

分布在通信业的企业有 4 家，排在第 3 位。通信业的企业是日本电信电话公司以及 2 家子公司和进出口与港湾相关信息处理中心公司。其主要业务是信息通信、进出港船舶 / 飞机以及进出口货物海关等手续在线系统的运营管理。

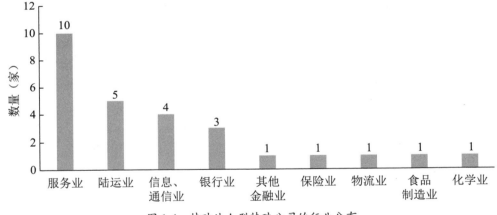

图 1-4　特殊法人型特殊公司的行业分布

数据来源：作者根据 27 家特殊法人型特殊公司资料计算。

还有 3 家企业分布在银行业，业务包括融资、储蓄、债券发行、国际汇兑、投资、咨询，以及政府国际援助有偿资金业务等。1 家分布在其他金融业，以中小企业、农林水产者为对象提供融资服务。1 家分布在保险业，经营进出口 / 海外投融资等对外交易贸易保险业务。1 家分布在物流业，主业是集装箱码头的运营管理。另外，还有 2 家企业分布在食品制造业和化学业：1 家为日本烟草公司，以香烟生产为主业；1 家为日本酒精产业公司，以工业酒精生产为主业。

第三节　许可法人型特殊公司

日本 2022 年的许可法人型特殊公司有 8 家（见表 1-1）。这些公司有三个明显的特点。第一，它们都是为某个特定国家政策而成立的，因此大多数公司名称都带有"支援机构""推进机构"的字样。第二，它们有存续时间，如 15 年、20年等，这是根据国家政策的实施时间来决定。第三，它们都是投资基金，任务是代替政府投资。下面介绍这些公司的设立目的、主管部门、出资构成、企业规模和业务分布。

表 1-1　许可法人型特殊公司及其特别法

公司名称（中文）	公司名称（日文）	特　别　法
地区经济活性化支援机构	株式会社地域経済活性化支援機構	《地区经济活性化支援机构股份公司法》
产业革新投资机构	株式会社産業革新投資機構	《产业竞争力强化法》
农林渔业成长产业化支援机构	株式会社農林漁業成長産業化支援機構	《农林渔业成长产业化支援机构股份公司法》
民间资金等活用事业推进机构	株式会社民間資金等活用事業推進機構	《通过活用民间资金推进公共设施建设法》
海外需求开拓支援机构	株式会社海外需要開拓支援機構	《海外需求开拓支援机构股份公司法》
海外交通与城市开发事业支援机构	株式会社海外交通・都市開発事業支援機構	《海外交通与城市开发事业支援机构股份公司法》
海外通信、广播与邮件事业支援机构	株式会社海外通信・放送・郵便事業支援機構	《海外通信、广播与邮件事业支援机构股份公司法》
东日本大地震经营者复兴支援机构	株式会社東日本大震災事業者再生支援機構	《东日本大地震经营者复兴支援机构股份公司法》

资料来源：作者根据各公司网站资料整理。

一、设立目的

地区经济活性化支援机构是以中小企业为对象的投资基金，成立于 2008 年。当时以美国次贷危机为源头爆发了世界金融危机，日本受此影响，中小企业的经营状况急剧恶化。为了支援中小企业重振经营，减轻债务，日本制定了《企业复兴支援法》，建立了企业复兴支援机构。2013 年，企业复兴支援机构更名为地区经济活性化支援机构。

产业革新投资机构也是投资基金，其前身是 2009 年设立的产业革新机构。

该公司的业务体现在三个方面：①对大学、科研机构投资，促进专利、先端技术转化为新产品；②对新创企业投资，促进新技术产业化；③对大企业投资，促进业务整合，能力提升。其目的是通过政府投资，培育新兴产业，增强产业竞争力。

农林渔业成长产业化支援机构是为扶持农林渔企业进行"六次产业化"而设立的投资基金，成立于 2013 年。所谓六次产业化，是指鼓励农林渔业企业搞多种经营，延长产业链条，不仅生产农畜产品、水产品（第一产业），而且从事食品加工（第二产业）与流通以及销售农畜产品、水产品及其加工产品（第三产业），通过第二产业、第三产业获得利润，提高自身的收入水平。六次产业的"六"意指第一产业的"一"和第二产业的"二"以及第三产业的"三"加总得到的"六"。

民间资金等活用事业推进机构于 2013 年成立，是以独立盈利型"私人融资项目（Private-Finance-Initiative，简称 PFI）"为对象的风险投资基金。所谓 PFI 项目，意为利用民间资金和管理能力以及技术能力来设计、建造、维修、更新、维护和运营公共设施的公共事业运营方法，即地方政府向民营企业订购公共服务，民营企业负责设计、建造、维修、更新、维护和运营该公共设施，并收取使用费。这种公共事业的运营方法可以减轻政府负担和刺激民间投资，使基础设施的开发、运营和更新既服务于人民生活，又促进经济增长。然而，在 PFI 项目中，民营企业承担着公共设施需求波动的风险，需要筹集资金来应对风险，而日本缺少充足的风险资金市场，这限制了 PFI 项目的发展。因此，日本成立了民间资金等活用事业推进机构来弥补这个缺口，为独立盈利型 PFI 项目提供风险资金。

海外需求开拓支援机构是成立于 2013 年的投资基金。日本 2010 年后开始实施"酷日本政策"，要把日本文化和日本生活方式的吸引力作为附加价值来发展相关产业，开拓海外市场，同时增加入境消费需求，进而带动日本经济增长，因此，决定对"媒体与艺术作品""饮食与服务""时尚与生活方式""入境旅游"四大领域加大国家投资。海外需求开拓支援机构就是为推进该政策提供资金的企业。

海外交通与城市开发事业支援机构是成立于 2014 年的基础建设基金。日本历来把基础设施系统的海外扩展作为重要政策，成立海外交通与城市开发事业支援机构，就是为了配合该政策，利用国家力量来帮助企业增加参与海外基础建设的机会和争取订单。2000 年后，世界各国特别是新兴国家对基础建设的需求持续增长，政府与民营企业的合作、利用民间资金和技术进行基础设施建设与运营的方式被广泛运用。海外交通与城市开发事业支援机构为参加国外基础建设的企业提供投资咨询、协调谈判、共同出资、运营与技术协助等服务。这些服务有利于减轻企业的初期投资负担、分散运营期间的风险和减少来自当地政府的干预，对提高日本企业参与国外基础建设的积极性、促进日本经济持续发展具有重要作用。

海外通信、广播与邮件事业支援机构是成立于 2015 年的投资基金。其主要业务是向到国外开展通信、广播、邮件事业的日本企业提供出资、派遣专家等服务。

东日本大地震经营者复兴支援机构成立于 2012 年。2011 年 3 月 11 日，日本东北地区发生了大地震，中小企业和小微企业的经营受到了重创。为了减轻中小企业和小微企业的债务负担，支援它们重振业务、持续经营，日本成立了该机构。

二、主管部门

这 8 家许可法人型特殊公司分别由经济产业省、农林水产省（主管农林渔业的中央机构）、内阁府、国土交通省和总务省主管。具体来看，经济产业省管辖 4 家（地区经济活性化支援机构、产业革新投资机构、海外需求开拓支援机构、东日本大地震经营者复兴支援机构），农林水产省管辖 1 家（农林渔业成长产业化支援机构），内阁府管辖 1 家（民间资金等活用事业推进机构），国土交通省管辖 1 家（海外交通与城市开发事业支援机构），总务省管辖 1 家（海外通信、广播与邮件事业支援机构）。

三、出资构成

这 8 家许可法人型特殊公司的出资构成如表 1-2 所示。出资者为政府、金融机构和民营企业。大多数企业的政府出资比例都超过了 90%。其具体情况如下。

地区经济活性化支援机构有两个出资者。一个是存款保险机构，这是由政府、日本银行和所有民营金融机构按照同等比例出资设立的保险机构，该机构占出资总额的 98.08%。另一个是农林中央金库，这是一家民营金融公司，其出资比例为 1.92%。

产业革新投资机构的出资者是政府、日本政策投资银行（政府全额出资的特殊公司）和 25 家民营企业。政府的出资比例是 96.5%，日本政策投资银行是 0.3%，民营企业是 3.2%。

农林渔业成长产业化支援机构的出资者是政府和 11 家民营企业。政府的出资比例是 94%，民营企业是 6%。

民间资金等活用事业推进机构的出资者为政府和 69 家民营企业。政府的出资比例是 50%，民营企业是 50%。

海外需求开拓支援机构的出资者为政府和民营企业。政府的出资比例是 90.9%，民营企业是 9.1%。

海外交通与城市开发事业支援机构的出资者为政府和 17 家民营企业。政府的出资比例是 96.28%，民营企业是 3.72%。

海外通信、广播与邮件事业支援机构的出资者为政府和 22 家民营企业。政府的出资比例是 96.3%，民营企业是 3.7%。

东日本大地震经营者复兴支援机构有两个出资者，一个是存款保险机构，另一个是农水产业协同组合储蓄保险机构。上面提到的存款保险机构是由政府、日本银行和所有民营金融机构按照同等比例出资设立的保险机构。农水产业协同组合储蓄保险机构则是由政府和日本银行按照 1:1 的比例出资设立的保险机构。出资的具体方式是，政府首先向存款保险机构和农水产业协同组合储蓄保险机构分别出资，再由这两个机构向东日本大地震经营者复兴支援机构出资。政府向存款保险机构的出资占出资总金额的比例是 93.4%，向农水产业协同组合储蓄保险机构的出资比例是 6.6%。

表 1-2　许可法人型特殊公司的出资构成　　　　　　　　　　　　单位：%

公　　　司	政　　　府	金融机构	民营企业	合　　　计
地区经济活性化支援机构[①]	98.08	1.92		100
产业革新投资机构	96.50	0.30	3.20	100
农林渔业成长产业化支援机构	94.00		6.00	100
民间资金等活用事业推进机构	50.00		50.00	100
海外需求开拓支援机构	90.90		9.10	100
海外交通与城市开发事业支援机构	96.28		3.72	100
海外通信、广播与邮件事业支援机构	96.30		3.70	100
东日本大地震经营者复兴支援机构[②]	93.40	6.60		100

注：①表示政府通过存款保险机构出资 98.08%。②表示政府通过存款保险机构出资 93.4%，通过农水产业协同组合储蓄保险机构出资 6.6%。

资料来源：作者根据各公司网站资料整理。

四、企业规模

这 8 家许可法人型特殊公司 2022 年的资本金总额约为 7 132 亿日元。最大值是 3 805 亿日元（产业革新投资机构），最小值是 117 亿日元（海外需求开拓支援机构）。从资本金的规模来看，这些公司都属于大企业。

除东日本大地震经营者复兴支援机构以外的 7 家公司，2020 年的员工总人数约为 475 人，最大值是 258 人（地区经济活性化支援机构），最小值是 18 人（农林渔业成长产业化支援机构）。就员工人数而言，这些公司除了地区经济活性化支援机构属于大企业以外，都属于规模较小的中小企业。它们占日本全国事业体员工总人数的比例非常小，数值在小数点以下。

除海外交通与城市开发事业支援机构股份公司以外的 7 家公司，2020 年的销售收入总额是 122 亿日元，最大值是 53 亿日元（海外需求开拓支援机构），最小值是 2 亿日元（农林渔业成长产业化支援机构）。这些公司的收入总体上都比较少，这跟许可法人型特殊公司的性质相吻合，说明它们是为国家政策服务的，盈利不是目的。另外，这 8 家公司占日本 2020 年全国企业和个人商业机构销售收入总额的比例也非常小，仅为 0.007%。

这 8 家公司的资本金、员工人数和销售收入详见表 1-3。民间资金等活用事业推进机构、海外交通与城市开发事业支援机构，以及海外通信、广播与邮件事业支援机构的数据未在上文中说明，这里标出其来源。

表 1-3　许可法人型特殊公司的资本金、员工人数和销售收入

公　司	资本金（亿日元）	员工人数（人）	销售收入（亿日元）
地区经济活性化支援机构	130	258	26
产业革新投资机构	3 805	47	9
农林渔业成长产业化支援机构	319	18	2
民间资金等活用事业推进机构	200	19	16
海外需求开拓支援机构	117	55	53
海外交通与城市开发事业支援机构	1 668	57	—
海外通信、广播与邮件事业支援机构	663	21	7
东日本大地震经营者复兴支援机构	230	—	9
合计	7 132	475	122

注：销售收入指销售额或营业收入。亿日元以下的金额按照四舍五入原则计算。

资料来源：作者根据各公司网站资料整理。

五、业务分布

这 8 家许可法人型特殊公司都属于金融业。它们有着非常相似的业务：一是对符合国家政策的企业、领域进行投资；二是对符合国家政策的企业提供咨询服务和信息服务。每个公司只对特定的领域投资。这些领域既包括民营金融机构介入较多的领域，如以中小企业及小微企业、农林渔业企业者为对象的投资；也包括民营金融机构涉及较少的领域，如对日本企业参与海外基础设施建设的投资、对民营企业参与公共事业的投资等。总而言之，在有民营金融机构参与的领域，国有金融企业没有垄断的嫌疑，市场机制仍然可以发挥作用，而在缺少市场资金供应的领域，国有金融企业弥补了市场的缺陷，促进了经济发展。

第四节　日本国有企业的特点

一、每个国有企业都依据单独法律成立和管理

日本的国有企业，也就是特殊法人型特殊公司和许可法人型特殊公司都是依据专门的法律设立的。之所以要为每个公司制定专门的法律，是因为有了法律就可以依法管理，避免随意性。并且特殊公司是公企业，其资金来自国库，其运行状况、服务质量等信息必须公开，受到社会监督。这里的信息公开有两层意思：一是公开法律制定过程，包括政府职员、国会议员之间的信息交换情况；二是将国有企业的运营信息公开发布，供国民及媒体业查阅。

以日本电信电话公司为例。《日本电信电话股份公司法》对公司的股权架构与运作、公司与政府的关系、经营活动范围、职责、重大经营决策程序等多个方面做出了规定，要求该公司在进行股份运作、制订经营计划、选聘经营者时要报请总务大臣（总务省最高领导）批准，每年要向总务大臣提交财务报表，接受总务大臣的特别检查等。不仅日本电信电话公司的经营要依照该法律来实施，其主管部门总务省的监管也要依照此法律来实施。

二、七成国有企业为国有绝对控股企业

日本的国有企业包括 27 家特殊法人型特殊公司和 8 家许可法人型特殊公

司。特殊法人型特殊公司中有 16 家的政府出资比例超过了 50%，许可法人型特殊公司中有 7 家的政府出资比例超过了 50%（见表 1-4）。两者合计约占两类特殊公司总数的七成。其中，特殊法人型特殊公司中有 13 家的政府出资比例为 100% 或接近 100%，许可法人型特殊公司中有 7 家的政府出资比例超过了 90%。在股份公司中出资者对公司的控制权是根据出资比例的多少来决定的。出资比例越大，控制权越大。当出资比例超过 50% 时，出资者被认为有绝对控制权，政府出资比例大于 50% 的企业被称作国有绝对控股企业。据此，日本国有企业中，七成是国有绝对控股企业，三成是国有相对控股企业或者国有参股企业。

表 1-4　按政府出资比例分类的特殊法人型特殊公司和许可法人型特殊公司　单位：%

特殊公司类型	政府出资比例	数量（家）	公司（政府出资比例）
特殊法人型	大于 50	16	日本政策金融公库（99.59）、日本政策投资银行（100）、进出口与港湾相关信息处理中心公司（50.01）、国际协力银行（100）、日本贸易保险公司（100）、新关西国际机场公司（100）、北海道旅客铁路公司（100）、四国旅客铁路公司（100）、日本货物铁路公司（100）、东京地铁公司（53.40）、成田国际机场公司（100）、东日本高速公路公司（100）、中日本高速公路公司（100）、西日本高速公路公司（100）、本州四国联络高速公路公司（66.63）、中间储藏与环境安全事务公司（100）
特殊法人型	小于或等于 50	11	日本电信电话公司（34.86）、东日本电信电话公司（34.86）、西日本电信电话公司（34.86）、日本邮政公司（33.33）、日本邮件公司（33.33）、日本烟草公司（33.35）、横滨川崎国际港湾公司（50.00）、日本酒精产业公司（33.37）、商工组合中央银行（46.69）、首都高速公路公司（49.99）、阪神高速公路公司（50.00）
许可法人型	大于 50	7	地区经济活性化支援机构（98.08）、产业革新投资机构（96.50）、农林渔业成长产业化支援机构（94.00）、海外需求开拓支援机构（90.90）、海外交通与城市开发事业支援机构（96.28）、海外通信、广播与邮件事业支援机构（96.30）、东日本大地震经营者复兴支援机构（93.40）
许可法人型	小于或等于 50	1	民间资金等活用事业推进机构（50.00）

资料来源：作者根据各公司网站资料整理。

三、国有企业在国民经济中的总体分量不大，但个别领域地位突出

日本的国有企业数量较少。从员工人数来看，这些企业占日本全部事业体员工人数的比重仅为1%；从销售收入来看，其占日本全部企业销售收入的比重还不到3%。可以说，日本国有企业在国民经济中并不占有大的分量。

然而，也有例外。日本电信电话公司目前是日本通信产业最重要的旗舰企业。以它为中心组成的日本电信电话集团是日本最大的电信事业集团。日本电信电话公司2022年3月的销售收入为121 565亿日元，在通信服务行业排名第一。日本邮政公司的业务涵盖邮件、银行、保险。以它为中心组成的日本邮政集团在其行业拥有优势地位，被称作日本最大的企业集团。日本烟草公司是日本烟草产业唯一的企业，因为日本对烟草实行专卖制度，不允许自由进入。依据法律，日本烟草公司有义务收购所有国产烟叶，政府对企业全面监管，对产品课以高额税率。成田国际机场公司和新关西国际机场公司在机场产业销售收入中排名第一和第二。东京地铁公司的年运输人数为276 500万人，在日本铁路企业中排名第二；年销售收入为3 465.4亿日元，排名第四。

四、国有企业的功能主要是提供公共服务和执行国家政策

日本国有企业的突出功能体现在以下方面。一是在社会基础设施领域提供公共服务。这些领域包括电信电话、邮政、铁路、地铁、高速公路、机场、港口、金融（中小企业融资）、保险、海关服务、废物处理（见表1-5）。但这些领域目前都是自由竞争市场，民营企业很多，国有企业在这些领域没有垄断力，理论上与民营企业处于平等地位。二是执行国家政策，如投资等。这个领域民营企业较少介入。总体来讲，日本几乎所有领域都允许自由进入，凡是国有企业介入的领域都有大量的民营企业存在（除烟草产业外），国有企业只是众多市场主体之一，并不具有左右市场的能力。国有企业介入的领域集中在社会基础设施领域，至于非社会基础设施领域，如能源业、制造业几乎没有国有企业。应该指出的是，日本国有企业还有两个不甚突出的功能，一个是增加财政收入，如日本烟草公司；另一个是弥补产业需要，如日本酒精产业公司。然而，关于这两家国有企业存在的意义，近年否定、批评的意见不断出现，但日本并没有做出任何改动措施，可以认为是利益集团的主张占了上风，使这两家国有企业得以存在。

表 1-5 按功能与领域分布的特殊公司的数量 单位：家

功　　能	领　域											
	电信电话	邮政	铁路	高速公路	地铁	机场	港口	金融	保险	海关服务	废物处理	制造业
提供公共服务	3	2	3	6	1	2	1	1	1	1	1	
执行国家政策								11				
增加财政收入												1
其他												1
合计	3	2	3	6	1	2	1	12	1	1	1	2

资料来源：作者根据各公司网站资料整理。

第二章
日本国有经济的演变历程

日本的国有企业兴起于明治时代（1868—1912），至今已有百余年历史，其间经历了四个阶段（见图2-1）。第一阶段为19世纪70年代到20世纪初期，当时的国有企业是发展现代工业的主力。第二阶段为20世纪初期到40年代中期，日本发展国有企业来支撑侵略战争和殖民地统治。第三阶段为20世纪40年代后期到70年代，作为公共企业，日本经营了一大批国有企业，提供社会基础设施和公益服务。第四阶段为20世纪80年代至今，这一时期，国有企业债务问题、垄断阻碍市场技术发展问题被提上议事日程，开始了民营化改革。现在，日本仍存在国有企业，分布在电信、金融、道路交通、海港空港及投资基金等领域。

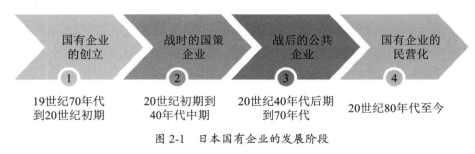

国有企业的创立	战时的国策企业	战后的公共企业	国有企业的民营化
①	②	③	④
19世纪70年代到20世纪初期	20世纪初期到40年代中期	20世纪40年代后期到70年代	20世纪80年代至今

图 2-1　日本国有企业的发展阶段

资料来源：作者绘制。

第一节　第一阶段：国有企业的创立

第一阶段为19世纪70年代到20世纪初期。在这个时期，日本为了缩小与欧美国家的差距，发展现代化工业，增强国力，设立了一批国有企业。然而，除了铁路和矿山领域之外，几乎所有的国有企业都经营亏损。迫于财政负担的压力，日本又不得不将军工、社会基础设施领域以外的国有企业出售给了民间。可以说，这个时期是日本国有企业从无到有而又遭遇挫折并不得不大量放弃的曲折过程。

1868 年，日本结束了军阀政权——幕府的统治，成立了君主立宪的明治政府。明治政府提出了"富国强兵""殖产兴业"的战略方针。富国强兵，就是建立军工产业的生产体系，以增强国力，抗衡欧美列强；殖产兴业，就是建立轻工业的生产体系，以满足国内的民生需求，替代进口。然而，当时的民间资本力量弱小，要引进全套先进生产技术，不仅缺乏资金，而且缺乏勇气，更缺乏人才。于是，明治政府就在军工产业和轻工业设立了一批国有企业，这些企业成了日本现代化工业的基础。

从企业的来源来看，当时的国有企业可以分为三类：①从幕府政权接管的企业；②从地方军阀接管的企业；③明治政府自己设立的企业。第一类、第二类包括陆海军工厂、工部省管辖的重化学工业和矿山等军工相关企业。第三类包括铁路、电信、造币、印刷、制丝、纺织等满足民生需求的企业，基本上属于轻工业。知名企业有横须贺造船所、长崎造船所、兵库造船所等军工企业，生野、佐渡、三池等煤矿企业，赤羽制作所、品川硝子制作所、深川白炼化石制作所等机械、化学企业，釜石制铁所（八幡制铁所的前身）等钢铁企业，富冈制丝所、堺纺织所、爱知纺织所等棉纺、制丝企业。

当时国有企业的资金由政府提供，人事、经营方针以及管理都由政府决定并实施。然而，除了矿山和铁路领域以外，其他领域的企业都出现了亏损，并没有能发展成为市场经济体制中的真正"企业"，即通过满足市场需要而独立发展的经济体。有观点认为，这些企业出现亏损并不意外，因为让国有企业盈利根本就不是政府的初衷。换言之，政府原本就没有打算要国有企业赚钱。政府的初衷是，使国有企业成为"模范工厂"，发挥示范作用，以启发民营企业引进先进生产技术。也有观点认为，如果不是市场需求小、企业技术水平低、政府管制严格，国有企业本来可以有更好的效果。换言之，市场需求、技术水平和政府管制制约了国有企业的发展。还有观点认为，国有企业之所以效益欠佳，是因为政府不熟悉甚至违背市场、技术规律，造成国有企业的技术选择、业务规模不合理。比如，国有纺织企业引进小规模生产技术，但民营纺织企业的"大阪纺织"引进大规模生产技术，取得了超过国有纺织企业的规模效益。又如，政府在设立釜石制铁所时决定建立高炉，但因为没有足够的燃料、熟练的工人以及市场需求而被迫歇业。数年后，该工厂改由民营企业家经营，重新根据燃料及熟练工人情况设计了高炉方案，先建比计划小一点的高炉，积累经验后再建计划中的高炉，结果获得了成功。

19 世纪 70 年代后期，经营亏损的国有企业对于政府而言成了负担。恰恰在这个时候，日本刚经历了一场国内战争（西南战争），巨大的军事支出造成货币发行剧增，物价飞涨。政府为了抑制通货膨胀，必须紧缩银根、削减支出。于是出售国有企业就被提到了政策日程。19 世纪 80 年代到 90 年代，日本出售了除军工、社会基础设施领域以外的矿山开采和制造业的企业。于是，一批有野心的、崭露头角的民间资本家以极为低廉的价格（据说是投资金额的一半）得到了已有一定规模的国有企业，开始在各个产业发展民营经济，并且迅速发展成了财阀（业务涉及多个关联与非关联的领域，并通过持股公司控制的巨大的企业集团）。

比如，高岛煤矿、长崎造船所、佐渡金山、生野矿山出售给了"三菱"家族。新町纺织所、三池煤矿、富冈制丝所出售给了"三井"家族。三菱、三井后来成为日本的顶级财阀，业务遍布煤矿、造船、钢铁、海运、保险、飞机、电气机械、商社贸易等领域。深川水泥工厂出售给了"浅野総一郎"家族，其在此基础上发展成为浅野财阀。阿仁铜山、院内银山出售给了"古河市兵衞"家族，其此后成为古河财阀。兵库造船所出售给了"川崎正藏"家族，之后改成"川崎造船所"，也就是现在的能生产从汽车到飞机的机械军工企业的"川崎重工"的前身。创始人川崎正藏在短时期发展成为川崎财阀。如果说前述的三菱、三井是业务范围无所不含的顶级财阀的话，那么浅野财阀、古河财阀、川崎财阀可以说是制造业的大财阀，它们的业务涵盖了水泥、煤炭、海运、造船、铁路车辆、汽车、飞机、钢铁、电机等生产领域。

日本明治政府在约十数年间以疾风暴雨之势建立了一批国有企业，开始发展现代化工业，但也很快尝到了失败的滋味，于是在 19 世纪 80 年代开始调整方向。殖产兴业政策的手段发生了重大转型，重点从"建造国营模范工厂"转向"保护民营工厂"。

关于国有企业在这一时期所起到的作用，可以概括为三个方面。第一，明治政府建立的国有工厂，缓解了日本在产业发展初期不可避免的财政上、技术上的困难。因为如此，当政府出售国有企业时，对于企业家来讲，购买国有企业不再是不划算的事情。第二，政府通过直接设立国有工厂承担了较高的初期风险。这些国有企业引进了各种各样的新技术，对新技术的应用性进行了实验，搞清楚了什么技术可以用。换句话说，随着技术引进的初期失败全部由政府来承担，民营企业已经知道了新技术的应用方向，从而减轻了其在引进新技术时的风险。第三，政府将国有企业出售给民营企业，给民营企业提供了成长的机会。借助民营化，民营企业得到了政府出售的新的现代化的工厂，抓住了发展现代化企业的机会。

此外，在这个时期，日本还动用政府财力开始了用于民生的社会基础设施建设。日本自1889年起开始实行"市町村制"的国家管理架构。各个市、町、村的政府在上下水道、电力、交通等公益领域建立了大量的公营企业，为当地居民提供公共服务。1887年，横滨的县营企业在日本首次供应自来水。之后函馆、长崎、大阪、广岛、东京、冈山、神户、下关这些大城市都陆续普及了市营自来水。1892年，京都的市营企业首次供电，之后各大城市相继普及市营供电服务。不过，自来水一般由公营企业供应，但供应电力的企业，既有公营企业，也有民营企业。1903年，大阪市首先启动了城市公共交通，之后有很多民营企业也进入了城市交通领域。

第二节　第二阶段：战时的国策企业

第二阶段为20世纪初期到40年代中期。这一时期，日本为了支撑侵略战争和殖民地统治，更有效地控制资源的使用与调配，建立了大批的国策企业，即"执行国家策略的企业"，这些企业的主要成分当然是国有企业。这些国策企业分为承担生产等业务的特殊公司和承担政策金融、公共事业的金库和营团。国策企业的主要资金来源是政府投资，但也有民间投资参加。总体来说，这个时期是日本国有企业直接成为国家政策工具，在业务扩张、规模扩大方面发挥明显作用的时期。

20世纪初期到40年代中期，日本开始向国外扩张，对中国等国家发动了侵略战争，并在这些国家实行殖民地统治。为了支撑侵略战争和殖民地统治，日本必须有效地控制资源的使用和调配，于是就建立了一批国策企业。国策企业总体上分为两个类型：一个是承担生产等业务的特殊公司；另一个是提供政策资金的金库和承担公共事业的营团。

特殊公司，实质上就是股份公司形式的国有企业。之前的国有企业都是政府直接经营，在经营方针、技术选择、业务规模等重要决策上出现了不少错误。日本政府吸取了教训，在这个时期的国有企业建设中决定政府不再直接经营，而是采取了股份公司的经营方式。股份公司的所有权与经营权是分开的，出资者有权任命经营者，但不能干预经营活动，所以经营效率高。特殊公司由政府全额出资，或者政府出资超过一半。虽然政府是出资者，但是允许企业自主经营。政府的控制主要是为了保证国家策略目标的实现，并且，政府不要求出资分红的权利。

特殊公司既有设在日本国外的，也有设在日本国内的。设在日本国外的殖民地、直接服务于日本殖民地统治的典型例子，就是1906年在中国东北地区设立的"南满洲铁路株式会社"（简称满铁公司）。满铁公司采取股份公司形式，日本政府拥有一半股份，并且为公司债券提供担保，保证民间股份的分红，在人事方面派遣官僚。满铁公司拥有铁路附属地的经营权和铁路守备队的驻留权，具有明显的政治和军事性质。它不仅通过铁路管理谋求利益，还肩负着推行"满洲"殖民化的国策。满铁公司除了铁路以外，还经营煤矿、港口、炼钢厂、旅馆，参加城市开发，鼎盛时期铁路长达1万千米，旗下企业80余家，员工40万人。在日本侵华战争中，满铁公司在军事运输、信息收集、宣传等方面全面配合"关东军"，直接参与了日本的殖民地统治。

此外，日本1908年设立的鸭绿江伐木公司，1909年设立的东洋拓殖株式会社，1919年设立的台湾电力株式会社，1936年设立的东北兴业株式会社、鲜满拓殖株式会社、南洋拓殖株式会社，1938年设立的"北支那开发株式会社""中支那开发株式会社""满洲重工业株式会社"也都采取了股份公司形式，政府拥有10%~50%的股份。政府在控制企业人事的同时，对企业施以特殊保护，如保证企业的垄断地位，为企业债券提供担保，并限制政府股份分红。这些国策使企业既受政府的控制，也受政府的特殊保护，并且对某一领域的某一行业具有完全的垄断地位。它们的经营明显就是为国家策略（如殖民地统治、侵略战争等）服务。

设在国内的特殊公司大都以发展产业为目的。如1925年设立的日本无线电信株式会社，1934年设立的日本制铁株式会社，1938年设立的帝国燃料兴业株式会社、日本产业振兴株式会社，1939年设立的日本煤炭株式会社、日本肥料株式会社、大日本航空株式会社，1941年设立的日本木材株式会社、日本蚕丝统制株式会社。政府的出资比例一般为50%，但也有达到79%的企业，如日本制铁株式会社。政府还对企业制定了各种保护政策，包括保证民间股份优先分红、限制政府的股份分红、为企业债券提供担保、保证企业的垄断地位、禁止议会干预企业经营等。

以帝国燃料兴业株式会社为例。该企业是以生产人造石油（GTL）为目的设立的特殊公司。因为生产人造石油需要大规模的投资，仅靠民间无法实现，所以日本政府决定对企业出资。帝国燃料兴业株式会社设立时的投资额为1亿日元，政府出资5 000万日元，占比50%。除了资金上的援助外，日本还制定了以下的保护政策：①在对非政府持股者支付年6%的股息之前，政府不得要求对其股份分红；②政府对帝国燃料兴业株式会社第三个营业年度前补贴年4%的股息，在第四个营业年度到第十个营业年度期间补贴年6%的股息；③政府保证帝国燃料兴业株式会社债券的还本付息；④免税；⑤允许发行首付额度仅为面值1/10，相当于实缴资本金3倍的"燃料兴业债券"。

1941年以后，日本在公共事业领域设立了一批称为金库、营团的国有企业。所谓金库，即主要从事融资业务的企业；而营团则是从事住宅、道路等公共事业的企业。这些企业并没有采取"股份公司"的形式，尽管当时股份公司已经是被法律认定的市场经济体。按照法律规定，股份公司的最高决策机构是股东大会，而股东最关心的是资本增值。金库、营团作为企业也要追求盈利，但因为它们的业务是公共事业，经营目标不能与普通的股份公司一样设定为利润最大化，而是要以公共或者说国家利益为先。所以，当时政府决策者认为公共事业领域的企业不适合采取股份公司的形式，而为了能直接贯彻国家意志，就设计出了所谓的金库、营团形式。这些企业的最高决策机构是理事会，理事会的议决权与资本额无关。尽管有些金库、营团也有民间投资，但他们并不能实施资本的权利，即议决权。当时金库、营团接受民间资本后，只给他们"无议决权出资证券"，表示他们有享受出资回报的权利，但不能干预经营。

各个金库、营团的设立都有专门的法律。这些法律规定金库、营团在经营上独立于议会和财政，也就是说，它们要独立结算，但政府对其经营方针、人事等重要事项要严格控制。总体来说，金库和营团有以下特点：①具有公共目的；②政府出资占全部或多数；③出资和经营分离，管理层（如总裁、理事等）和最高决策委员会负责经营；④政府提供特别监督（如任命管理层等）和保护性补贴；⑤可以引进民间资本，但不承认其营利性，仅出具"无议决权出资证券"。具体例子有：住宅营团（1941年设立，政府全额出资）、产业设备营团（1941年设立，政府全额出资）、南方开发金库（1942年设立，政府全额出资）、战时金融金库（1942年设立，政府出资66.7%）、商工组合中央金库（1932年设立，政府出资50%）、帝都高速度交通营团（1941年设立，政府出资66.7%）。

第三节 第三阶段：战后的公共企业

第三阶段为20世纪40年代后期到70年代。这一时期，日本实施了非军事化和经济民主化政策，对之前的国策企业、军工企业采取了废除、关闭、分离和重组措施，使国有企业的数量大为减少。日本还将经营专卖、铁路、电信的3个隶属于行政部门的事业单位改成了"公社"名称的公共企业，跟其他5个政府直营企业一道形成了所谓的"三公社五现业"体制。随着经济高速增长，日本在公共事业领域新设了一批"公团""公库""事业团"名称的国有企业。同时地方政府也在住宅、道路、水电等领域设立了一批公营企业。这个时期国有企业的发展特点是新设企业数量增加，几乎全集中在公共事业领域。

第二次世界大战结束后，日本丧失了殖民地、半殖民地。在联合国占领军的主导下，日本开始实施非军事化和经济民主化政策。其主要内容包括：①解散军队，消除发动战争的军国主义势力及影响；②废除国策企业、军工企业，消除为军国主义提供支持的经济力量。日本制定了《排除经济力量过度集中法》（即《反垄断法》），将占据垄断地位的财阀企业、国策企业分割为小规模企业。在以上过程中，大多数国策企业被关闭，停止了生产，设备或被运到日本国外，或被外国没收，或被出售给了民营企业。少数的国策企业经过业务分割后改制成了民营企业，如日本制铁株式会社于1950年变成民营企业的八幡制铁和富士制铁；日本放送电株式会社的发送电设备部门变成九电力会社。总体来说，国有企业的数量大为减少。

这一时期，日本将经营专卖、铁路、电信的3个隶属行政部门的事业单位改制成了公社。1949年，大藏省专卖局变成日本专卖公社，运输省铁路局变成日本国有铁路（公社）。1952年，电气通信省的业务单位变成日本电信电话公社。日本专卖公社、日本国有铁路（公社）和日本电信电话公社一道被称作"三公社"。公社是由政府全额出资、经营公共事业的公共企业。它们是独立的法人，有自己的管理机构，在一定程度上可以自己决定经营方针、人事等重要事项，并且财务与行政部门分开，独立于国家财政，采取独立核算制，对收支承担责任，实行企业会计制度。公共企业的员工，包括管理层都不属于公务员。公共企业明显与政府附属的事业单位不同，但跟民营企业也有区别。民营企业谋求利润最大化，带有明显的营利性，但公共企业把公益性作为首要目的，不追求利润最大化，非营利性明显。不过，应该指出的是，虽然这些企业有一定程度的自主权，但价格、业务计划、人事等重要事项仍需要政府、国会的批准。比如，日本电信电话公社的管理机构为经营委员会。该机构决定日本电信电话公社的预算、事业计划等重要事项。该机构成员包括总裁、副总裁、理事和监事。他们的任免要经国会批准，由内阁任命，任期为 4 年，没有报酬。

关于日本将主管专卖、铁路和电信的 3 个行政事业单位改制成公共企业，被认为有两个原因。一个是经济原因。当时英国、美国的公共企业蓬勃发展，主导日本二战后改革的联合国占领军认为这种企业形态可以增强企业的经营自主性和提高经营效率，所以，有意要将这 3 个行政事业单位改制为公共企业。另一个是政治原因。据说，成立三公社跟时任联合国占领军司令麦克阿瑟于 1948 年 7 月 23 日给日本政府的一封信有直接关系。这封信说，应该废除铁路、盐、樟脑以及烟草等政府事业单位的职员的公务员身份，把这些单位改成公共企业。对于失去了公职人员身份的职员，要设立处理雇佣纠纷的调停、仲裁制度，同时要制定使他们忠实履行工作责任、保护公共利益的制度。因为当时的"全官公劳动组合"（政府行政部门工会组织）提出了"2·1 大罢工实施计划"，威胁到了社会稳定。这个工会组织的人数有 60 万人，国家铁路、各专卖单位的职员是其核心构成。日本政府按照这封信的意思改变了这些事业单位的组织性质，也就分解了工会的力量。

日本还在邮政、造币、印刷、"国有林野"、酒专卖 5 个事业领域成立了国营企业，俗称"五现业"，即 5 个业务实体。这 5 家企业没有采取公共企业形式，政府可以在经营方针、人事、财务中贯彻自己的意图。总之，"三公社"和"五现业"，是日本第二次世界大战后最先成立的国有企业，也是日本具有代表性的国有企业。它们共同确立了这一时期日本国有企业的所谓的"三公社五现业"体制。

除此之外，日本还成立了一批"公团""公库""事业团"等名称的公共企业。这些企业由政府全额投资，承担国家政策相关的事业。换言之，它们都是国家政策的执行机构。

公团是执行国家经济政策的公共企业。第二次世界大战刚结束时，日本经济萧条，物资缺乏，政府实行了管制经济政策。为了对重要物资进行统一管理，成立了一批公团，如酒类配给公团、肥料配给公团、饲料配给公团、粮食配给公团、食品配给公团、粮油配给公团、煤炭配给公团、石油配给公团、产业复兴公团、贸易公团、船舶公团、价格调整公团等。20 世纪 50 年代经济复苏后，日本政府逐步撤销了这些公团。20 世纪 50 年代中期到 70 年代，日本为了进行城市开发，修建基础设施，提高国民生活质量，又在住宅、道路、铁路、港口、机场、农用地、石油等领域成立了一批公团。如农地开发机械公团、日本住宅公团、森林开发公团、日本道路公团、国内旅客船公团、首都高速公路公团、水资源开发公团、阪神高速公路公团、日本铁路建设公团、新东京国际机场公团、京滨外贸码头公团、阪神外贸码头公团、本州四国联络桥公团、农用地开发公团、地区振兴整备公团、宅地开发公团、石油公团等。

从业务方面来看，公团经营的都是公共事业，并且很多是民营企业不愿意介入（因为赚不到钱），但对于国民经济、国民生活是不可缺少的领域。这体现了公团的非营利性。一般认为，公团相比于公社非营利性特征更突出，"企业性"特征更淡薄。

政府最初对公团的管理很严格。虽然公团是独立的法人，有自己的管理机构——经营理事会，但实际上其受到政府的严格控制，很难说得上有多少经营自主权。比如，二战后的管制经济时期，产业复兴公团的事业计划、资金计划需要经过经济安定本部长（经济安定总部长）、通产大臣（通产省最高领导）和大藏大臣（大藏省最高领导）的层层批准；预算大纲在通产大臣批准后，要提交给大藏大臣，并在国会审议通过；预算计划要经过通产大臣、大藏大臣的层层批准。然而，随着经济复兴和高速增长，政府制定了积极财政政策，为了有效地培育产业、发展经济，需要公团在经济政策中发挥作用，就放松了对公团的控制。

公库是国家金融政策的执行机构，也是政府全额出资的特殊法人。公库的业务包括：对不能从民营金融机构获得贷款的个人、企业提供贷款；为个人、企业从民营金融机构获得贷款提供担保。比如，1950年成立的住宅金融金库为财力弱的个人提供长期、固定、低息的住房贷款，用于建造住房和购房。实际的贷款申请通过代理贷款的银行和信用合作社提出，住宅金融金库负责贷款审查和贷款执行。还款通过账户转账到代理贷款的银行、信用合作社的普通存款账户。住房贷款所需要的资金通过财政投融资制度和"财政投融资特别会计国债"来获得。又如，医疗金融金库为私立医院、诊所、药店提供长期、低息的贷款；中小企业金融金库为中小企业提供长期、低息贷款；北海道东北开发公库对北海道、东北地区的企业提供长期贷款；公营企业金融公库为地方政府经营的上下水道、公共交通、医院、道路、土地开发等地方公营企业提供长期、低息贷款。国民生活金融公库为财力薄弱的个人、小业主提供小额贷款。农林渔业金融公库为农林渔业企业提供长期、低息贷款。从与经济发展的关系来看，公库通过提供长期资金起着补充市场金融的作用。

公库要接受政府的严格管控。它在管理组织、政府以及国会对它的监管、经营层的身份等方面，与公团没有什么区别，但政府及国会监管的程度要更严。比如，法律规定，公库要在每个业务年度向大藏大臣提交预算，并由内阁审定，在国会决议上通过；在会计期结束时，财务报表必须得到大藏大臣的批准。公库不能从民营银行贷款，并要把财务报表记录的利润缴纳到国库。政府有权监督、检查公库的业务，任命其经营层。公库经营层的身份是公务员。从与公社的比较来看，公库的非营利性更加明显，企业性更加淡薄。

事业团是国家经济社会政策的执行机构，由政府、地方政府和公社共同出资设立。事业团不需要采取独立核算制，比公团的规模小，受政府的严格监管，类似于行政事业单位。主要的事业团有动力炉、核燃料开发事业团，宇宙开发事业团，科学振兴事业团，环境事业团，国际协力事业团，社会福祉、医疗事业团，年金福祉事业团，金属矿业事业团，中小企业事业团，运输设施整备事业团，简易保险福祉事业团，劳动福祉事业团，雇佣促进事业团。从业务方面来看，事业团分为三块。一是研究开发，如动力炉与核燃料开发、宇宙开发；金属矿物的勘探与开发、储备。事业团不仅自己从事研究开发，也提供研究开发资金。二是社会福祉。如公害补偿、环境保护、社会福祉设施的贷款、补贴、残障人士抚养保险。三是劳动保护与劳动就业。如劳动者的健康检查、医疗、康复、就业指导、就业介绍、职业培训。

除此之外，有近 4 000 个地方政府（地方公共团体）经营了近 7 000 个地方公营企业。地方公营企业的经营范围很广，包括水道、下水道、交通、医院、电力、煤气、土地开发、住房建设、观光设施等。20 世纪 70 年代，日本各地开始大力进行城市开发，地方政府和民间企业共同投资成立了被称作"第三类事业体"的半官半民形式的企业。这些企业大多数集中在土地开发、住房、观光、休闲等领域，并且还接管了日本国有铁路已决定退出的亏损的地方铁路。地方公营企业归地方政府所有，但地方政府允许地方公营企业在一定程度上自主经营。第一，地方公营企业的经营组织跟行政部门分开，地方公营企业可以设置自己的最高经营机构和经营层。第二，地方公营企业的会计跟一般会计分开。第三，地方公营企业的职员适用于《地方公营企业劳动关系法》，和地方公务员分开。这些制度为地方公营企业灵活应对市场提供了便利。

第四节　第四阶段：国有企业的民营化

第四阶段为 20 世纪 80 年代至今。这一时期，国有企业出现了严重问题，如亏损债务使国库不堪重负、垄断阻碍市场技术发展。日本认为这些问题都应该通过民营化来解决。从 1985 年起，从三公社的改革开始，国有企业先后改制为股份公司（特殊公司），之后政府将所持有的公司股份陆续出售，国有企业有的成了准民营企业，有的则成了纯民营企业。进入 21 世纪以来，日本又将公团、公库、事业团的行业管理业务并入中央行政机构，并将研究开发业务独立出来成立独立行政法人、公益财团法人，同时将生产服务业务全部出售给了民营企业。经过一系列改革，国有企业的数量和规模缩小了，但经营效率和服务质量都有所提高。

20 世纪 80 年代以后的典型民营化事例有：1985 年日本电信电话公社改制为日本电信电话公司（NTT）；同年，日本专卖公社改制为日本烟草公司，1996 年该公司盐事业部独立出来，变成公益财团法人盐事业中心；1987 年，日本国有铁路改制为 6 个客运公司和 1 个货运公司（统称 JR 公司），即 JR 北海道、JR 四国、JR 九州、JR 东日本、JR 西日本、JR 中日本 6 个客运公司和 JR 货运公司。后来政府在 2002 年、2004 年、2006 年将其持有的 JR 东日本、JR 西日本、JR 中日本 3 个公司的股份出售，这 3 个公司从此变成纯民营企业。

日本国有企业民营化的原因概括起来有两个。一个是国有企业的亏损。例如，日本国有铁路从 1964 年开始亏损，之后持续恶化，1986 年的营业收入为 3.2 兆日元，经常性亏损为 1.4 兆日元，累计亏损 15.5 兆日元，实际上已处于破产状态。1987 年，日本国有铁路的债务达到了 37.5 兆日元，仅 1 年的利息就超过 1 兆日元。虽然日本政府 1 年支付 6 000 亿日元的补贴，但也无法偿还债务。日本政府 1982 年召开了临时行政调查会（临调），这次会议提出日本国有铁路已不可能在原有组织和运营方式的延长线上进行改革，而必须从根本上改变公社制度，把日本国有铁路民营化，分成若干地区性的公司。

另一个是国有企业的市场垄断。例如，20 世纪 80 年代以前，日本的电信（电报、专用线）、电话业务全部都由日本电信电话公社经营。烟、酒、盐、樟脑则由日本专卖公社独家经营。换言之，电信、电话、烟、酒、盐、樟脑由国有企业垄断经营，不允许民营企业进入。然而，20 世纪 80 年代后，社会需求越来越多样化、高度化，技术进步加快，反观国有企业受政府的制约，效率低下，技术革新慢，已经不能有效地适应经济形势发展。以前设立自然垄断型国有企业的理由之一，就是依靠国家的集中、大额投资引进先进技术，建立大规模生产体系，有效地利用市场、原材料等资源，满足经济发展需要。而民营企业当时没有如此的资本和技术能力。然而，随着社会经济技术的发展，民营企业的能力大幅提高，国有企业在成本、技术甚至资金上的优势不再存在。因此，有必要打破国有企业的市场垄断，引进民营企业，提高全社会技术水平，有效满足市场需求。

日本的国有企业民营化，首先从制定法律开始，在法律中对民营化的过程、目标等做了详尽的规定。例如，日本国有铁路民营化时就制定了《关于旅客、货物铁路股份公司的法律》，与原有的《铁路事业法》同时执行。这些法律对新产生的 JR 7 家公司做了如下规定，主管部门是运输省，发行股份分为 7 家合计 919 万股，资本金 7 家合计 4 595 亿日元，最大持股者是日本国有铁路清算事业团（负责处理长期债务、处分资产和促进员工再就业的机构）。董事长的任职、事业计划、完成目标等事项，以及新股发行、监事的任免都须经主管部门批准。并且，JR 各公司的售股收入要首先用于偿还原日本国有铁路的债务。

在法律框架下，日本国有企业的民营化先把公共企业转换成准民营企业（特殊公司），之后政府将所持有该公司的股份全部卖掉，这样该公司就变成了纯民营企业，换言之，其被名副其实地民营化了。

民营化的企业有三种形式。①规定政府的法定持股比例、政府作为最大持股方掌握的公司，如日本电信电话公司、日本烟草公司、电源开发公司、关西国际机场公司。②没有规定政府的法定持股比例、以后政府有可能全部卖掉所持股份但目前政府还是持股大户的公司，如 JR 的 7 家股份公司、国际电信电话公司。③没有规定政府的法定持股比例但此后政府又卖掉了全部股份的公司，如日本航空公司、冲绳电力公司。

日本在国有企业民营化时对债务、剩余人员采取了以下处理方式（以日本国有铁路为例）。

（1）免除新公司中 JR 北海道、JR 四国、JR 九州公司接替的长期债务。理由是这 3 家公司处于人员稀少地区，按照全国统一票价计算，会导致这些公司大幅亏损。37.5 兆日元的长期债务由新公司中 JR 东日本、JR 西日本、JR 中日本和国铁清算事业团承担。国铁清算事业团承担 25.9 兆日元的长期债务。其中 11.2 兆日元的债务通过自筹资金处理，余下的 14.7 兆日元债务通过出售 JR 公司土地、买股票和税款处理。JR 东日本、JR 西日本、JR 中日本 3 个公司承担 11.6 兆日元的债务。

（2）日本国有铁路民营化前的员工总数是 27.6 万人，但新公司可容纳人员为 18.3 万人，这样就出现了 9.3 万人的剩余人员。对剩余人员的处理方针是，首先，到分拆、民营化的 1987 年 4 月以前，争取 2 万人自愿退休，给分拆、民营化后的企业增加相当于在编人员约 1/5 的员工，即 3.2 万人。其余的 4.1 万人交给国铁清算事业团，在 3 年内设法让他们重新就业。到 1987 年 4 月 1 日为止，实际转到 JR 公司的有 20.31 万人，到国铁清算事业团的有 7 600 人，自愿退休的有 3.91 万人，调出的有 1.86 万人，正常退休的有 6 300 人，退休前离职的有 2 300 人。国铁清算事业团承担的有 7 600 人，到 1990 年 3 月 31 日为止，有 2 300 人在 JR 公司重新就业，有 3 450 人到政府部门、民营企业重新就业，余下 1 800 人最后还留在国铁清算事业团，其中 850 人辞职，有 1 030 人被解雇。

日本国有铁路民营化以后取得了成效。第一，客运量在日本国有铁路时期一直未能增加，而民营化后尽管没有提高票价，但通过改善服务使客运量顺利增长了。客运量增长率在民营化前 5 年间为 0.6%，民营化后 7 年间提高到了 3.4%。客运量 1986 年为 1 982 亿人 / 千米，1996 年为 2 517 亿人 / 千米，2005 年为 2 460 亿人 / 千米，2005 年比 1986 年增加了 1.24 倍。与日本国有铁路时期相比，新公司的车次增加了，服务态度大为改观，车内、车站比以前干净整洁。第二，效率提高了但票价保持不变。对业务内容进行彻底改革，提高自动化、计算机化程度，使效率大幅提高。生产率 1987 年为 113 万人千米 / 人，1996 年为 162 万人千米 / 人，2005 年为 205 万人千米 / 人，2005 年是 1987 年的 1.81 倍。第三，新公司的经营状况保持超过政府预想的增长态势。日本国有铁路时期，政府投入了巨额补助金，如 1985 年投入了 6 000 亿日元，但日本国有铁路仍然亏损 1 兆多日元，但 2005 年 JR 的 7 个公司的经常性盈利合计已达到 5 000 亿日元，可以向国家、地方政府缴纳约 2 400 亿日元的法人税。第四，事故件数减少。第五，公司的新投资在日本国有铁路时期受到政府限制，民营化后，新公司可以向旅馆、商品出售、饮食、旅游业投资了。于是新公司开始积极进入这些业务领域。第六，民营化后，各公司竞争意识提高，推出了很多反映旅客需求、地区特色的服务项目，深受欢迎。

2000 年后，日本开始了所谓的"政府行政改革"。公团、公库、事业团、营团等政府直接出资的特殊法人是改革对象。在原来的制度下，日本政府对特殊法人有很多优惠政策，如免除它们的法人税、固定资产税，通过国家财政投融资筹集资金，但同时对特殊法人有很多限制，如事业计划要经过国会批准，不能简单退出亏损业务，总之，受到政府的严格控制。2000 年后，社会舆论对特殊法人的批评增多，谴责特殊法人实际上已成了退休官员的享清福之地，这些官员与其原来所在的政府部门沆瀣一气，舞弊营私，特殊法人的工作效率低下，社会影响恶劣。于是，日本政府根据《特殊法人等改革基本法》决定对特殊法人的业务采取废止、整顿缩小或者合理化、移交其他实施主体的措施，对特殊法人自身的组织形态采取废止、民营化、转制为独立行政法人的措施。

概括起来，公团、公库、事业团、营团等的变化有三个形式。①基于改制的变化。改制为股份公司形态的特殊公司。②基于业务分离的变化。管理、研究开发部分移交到行政部门，或者单独成立独立行政法人，生产服务部分则整合到特殊公司，或者出售给民营企业（民营化）。③基于业务整合的变化。整个业务合并到其他同类机构。总之，"公团""公库""事业团"等名称的组织形态从此几乎消失了。

公团变为股份公司的事例有：2004 年，新东京国际机场公团改制为成田国际机场公司；2005 年，日本道路公团改制为日本高速公路公司集团和日本高速公路所有及债务偿还机构；2005 年，首都高速公路公团改制为首都高速公路公司；同年，阪神高速公路改制为阪神高速公路公司，本州四国联络桥公团改制为本州四国联络桥公司。

营团变为股份公司的事例有：2004 年，帝都高速度交通营团改制为东京地铁公司。

公库改革事例有：2008 年，国民生活金融公库整合到日本政策金融公库；中小企业金融公库整合到日本政策金融公库；农林渔业金融公库整合到日本政策金融公库；商工组合中央金库改制为商工组合中央金库（股份公司），并计划完全民营化。

此外，2008 年，日本政策投资银行改制为日本政策投资银行（股份公司），并计划完全民营化；同年，国际协力银行改制为国际协力银行（股份公司）；2004 年，环境事业团解散，它的 PCB 废弃物处理部门单独改为日本环境安全事业公司（现在的中间储藏与环境安全事务公司）。

公团变成独立行政法人的事例有：2003 年，绿资源公团变为绿资源机构（现在的国立研究开发法人森林研究及整备机构森林整备中心）；同年，水资源开发公团改为水资源机构，日本铁路建设公团和运输设施整备事业团合并成铁路建设及运输设施整备支援机构；2004 年，石油公团与金属矿物事业团合并为石油天然气及金属矿物资源机构，地区振兴整备公团及城市基础整备公团整合为城市复兴机构等。

事业团变为独立行政法人的事例有：2003 年，国际协力事业团改制为国际协力机构；宇宙开发事业团与航空宇宙技术研究所、宇宙科学研究所合并成立宇宙航空开发研究机构；社会福祉及医疗事业团改制为福祉医疗机构；科学技术振兴事业团改制为科学技术振兴机构等。另外，2007 年，住宅金融公库改制为独立行政法人住宅金融支援机构。

民营化的步骤大同小异，以下以石油公团为例做较具体的说明。日本 2001 年制定了《特殊法人等整顿合理化计划》，石油公团被列入废除名单。该计划决定：①石油公团以下业务与金属矿业事业团合并，一是为石油开发提供风险资金业务，规定国家出资比例不超过 50%，将原油生产企业的融资业务移交给政策性金融机构；二是研究开发业务；三是国家储备综合管理业务。合并后改名为独立行政法人"石油天然气及金属矿物资源机构（简称 JOGMEC）"。②石油储备由国家直接管理。废除现行的 8 家国家石油储备公司，与基地运营有关的具体业务委托给民间企业。③对现在石油公团所有的与开发相关的资产进行认真评估，分别采取废弃、出售等措施，设立资产处理的清算机构（期限为 3 年）。石油公团在 2005 年正式废除。

JOGMEC 归属经济产业省的资源能源厅资源及燃料部政策课管理，其业务包括：①对石油天然气勘探开发项目以及金属资源勘探开发项目提供融资、出资和债务担保。在对石油天然气勘探开发项目出资时，JOGMEC 以取得新发行股份的形式提供资金，当项目取得成功、商业化后逐步卖掉所持有的股份。在提供债务担保时，对石油天然气开发项目资金、与资产收购有关的借款提供最多不超过 75% 的债务担保。对金属资源开发项目资金、与资产收购有关的借款提供最多不超过 50% 的债务担保。②为促进石油天然气资源及金属矿物资源开发进行情报收集、情报提供、调查研究、技术支援。③为石油天然气及金属矿产物的稳定低廉供应进行资源储备。④为防止金属矿业公害提供必要的贷款。

第五节 国有企业演变历程的特点

纵观日本国有企业发展历程，可归纳出以下特点：

第一，明治时期以后的历史过程显示，经济发展落后阶段，国有企业承担了工业发展先驱者的角色，国有企业在国民经济中的比重，不论是数量还是质量都具有压倒性的地位。在经济发展的成熟期，国有企业被出售给民营企业，民营企业在社会经济发展中成为主要力量，国有企业的比重呈下降趋势。

第二，在此过程中，国有企业地位呈现出了兴衰循环现象，即政府利用国有企业（公企业）、国有企业扩大，之后又出售国有企业、国有企业部门缩小。国有企业的兴衰循环在明治时期、第二次世界大战期间和第二次世界大战之后出现了 3 次。每出现一次变化，国有企业的比重就下降一点。

　　第三，在此期间，企业形态的变化也是很明显的。明治时期采取政府所有、政府经营的企业形态，第二次世界大战期间采取混合所有制企业形态，第二次世界大战以后采取公共企业的形态。20 世纪 80 年代以后，出现了国有企业民营化的变化，国有企业或改制为股份公司，或变成纯民营企业，公团、公库、事业团等经过业务分割、整合，有的变成了股份公司，有的变成了独立行政法人、公益法人。还必须指出的是，国有企业中民间资本的参与逐渐增加，所谓的混合所有制企业越来越多。

　　总而言之，日本的国有企业经历了三次扩大、三次缩小的变化。从形态来看，日本的国有企业最初单纯采取国有国营形态，后转为混合所有形态，不少企业走上了股份公司民营化道路。从功能定位来看，日本国有企业从早期的引进先进技术的"模范工厂"、赶追战略（殖产兴业）的工具、增强国际竞争力的先驱者（富国强兵）、公益事业的提供者，先是转变为第二次世界大战期间的资源控制、殖民统治的工具，再转变为第二次世界大战后的社会基础设施的主要提供者（公益服务可获得性的主要供给者）、国家社会经济政策的执行机构。

　　从政治角度来看，日本国有企业的数量与分量缩小，简单地说，其有以下原因：①市场自由竞争体制更适合民营企业；②政府从屡次受挫中吸取教训，修正了政策；③二战后美国对日本的民主化改造；④政党、工会以及其他社会力量对国有化的欲求低下。

第三章
日本国有经济的治理

日本国有企业的治理包括内部治理、外部治理和政府监管三个方面。内部治理就是按照《日本公司法》和特别法设立治理机构。按《日本公司法》的规定，国有企业都设置了股东大会、董事会和监事会的基本架构。进而国有企业还建立了外部董事、外部监事、执行官、提名委员会、报酬委员会、绩效联动报酬等制度，在经营决策的合理性、人事报酬的公正透明性、守法性、激励性，以及业务监督与执行的分离等方面发挥各自的作用。外部治理则是市场力量对企业经营者的影响，包括三个因素，即资本市场、产品市场和经理人市场。由于国有企业所处的环境有市场与非市场之分，这就使外部治理出现了二重性，即处于市场环境的企业呈现外部治理效应，而反之则无。政府监管包括股权、人事及治理机构、业务计划及财务预决算、罚则等具体事项，内容全面，体现出了国有经济管理的严肃性。

第一节　国有经济的内部治理

日本国有企业的内部治理，原则上和民营企业一样，是按《日本公司法》来进行运作的。但由于是国有企业，还必须遵守针对各企业制定的特别法。各个特别法与《日本公司法》并不矛盾，只是规定了作为所有者的国家与企业之间的责任、义务及监督等事项。

按《日本公司法》规定，日本国有企业都设置了股东大会、董事会、监事会的基本架构。股东大会是最高权力机构，负责公司组织、运营、管理等重要事项的决策。董事会负责业务决策和对业务执行进行监督。监事会负责对董事会的履职情况进行监督。日本国有企业还进一步建立了"执行官"（相当于经营管理者）制度，将董事会的决策职能部分地委托给执行官，使董事会的职能更倾向于对业务执行的监督，形成了权力机构、决策机构、监督机构和经营管理者之间的制衡机制。

自从日本 2003 年修改公司法以及引进外部董事、提名委员会等制度以来，日本国有企业又进一步引入了外部董事、提名委员会、报酬委员会、绩效联动报酬等制度设计，从而使国有企业的运作更加符合市场规律，信息更加透明，决策更加合理，管理更加高效。然而，由于国有企业所处的具体环境不同，内部治理结构不尽一致。本节将集中分析日本国有企业治理机制五个方面的内容。

一、外部董事制度

依据《日本公司法》，设有"监查等委员会"的公司（同法第 2 条 11 项之2、第 331 条 6 项）、设有"提名等委员会"的公司（同法第 2 条 12 项、第 400条 3 项），以及设立董事会的公司在将董事会的决定事项委托给特别董事时（同法第 373 条），必须设置外部董事。设有监查等委员会是指在董事会中设有监查委员会，将董事分为负责业务执行的董事和负责监督的董事，由负责监督的董事组成监查等委员会。设有监查等委员会的公司不设置监事或监事会。设有提名等委员会是指在董事会下设立提名委员会、报酬委员会和监查委员会，不再设置监事或监事会。设有监事会的公司原则上不要求设置外部董事。但是，如果公司是属于金融商品交易的上市公司，则有义务任命外部董事（同法第 327 条 2 项）。不任命外部董事的公司将被处以罚款（同法第 976 条 19 项之 2）。另外，日本金融厅和东京证券交易所 2021 年公布的《公司治理准则》还规定，上市公司的外部董事数量比例不应少于董事会人数的 1/3。

在有资料的 26 家日本国有企业（22 家特殊法人型特殊公司和 4 家许可法人型特殊公司）中，18 家聘任了外部董事，5 家没有聘任外部董事，3 家没有披露信息。聘任外部董事的企业约占七成（见图 3-1）。分企业类型来看，特殊法人型特殊公司中聘任外部董事的占六成，许可法人型特殊公司中聘任外部董事的占100%。以上国有企业中只有 3 家是上市企业。由此可见，即使是非上市企业也有相当多的企业设置了外部董事。

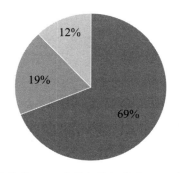

图 3-1　26 家日本国有企业中聘任外部董事的企业比例

数据来源：作者根据 26 家日本国有企业资料计算。

从外部董事人数所占的比重来看，7 家小于 1/3，11 家大于或等于 1/3，其中的 6 家大于或等于 1/2。外部董事人数所占比重小于 1/3 的约占四成，大于或等于 1/3 的约占六成，其中大于或等于 1/2 的约占三成（见图 3-2）。进一步考察还发现，外部董事人数所占比重大于或等于 1/2 的是上市企业、支援机构等许可法人型特殊公司，如日本电信电话公司为 1/2，日本邮政公司为 9/13，日本烟草公司为 2/5，产业革新投资机构为 5/9，农林渔业成长支援机构为 3/5。相反，外部董事人数所占比重小于 1/3 的都是特殊法人型特殊公司，并且以金融企业居多，如日本政策金融公库为 1/9，日本政策投资银行为 1/5，国际协力银行为 2/9，日本贸易保险公司为 1/5。这说明在外部董事这个问题上，日本国有企业的对应是有差别的。

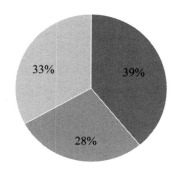

图 3-2　18 家日本国有企业的外部董事比例

数据来源：作者根据 18 家日本国有企业资料计算。

日本国有企业在挑选外部董事时非常重视候选人的管理、会计等业务知识、风险控制能力，以及对公司价值的贡献程度。同时也会把"独立性"作为资格条件，评价候选人与公司业务之间的利益关系、与股东之间的利益关系。

比如，日本电信电话公司要求外部董事具备丰富的知识与经验、卓越的管理能力和领导力以及经营素质等要素。除了符合东京证券交易所的独立性基准以外，还要满足公司制定的独立性标准，如候选人的任职企业或机构在近 3 年里与公司及子公司的交易额平均每年不得超过公司及子公司营业收入的 1%；候选人的任职机构近 3 年里从公司及子公司得到的赞助金额平均每年不得超过 1 000 万日元。按照这些标准，日本电信电话公司 2022 年聘任了 5 名外部董事，分别是东京大学教授、日本 IBM 公司董事兼专务执行官、索尼公司代表董事兼总裁、第一生命持股公司董事长、前钻石杂志编辑兼庆应大学特聘教授。

又如，日本邮政公司要求外部董事具备丰富的知识与经验、高度的洞察力、对促进多样性的贡献等要素，并且符合东京证券交易所的独立性基准和公司的独立性标准。按照这些要求，日本邮政公司 2022 年聘任了 9 名外部董事。他们是东京海上日动火灾保险公司顾问、美国家庭生命保险公司代表董事兼总经理、HIROTA 西点公司前代表董事兼总裁、东京煤气公司顾问、高岛屋公司顾问、沙基公司（Saki Corporation）的前任代表董事兼总经理、大手町法律事务所律师、住友商事公司前任顾问、大亚精机公司（Daiya Seiki）代表董事。

调查发现，外部董事在日本国有企业中发挥着重要作用。他们从不同于内部人的角度审视公司的决策、董事履职状况等，以便防止大的偏差。外部董事都是各领域的专家，专业的意见有利于公司的可持续发展，对提升企业中长期价值能够做出贡献。并且，外部董事的作用在以下方面也得到了发挥：董事及执行官的任免、报酬制定、董事会决策程序和内容的监督管理、处理所有者与经营层以及股东之间的利益冲突、代表包括小股东发表意见等。

为了充分发挥外部董事的职能作用，日本国有企业还努力构建支持体系，基本措施包括定期举行外部董事与公司总裁的意见沟通会、建立外部董事与监事的意见沟通机制、董事会开会前向外部董事提供详细资料和说明、为外部董事提供考察公司的机会等。日本电信电话公司定期举行外部董事与公司法人代表兼总裁的意见沟通会，会上由公司法人代表兼总裁对公司经营战略进行讲解，使外部董事充分了解公司的业务内容。公司举办新产品展览会时举行现场沟通会，由公司法人代表兼总裁为外部董事进行讲解，使他们深入了解公司的技术发展。公司还定期举行外部董事与监事参加的意见沟通会，通过讨论各种经营课题来形成共同认识。

二、外部监事制度

依据《日本公司法》，设有监事会的公司，监事会由 3 人或以上监事组成，其中 1/2 或以上必须是外部监事（同法 335 条 3 项）。监事会负责编制监查报告，决定专职监事的任免、决定监查方针、调查公司业务和财产状况的方法，以及与监事履职有关的其他事项（同法 390 条 2 项）。

在有资料的 26 家日本国有企业中，25 家设置了监事会或监事，它们全部聘任了外部监事，并且外部监事人数所占比重都超过了法定的 1/2（见图 3-3）。其中，18 家超过了 2/3，3 家为 3/5，4 家为 1/2。可见日本国有企业对外部监事的重视程度之高。

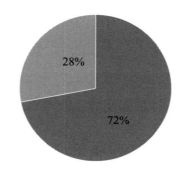

图 3-3 25 家日本国有企业的外部监事比例

数据来源：作者根据 25 家日本国有企业资料计算。

日本国有企业对外部监事也有专业性、经验、见识、独立性的要求，它们注重从法律、会计、监查领域，从民营企业、大学和审计机构中广泛挑选人才，从持有公司股份、与公司业务执行的关系、与普通股东的利益冲突等方面去评价候选人的独立性。日本电信电话公司 2022 年聘任了 6 名监事，其中 4 名是外部监事，来自会计、法律、经营领域。他们既有专业人士，如森与滨田松本法律事务所律师、东京大学教授、EY 新日本有限责任监查法人公认会计师，也有负责国家相关机构财政审查的行政机构官员，如会计检查院事务总长。日本烟草公司 2022 年聘任了 5 名监事，其中 3 名是外部监事，分别是埃尔特斯公司董事兼律师、新日铁公司外部董事监查委员兼大林法律事务所律师、社会情报大学院大学校长。据日本烟草公司披露，他们聘任的外部监事也是来自法律、会计、管理领域，都是公司风险管控方面的资深专家。北海道旅客铁道公司 2022 年聘任了

4 名监事，其中 3 名是外部监事，分别是北海道大学副校长（会计学者）、律师、北洋银行董事兼行长。总的来说，日本国有企业大都会从法律、会计、监查领域的资深专家中聘任外部监事并组成以外部监事为主的监事会。

外部监事在日本国有企业中发挥着重要作用，因为外部监事独立于公司经营管理层，可以从公正、客观的立场来进行业务监查和会计审计。在业务监查方面，外部监事出席董事会，收集董事的业务执行、经营决策的信息，在除了会计以外的公司业务中，监督董事的业务（会计业务除外，因为另有专门的会计审计）执行是否合法、是否符合公司章程。在会计审计方面，监事会（或监事）按照监事会制定的监查计划进行监督，编制监督报告并向股东大会汇报。在这个过程中，外部监事可以对公司的各类财务报表、在会计程序和相关文件是否合法进行监督。

为了保证外部监事有效开展工作，日本国有企业常见的做法包括：①设立监事室，配备专职人员，协助监事开展工作；②规定监事出席董事会及公司重要会议、查阅公司重要文件、调查公司业务活动、命令内部监查部调查、董事与执行官定期向监事汇报业务执行情况等的权限；③规定外部监事与代表董事等经营管理层定期交流的机会与次数；④实施监事会实效性年度评估；⑤建立监事与会计顾问、内部监查部的合作机制。

三、执行官制度

执行官不是《日本公司法》所规定的必设机构。但是，在有资料的 26 家日本国有企业中，18 家企业建立了执行官制度，约占企业总数的七成（见图 3-4）。可以说，执行官制度是日本国有企业内部治理中的重要环节。

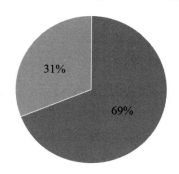

■ 引进执行官制度　　■ 未引进执行官制度

图 3-4　26 家日本国有企业中引进执行官制度的企业比例

数据来源：作者根据 26 家日本国有企业资料计算。

执行官是董事会授权的业务执行干部，他们中既有董事兼任的执行官，也有不是董事的执行官。在没有执行官制度之前，很多业务执行层面的决策也由董事会决定，导致董事会决策效率低，不能集中有效地监督。为了解决这一问题，日本国有企业引进了执行官制度。这个制度的核心就是将董事会的决策与监督职能进行分离，把业务执行层面的决策委托给业务执行官，董事会集中精力做好战略决策和对业务执行的监督。下面以日本电信电话公司和日本邮政公司为例进行说明。

日本电信电话公司 2022 年的董事会由 10 名董事组成。其中 3 名兼任业务执行，7 名不兼任业务执行。兼任业务执行的董事，1 名是公司总裁（代表董事兼总裁），另外 2 名是公司副总裁（代表董事兼副总裁）。此外，公司任命了 14 名执行官，其中除了上述公司总裁、公司副总裁的 3 人以外，其他人都是各业务部门的主管。这 14 名执行官组成了执行官会议，设总裁执行官 1 名、副总裁执行官 3 名、常务执行官 2 名。上述公司总裁、公司副总裁分别担任总裁执行官和副总裁执行官。该公司规定，董事会负责决定集团经营战略、法律规定事项，以及公司及集团经营重要事项，定期听取董事与执行官的汇报，对业务执行情况进行监督。公司制定了适当的委任范围，将业务执行层面的决策委任给执行官，各执行官根据责任规章所赋予的职责对日常业务执行做出具体决策。此外，执行官会议作为董事会的前置会议机构，还负责审议包括业务执行在内的重要经营事项，并向董事会汇报。执行官会议每周召开一次，董事会每月召开一次，大多数重要决定都是经过执行官会议审议后才到董事会上讨论的。公司认为执行官制度在高效管理方面发挥了重要作用。

日本邮政公司 2022 年的董事会由 13 人组成，其中 9 人是外部董事，不负责业务执行，其余 4 人是内部董事，负责业务执行，包括公司总裁（代表董事兼总裁）等人。公司任命了 22 名执行官，首席执行官（执行官总裁）由公司总裁担任。依据日本邮政公司《董事会条例》，除法定事务和特别重要的业务执行事务以外，其他所有与业务执行有关的职权都委托给执行官，同时要求执行官及时、正确地报告业务执行情况。法定不能委托的事项包括：重要财产的处分及让渡；巨额借款；总经理及重要管理雇员的选任与解聘；分支机构等重要机构的设置、变更与废除等。董事会的主要职责之一就是从独立、客观的立场对执行官进行监督。董事会制定了"执行官任免基准"，对执行官的业务执行情况进行考核，对执行官的任免做出决定。与此相呼应，首席执行官负责决定董事会委托的重要业务并执行重要业务。首席执行官以外的执行官负责在董事会决定的职务分管领域决定董事会委托的业务并执行业务。日本邮政公司还在执行官制度中设置了经营会议、投资委员会等咨询机构。这些机构的成员均由首席执行官提名的执行官组成。经营会议负责审议董事会的委托事项、首席执行官职权事项和集团重要经营状况。投资委员会负责审议新设分支机构、子公司股份取得与转让以及对其他公司投资等高度保密事项。设置咨询机构对首席执行官做出正确、合理、合法的决定起到了重要作用。

四、董事会附设委员会制度

为了进行客观、公正、透明的决策，日本国有企业还在董事会设置了一些委员会（统称为董事会附设委员会）。其中，最多的是提名委员会、报酬委员会以及类似机构。类似机构是指名称不同但职务范围相同的机构，如人事委员会、人事与报酬咨询委员会、人事评价委员会、董事选任评价委员会、第三者评价委员会和人事伦理委员会等。

提名委员会审议董事和执行官的任免、制订接班人培养计划、审议与董事相关的事项，并向董事会汇报。报酬委员会则负责对董事以及执行官的报酬体系、决策方针、报酬方案以及其他董事及执行官报酬相关事项进行审议。上述委员会一般由 3 名以上的董事组成，外部董事人数所占比重过半。但在政府全部持股企业中，委员会成员中也有不是董事的外部人士。

在有资料的 26 家日本国有企业中，11 家企业设置了提名委员会、报酬委员会以及类似机构，占 26 家国有企业的四成（见图 3-5）。这 11 家企业包括 3 家上市公司和 8 家非上市公司，行业涉及电信电话、邮政、烟草、银行、保险、进出口贸易、旅客铁路和高速公路领域，既有大公司也有小公司。这表明日本国有企业的内部治理不分股票上市与非上市、不分规模大小，都在向客观化、透明化的方向演变。

日本电信电话公司 2022 年的提名委员会由 3 名董事组成，其中 2 名是外部董事。提名委员会的委员长由公司总裁（代表董事兼总裁）担任。因为公司总裁最了解公司经营状况和各董事、执行官的绩效。提名委员会是董事会的"事前审议机构"，董事、执行官的任免事项首先要在提名委员会得到审议，之后才能提交给董事会。这些事项包括：①董事、执行官的任免方针与候选人提名方针；②董事任免事项；③子公司的代表董事兼总裁的任免事项；④代表董事、常务董事、专务董事等的任免事项；⑤董事长的任免事项；⑥总裁发生事故无法执行公务时，代行职务的董事的顺序；⑦关于董事职权分工的决定与重要管理干部的职务授权；⑧董事会就董事、执行官提名提出其他咨询事项。

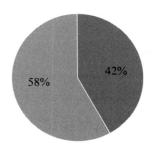

58% 42%

■ 设提名委员会、报酬委员会及类似机构 ■ 未设提名委员会、报酬委员会及类似机构

图 3-5　26 家日本国有企业中设提名委员会、报酬委员会及类似机构的企业比例

数据来源：作者根据 26 家日本国有企业资料计算。

日本电信电话公司的报酬委员会，也是董事会的事前审议机构，负责审议董事、执行官的报酬比例、计算方法以及个人的报酬金额等。日本电信电话公司2022 年的报酬委员会由 3 人组成，其中 2 人是外部董事。外部董事人数占据多数，有利于决策的客观性和透明性。

日本烟草公司设置了人事与报酬咨询委员会。该委员会负责对董事、执行官的人事事项和报酬事项进行审议，并向董事会汇报。董事会根据委员会的审议结果对董事、执行官的人事、报酬事项做出最终决定。委员会由 6 名委员组成，其中 4 名是外部董事。委员长由外部董事担任。这与公司总裁担任委员长的日本电信电话公司不同。可见在这个问题上，虽然都是国有企业，但是差别还是存在的。

日本政策金融公库是政府全额持股企业。由于企业的金融特殊性，其委员会的设置情况有别于上述国有企业。根据日本政府"关于政策金融改革的制度设计"的方案，日本政策金融公库设置了评价与审查委员会，来评价和审查公库整体及各部门的业务和运营情况、业务执行董事的绩效，以及董事、监事候选人的任免事项。评价和审查的标准由委员会制定，并且对外公开。业务运营的评价和审查结果以报告形式对外公开，董事、监事候选人的评价和审查结果也对外公开。

评价与审查委员会的委员由评价与审查委员和专业委员组成。评价与审查委员由外部董事和外部人士构成。专业委员由对日本政策金融公库的业务有丰富专业知识的外部人士担任。日本政策金融公库 2021 年的评价与审查委员会共有

11 人。其中，评价和审查委员 7 人，任职单位分别是原日清持股公司代表董事长、日冷公司代表董事兼总裁（兼任日本政策金融公库外部董事）、价值综合研究所代表董事兼会长（兼任日本政策金融公库外部董事）、东京海上日动火灾保险公司顾问、律师及原广岛高等法院院长、一桥大学大学院经营管理研究科教授和日本电视台新闻局解说委员。另外，专业委员有 4 人，任职单位分别是福岛大学食农学科教授、庆应大学大学院商学研究科教授、成城大学经济学部教授和中央大学商学部教授。评价和审查委员会的会长由东京海上日动火灾保险公司顾问担任。

五、绩效联动报酬制度

在日本，上市公司必须按照东京证券交易所的规则公布董事、监事以及执行官的报酬以及计算方法等信息。但如果不是上市公司，就没有义务公布。日本国有企业中有 3 家是上市公司。这 3 家公司对董事、监事以及执行官的报酬信息进行了披露。另外还有 2 家企业虽然不是上市公司，也披露了少量的报酬信息。但是，其他的国有企业都没有公布报酬信息。下面只对进行信息披露的 3 家国有上市公司和 1 家国有未上市公司的董事、监事以及执行官报酬制度进行考察。

资料显示，这些企业对负责业务执行的董事、执行官、专职监事采取与绩效联动的报酬形式。非业务执行的董事、非专职监事则采取固定报酬形式。

具体来看，业务执行董事、执行官、专职监事的报酬包括三个部分。第一部分是基本报酬。它是根据董事、执行官、专职监事的职责支付的固定报酬，采用现金形式。第二部分是短期绩效联动报酬。它是根据董事、执行官、专职监事的年度绩效决定的变动报酬，采用奖金形式。第三部分是中长期绩效联动报酬。它是根据企业中长期绩效来决定的报酬，采用股份形式。这部分报酬专职监事没有。如果政府机构外派官员到国有企业任董事、执行官，在职务结束时还会得到一份"卸任慰劳金"。与业务执行没有关系的董事（非执行董事、外部董事）、非专职监事（主要是外部监事）的报酬为固定报酬，不与企业绩效挂钩。

日本国有企业的董事、执行官的报酬事项都由报酬委员会决定。监事的报酬通过监事协商决定。委员会在制定报酬水平时会把国内同类企业作为标杆，把股东大会的规定作为上限。总体来说，日本国有企业重视报酬对董事、执行官以及监事的长期激励作用，采用了股票或股票期权形式的报酬，并且公开报酬计算方法、决定程序，注重报酬决定的透明性和公正性。下面以日本电信电话公司、日本邮政公司、日本烟草公司和日本政策投资银行为例进行说明。

日本电信电话公司董事（外部董事除外）的报酬由月报酬（基本报酬）、奖金（短期绩效联动报酬）、通过董事持股会得到的本公司股票报酬（中长期绩效联动报酬）等部分构成。外部董事的报酬，考虑到独立性不与绩效联动，仅有固定的月报酬。

月报酬是每月的固定报酬，按照职位作用和权利范围的大小来决定。奖金则考虑当年的业绩情况，于 6 月发放。为了强化与中长期绩效的联动，董事每月可得到购买本公司股票的资金，通过董事持股会购买公司股票，在任期间持有其所有权。该公司董事持股会的股票交由信托公司运营。每年 6 月，根据职位对各董事分别计分，中长期经营战略结束的次年 6 月，根据绩效指标的实现程度算出绩效联动系数，乘以累计的职位分，得出应该新获取的股票数。在董事职务结束时，可以得到这些股票的支配权。董事报酬各部分的构成比率为固定报酬 50%、短期绩效联动报酬 30%、中长期绩效联动报酬 20%。

日本邮政公司对董事和执行官实行绩效联动报酬制度。董事兼任执行官时，报酬按执行官的标准支付。

董事的报酬依据董事的职位内容和公司实际情况支付，为固定报酬，采用现金报酬形式。执行官的报酬由基本报酬和股份报酬组成。基本报酬根据执行官的职位内容和公司实际情况决定。公司在制定基本报酬时会参考外部企业同类执行官的报酬水平，尽量使报酬能够反映出执行官的市场价值。当公司的报酬明显低于市场水平时，公司会将报酬提高到市场水平。股份报酬是以公司持续成长为目的设置的激励机制。股份报酬由绩效分数决定。每年根据职位对执行官（包括兼任执行官的董事）的绩效分别计分，根据当年经营计划指标的实现程度计算出联动系数，乘以职位绩效分，得出当年的绩效分。当执行官职务结束时，根据累计的绩效分，就可以计算出应该获取的股票数量以及按一定比例兑现的股票金额。如果政府机构外派官员担任执行官，当他在企业任职结束离职时，比照"员工离职津贴条例"，计算"卸任慰劳金"。任职务结束后返回政府机构继续任职者没有这份慰劳金。

日本烟草公司实行绩效联动报酬制度。公司把国内同规模企业作为标杆，按照公司规定的计算方式，在股东大会批准的报酬上限范围内决定董事的报酬。监事的报酬也采用相同对标方式，在股东大会批准的报酬上限范围内通过监事协商来决定。

董事的报酬由每月的基本报酬、与年度绩效挂钩的奖金、与中长期企业绩效挂钩的"转让限制性股票"和"绩效分享"组成。各部分的比例是基本报酬33%~42%、奖金31%~35%、转让限制性股票和绩效分享总计25%~35%。基本报酬、奖金为现金形式，转让限制性股票报酬是股票形式，绩效分享报酬是"股票＋现金"形式。转让限制性股票报酬和绩效分享报酬的比例约为3：1。

对于兼任执行官的董事，报酬由基本报酬、奖金、转让限制性股票报酬和绩效分享报酬构成。对于不兼任执行官员的董事（外部董事除外），因为对公司业务执行负有监督责任，所以不设置与绩效联动的报酬，只设基本报酬。对于外部董事，从确保独立性的角度不设置与绩效联动的报酬，只设基本报酬。对于兼任人事与报酬顾问委员会委员长的外部董事，在外部董事基本报酬的基础上，根据职位与责任增加额外报酬。对于监事，也只设固定报酬。

董事的基本报酬，根据职务内容和责任范围决定。对于兼任执行官的董事，其基本报酬每年根据上年度绩效指标实现情况进行调整。

奖金的计算指标是基于固定汇率的营业利润和当期利润。绩效评价结果的适用比率是营业利润的75%，当期利润的25%。根据指标达成情况按照0~200%的比率计算奖金。自2022年度起，除了原来的指标，还增加了新的财务指标和非财务指标，以提高绩效评价的全面性，如基于固定汇率的核心收入、基于新财务制度的营业利润、重点领域战略推进程度（非财务定性指标）。各部分的比例是基于固定汇率的营业利润35%、当期利润25%、基于固定汇率的核心收入15%、基于新财务制度的营业利润25%、重点领域战略推进程度 ±10%。

转让限制性股票报酬是指董事每年可得到数目不同的股票额度和现金额度以此兑换为公司普通股票。对于这些股份，公司与董事签订转让限制股份协议。转让限制时间为30年，但如果董事任期结束或者在董事会批准下卸任，将解除转让限制。

绩效分享报酬的计算方式是，从支付对象年度起3个营业年度为绩效评价期，由该期间绩效目标的实现程度来计算股票报酬索求权和现金报酬。绩效评价由人事与报酬顾问委员会做出。董事的股票报酬索求权和现金报酬，原则上在绩效评价期结束后支付。董事可以将该股票报酬索取权换为相应数量的公司普通股票。计算用的各项指标的目标值、绩效联动系数、支付股票数量等，由人事与报酬顾问委员会审议后决定。

2021年度，6名董事（除外部董事）的报酬总额是17.05亿日元（基本报酬7.82亿日元，奖金5.49亿日元，转让限制性股份报酬1.91亿日元，绩效分享报酬1.83亿日元）。2名监事（外部监事除外）的报酬总额是0.83亿日元（全部是基本报酬）。7 名外部董事和外部监事的报酬总额是 1.33 亿日元。17.05 亿日元，按 1 百万日元 =5 万元人民币计算，是 8 525 万元人民币，因此，每个董事的年报酬约是 1 421 万元人民币。0.83 亿日元按上述汇率计算相当于 415 万元人民币，因此，每个监事的年报酬是 208 万元人民币。外部董事和外部监事的报酬总额是 1.33 亿日元，相当于 665 万元人民币，因此，每个外部董事和外部监事的报酬是 95 万元人民币。

日本政策投资银行是非上市公司。该公司董事、监事以及执行官的报酬由固定报酬、与绩效联动的奖金和"卸任慰劳金"组成。奖金包括两部分：一是职务奖金乘以当年净利润目标值实现程度的支付率所得到的定量评价部分；二是职务奖金乘以担当部门绩效实现程度支付率所得到的定性评价部分。如果以政府机构外派公务员身份的官员担任董事、监事或执行官，当其职务结束时，公司向他支付"卸任慰劳金"。对于专职董事，报酬包括固定报酬、奖金和卸任慰劳金。对于非专职董事，为保证独立性只领取固定报酬。监事报酬也分专职和非专职之分。专职监事的报酬包括固定报酬和"卸任慰劳金"。非专职监事只领取固定报酬。

第二节　国有经济的外部治理

国有企业的经营活动原则上是在市场中进行的。尽管它们的市场因为与政府的密切关系而有其特殊性，但由资本市场、产品市场和经理人市场构成的外部环境仍然对其有一定的影响力。并且，从作为所有者的国家的角度来看，在监督、约束和筛选经营者过程中也不能忽视外部环境的作用。日本的国有上市公司都有与股价联动的经营者报酬制度，有调整股权结构防止被控风险的意识和行动，这显示了资本市场的治理效应。电信电话、邮政、铁路、地铁、工业酒精等领域的国有企业，在竞争中既实现了公益性功能，又显示了市场生存能力，可以说产品市场对这些企业的经营产生了促进作用。1/3 的日本国有企业总裁是由外部市场聘任的，表明经理人市场作为搞活国有企业的手段得到了应有的重视。然而，由于国有企业的特殊性，以上三个外部市场的治理效应并没有体现在所有国有企业的治理过程中，可以说，日本国有企业的外部治理存在着明显的二重性。

一、资本市场的治理效应

市场经济中，资本市场对企业经营者的监督与约束依赖于两个机制：一是股价机制；二是并购与接管机制。股价机制就是在资本市场上通过股票价格的高低及其波动情况，反映股票发行公司的经营状况和变动情况。如果所有者利用股票价格的这一特征来评价企业经营者的经营绩效和经营能力，对企业经营者的任免做出决定，就会促使企业经营者认真履行职责，提高经营绩效，这样资本市场的治理效应就得到了体现。并购与接管机制就是在资本市场上外来收购者通过收购目标公司股票取得控股权或者通过征集股票表决权，从而得以入主目标公司董事会，控制该公司战略与经营决策。如果企业被并购或接管，经营者就会面临被罢免的境地。对于国有上市公司来讲，如果外来股东的持股比例增加，达到了可以左右股东大会决议的程度，就意味着国有企业所有权的转移、国有财产的流失，这会对国家经济政策的落实带来巨大影响。因此，为了规避这种情况出现，企业经营者就会努力提高经营绩效，做好风险管理的预案分析，在需要时迅速采取措施以保护国有经济的安全。这显示了资本市场的监督与约束作用。

日本的国有上市公司都有与公司股价联动的经营者报酬制度。上市公司董事、执行官的报酬一般由三部分组成，即基本工资、奖金和中长期绩效报酬。其中，中长期绩效报酬采用股票和股票期权形式，这部分报酬占20%~30%。比如，日本电信电话公司董事（外部董事除外）报酬中的20%是公司股票，日本烟草公司董事（外部董事除外）、执行官报酬中的25%~35%是公司股票。如果股票价格上升了，董事、执行官的报酬就增多。这就会促使董事、执行官关注公司股价的变动，从而努力经营，使所有者利益最大化。这显示了资本市场的治理效应。

另外，针对资本市场上的并购风险，日本国有上市公司保持警惕，必要时主动调整了股权结构，降低被控风险，显示了资本市场对企业经营产生的促进作用。下面以日本电信电话公司为例进行说明。

日本电信电话公司在1992年将其子公司都客梦（Docomo）改制为独立的股份公司，其股票1998年10月在东京交易所上市。之后，都客梦公司又在伦敦、纽约市场上市。然而，2020年12月都客梦公司突然宣布停止股份上市，日本电信电话公司通过资本市场收购了其他投资人手中的全部股票。这实际上是迫于资本市场压力的自我保护。2020年停止上市前，日本电信电话公司持有都客梦公司66.21%的股份，都客梦公司自己持有3.20%，其他股份则由9家券商持有。

日本电信电话公司为什么要停止都客梦公司上市呢？从资本市场的角度来看，有三方面的原因。一是为了维持所有者和母公司的控制权。当时，都客梦公司的营业利润占日本电信电话公司总体的55%，股票时价总额为12兆日元，远超过了日本电信电话公司的8.7兆日元。并且，外国股东持股份额已达12.6%。

如果这个份额继续增大，母公司日本电信电话公司的控制权就会受到挑战。

二是为了阻止收益流失。都客梦公司的年均营业利润是 8 500 亿日元。因为日本电信电话公司仅持有都客梦公司 2/3 的股票，其他 1/3 的利润要流向"少数股东"。日本电信电话公司当时花费了 4 兆日元从少数股东手里买回了股票，但每年可以增加 2 800 亿日元的利润，长期来看是合算的。

三是为了集中力量搞研究开发。母、子公司进行研究开发，会有重复或路线偏离。而子公司一味配合母公司，会引来外国股东的非议。日本在 5G 通信方面明显落后，因此政府和日本电信电话公司若要集中力量来研究开发"自主光传输通信平台（Innovative Optical and Wireless Network，简称 IOWN）"和 6G 技术，就要减少股东干扰。避免母、子公司同时上市，就避免了资本市场的干扰。

然而，对于大多数的日本国有企业来讲，基本上感受不到资本市场的压力。这有两个方面的原因。第一，大多数的国有企业都没有上市。第二，日本制定了明确的法律，规定政府必须持有一定比例（如 1/3 以上、1/2 以上、100%）的股票，并且企业在发行股票、新股预约权、出售股票、交换股票、转让股票前必须得到主管大臣的批准，因此，并购国有企业有较大难度。至于在欧美国家常见的敌意收购或接管，基于日本传统商业观念，券商不愿意接受委托，银行也不愿意提供融资，更是难以得到股东的认同，在并购实务中鲜有成功案例。

二、产品市场的治理效应

产品市场对企业经营者的监督与约束效应取决于产品市场是否充分竞争。如果市场上有数量众多的类似产品、替代产品存在，企业要在如此的竞争中胜出，就要在产品性能、质量、价格以及销售手段等方面竭力改进，方能获得能抵补投入的销售收入，进而获得剩余价值，即利润。如果企业在产品市场竞争中失利，不能为所有者带来利润，那么企业经营者就将遭到降薪、解雇甚至法律追责等惩罚。因此，为了避免被惩罚，企业经营者就会尽力履职，努力提高经营绩效。相反，如果企业在市场上没有竞争对手，企业经营者就不会感到竞争压力，也就不会有竭尽全力的动机。

日本国有企业的产品市场既有竞争领域的，也有非竞争领域的。电信电话、邮政、铁路、地铁、工业酒精等领域的国有企业，在竞争中既实现了公益性功能，又显示了市场生存能力，可以说产品市场对这些企业的经营产生了促进作用。下面举两个例子来说明。

一个是 1985 年被民营化的日本电信电话公司，它的产品市场是存在竞争的，对企业经营者是有压力的。1985 年之前，日本的电话市场由国有企业垄断，产品只此一家。而在那之后，国家允许民间企业进入通信市场，现在拥有自己通信网络的有包括日本电信电话公司在内的 4 家企业，其他借用网络经营的电信商有十几家，但日本电信电话公司的市场份额一直有五成多。然而，从以前的独占垄断到现在的只占一半份额，对于日本电信电话公司来说是个巨大的压力。近些年，日本电信电话公司在市场上面临韩国手机、美国星链的挑战，在技术上面临缺少 5G 技术、缺少芯片的危机。为了打开局面，日本电信电话公司实施了自主光传输通信平台战略，计划构建耗电量力争降至 1/100 的通信平台，在各国尚未敲定国际标准的 6G 领域掌握主导权。由于企业经营者的努力工作，日本电信电话公司的股价、收益近些年保持了上升趋势，不仅为政府等所有者带来了经济利益，而且也为国家积累了未来技术发展的资源。

另一个是处于竞争市场的是日本邮政公司。近年来，电子通信、物流业的发展彻底替代了信件、电报、邮包等，使日本邮政公司的传统业务量大减，陷入了极大的危机。对邮政产业，日本政府采取了放弃百分之百国有国营、引进民间资本、引进竞争机制的策略。在竞争市场中，日本邮政公司现在努力为改变困境而采取各种措施，如开展储蓄、保险业务等。这个企业有可能成为国有企业因产品市场的压力而振兴的案例。

此外，烟草、高速公路、政策性银行、政策性投资基金、海关系统等国有企业，在销售产品和服务时不会遇到竞争对手。因为政府为它们设定了特定的经营领域，这个领域不许其他企业进入。比如，日本烟草公司，为了尽可能多地获取税收，政府就为它设计了独家经营的特权，根本就不存在市场竞争。对于各地的高速公路公司，它们占有的空间是绝对排他的，提供的服务是独一无二的。对于日本政策金融公库、产业革新投资机构等提供金融服务的国有企业，它们的业务领域，如政策性投融资也都是不允许其他企业进入竞争的，提供的金融服务也是绝对优惠的，如利息低、额度大、无担保等。总之，这些国有企业不存在产品市场的竞争和危机。

从理论上讲，没有产品市场的竞争就没有经营者的殚精竭虑，就没有所有者的最大利润。然而，从现实来看，这也不是绝对的。因为日本这些国有企业的经营绩效也不差，它们的经营者应该说是履行了应尽的义务，为所有者带来了利润回报并且创造了社会效益。一个重要原因是政府对这些企业制定了严格的监管制度，公司治理相对完善。这说明虽然产品市场不具有监督约束效应，但如果其他方面（公司治理、政府监管）能够对经营者进行约束的话，那么经营者也会尽力履职，使政府对国有企业制定的政策目标得到实现。

三、经理人市场的治理效应

经理人市场是企业经营者配置的一种方式。简单地说，就是按照市场规律选聘企业经营者和设计企业经营者报酬。在经理人市场上，企业经营者的身价是由个人信誉（过往绩效）来决定的。企业经营者的过往绩效好，市场评价就好。相反，过往绩效差，市场评价就差。如果企业经营者带领企业发展，保持良好的业绩，该经营者就可以继续被聘任并且获得较高报酬，但是，他如果把企业搞垮了，就会失去工作。因此，经理人市场迫使企业经营者在企业有所作为，这就是经理人市场的激励与约束功能。按照以上理论逻辑，经理人市场若成立，需要包含三个要素，即经营者的企业间流动、可观察的经营绩效和可比较的报酬。

根据日本 33 家国有企业的资料（见附表 6），现任总裁中有 21 人是内部晋升，即大学毕业后就进入该企业或系统，一直工作到出任总裁。这里的企业是指特定的国有企业，如东日本高速公路公司。系统是指公务员的工作部门，如建设省（2001 年被并入国土交通省）。建设省是行政机关，管辖各地的高速公路公司。因此，从建设省到各个高速公路公司实际上是一个系统。大学毕业后进入建设省当公务员，之后从科长、局长一直晋升到高速公路公司总裁，这实际上就是内部晋升。

另 12 人是外部聘任，属于从经理人市场引进。这些人最初入职的是另外的企业或系统，一直工作到经营高层或总裁，之后才被聘任到现在的总裁岗位。由此可见，在日本国有企业的总裁中，经理人市场引进的比例为 36%，而内部晋升的比例为 64%。从经理人市场三要素理论来看，可以确认约有 1/3 强的日本国有企业存在着总裁的流动，表明作为搞活国有企业的手段得到了一定程度的重视。然而，没有发现关于这些人士的过往绩效、过往报酬的资料。只能推断说，既然这些人被聘任为总裁，那么企业一定对他们的过往绩效满意，而他们也对现在的报酬满意。换言之，这些人的过往绩效是不错的，现在的报酬也与其过往绩效相符合。

总之，经理人市场对日本国有企业的治理效应确实存在，但不是主流。经营者人才的主流来源是内部晋升。

第三节 国有经济的政府监管

日本对每个国有企业都制定了专门的法律。政府监管就是依据这些法律来执行的。法律规定政府对国有企业负有监督责任，但同时要保障国有企业的经营自主性和灵活性。换言之，政府监管既要能够维护所有者的权益，又要充分发挥企业的经营自主性。日本的政府监管涉及股权、人事及治理机构、业务计划及财务预决算、罚则等多个方面。基本采用报批形式，只有个别时候会直接检查。监管主体明确，规定了每个国有企业的主管机构，同时也规定了内阁、国会和会计检查院的监管事项。在正常情况下，国有企业主要接受主管部门的监管。政府对每个企业的监管，既有相同之处，又有不同之处。较明显的不同集中在治理机构、财务预决算以及绩效审核方面。下面根据日本法律对政府监管的内容进行梳理和分析。

日本法律规定了监管的具体事项。不同的企业有不同的事项，即使是相同的事项，其具体内容有时也有差别。总的来说，政府对国有企业监管的基本事项包括政府持股、股票与债券、经营者人事、治理机构、章程变更、重要财产的转让、审查业务计划、预算、审核财务诸表、特殊状况的监督和处罚。

一、政府持股

法律对多数国有企业都设置了政府持股数量的下限。这保证了国家的控股权。有资料可查的34家日本国有企业（26家特殊法人型特殊公司和8家许可法人型特殊公司）中，26家企业有政府持股数量的条款，8家企业没有这方面的条款。

从有条款的企业来看，它分为四类。第一类企业的政府持股数量不得低于发行总量的1/3，共有12家，分别是日本电信电话公司以及2家子公司、日本邮政公司以及1家子公司、日本烟草公司、东日本高速公路公司、中日本高速公路公司、西日本高速公路公司、首都高速公路公司、阪神高速公路公司和本州四国高速公路公司。第二类企业的政府持股数量不得低于发行总量的1/2，共有10家，分别是新关西国际机场公司、进出口及港湾相关信息处理中心公司、中间储藏与环境安全事务公司、地区经济活性化支援机构、农林渔业成长产业化支援机构、民间资金等活用事业推进机构、海外需求开拓支援机构、海外交通及城市开发事业支援机构、海外通信、广播及邮件事业支援机构和东日本大地震经营者复兴支援机构。第三类企业的政府持股数量不得低于发行总量的 2/3，有 1 家，为产业革新投资机构。第四类企业的政府持股数量是 100%，共有 3 家，分别是日本政府金融公库、国际协力银行和日本贸易保险公司。

　　没有政府持股限制的企业，是日本政策投资银行、商工组合中央金库、成田国际机场公司、东京地铁公司、北海道旅客铁路公司、四国旅客铁路公司、日本货物铁路公司和日本酒精产业公司。这些企业大都有民营化的计划。如日本政策投资银行、商工组合中央金库就有"公司以完全民营化为目的……实施经营"的明文规定。北海道旅客铁路公司、四国旅客铁路公司、日本货物铁路公司、日本酒精产业公司这些企业的民营化也一直是政府的议题。

二、股票与债券

　　这方面的基本规定是，"国有企业发行股票、新股预约权、公司债券，或者交换股票、新股预约权和公司债券时，必须取得主管大臣的批准，否则无效。企业通过行使新股预约权来发行股票时，要立刻向主管大臣报告"。但是，每个企业的具体内容稍有不同。有的企业没有公司债券方面的要求，如日本电信电话公司、日本邮政公司、日本烟草公司就没有债券的规定，但北海道旅客铁路公司、四国旅客铁路公司、日本货物铁路公司、成田国际机场公司、日本酒精产业公司以及 6 家高速公路公司就有债券方面的规定。对股票与债券进行监管，既是为了防止国有企业股权分散，也是为了控制国有企业债务水平。如北海道旅客铁路公司、四国旅客铁路公司常年亏损，必须严格监管其债券发行。另外，对国有银行还要求制定发行债券、借款的基本方针并取得主管大臣的批准。对投资基金，要求发行公司债券、向其他金融机构贷款前报请主管大臣批准。

三、经营者人事

　　经营者包括董事、监事以及执行官。对经营者人事的监管采用报批形式。基本规定为"经营者的任免决议必须取得主管大臣的批准，否则无效"。但是，不同企业的具体内容是有差别的。这大致可以划分为三个类型。

　　第一类只要求董事、监事的任免决议必须取得主管大臣的批准。从监管程度来看，这是 3 个类型中相对最弱的。这类企业共有 13 家，分别是日本电信电话公司以及 2 家子公司、日本邮政公司以及 1 家子公司，以及地区经济活性化支援机构 8 家投资基金。

第二类要求代表董事、代表执行官，以及董事兼监查委员、监事的任免决议必须取得主管大臣的批准。这里重视对公司最高经营者（代表董事、代表执行官）的监管，监管程度与第一类相比可谓严格。这类企业有 16 家，分别是日本烟草公司、日本酒精产业公司、成田国际机场公司、新关西国际机场公司、东京地铁公司、北海道旅客铁路公司、四国旅客铁路公司、日本货物铁路公司、东日本高速公路公司、中日本高速公路公司、西日本高速公路公司、首都高速公路公司、阪神高速公路公司、本州四国高速公路公司、进出口及港湾相关信息处理中心公司和中间储藏与环境安全事务公司。

第三类除了要求董事、执行官、监事的任免决议必须取得主管大臣的批准外，还要求代表董事、代表执行官的任免决议也必须取得批准，并且还明确了政府职员以及公司董事、执行官、监事的兼职限制事项。比如，政府或地方政府的职员（非专职者除外）不得担任公司的董事、执行官和监事；公司的董事、执行官和监事不得在公司以外的、以营利为目的的机构担任董事、执行官和监事。但当主管大臣认为不影响本职时也可以批准。还有的规定，公司的常务董事不得在其他公司担任常务董事，不得从事有报酬的职务，或者不得自己经营企业，除非行业主管大臣批准。这类监管是三个类型中最为严格的，适用于银行、保险企业，包括日本金融公库、日本政策投资银行、国际协力银行、商工组合中央金库和日本贸易保险公司。

日本国有企业的经营者人事中，一直存在着"天降"董事问题，即从政府机构退休后的官员去国有企业任董事。这种现象遍及几乎所有的国有企业。从所有者监管的角度来看，政府派遣自己人去任董事是合情合理的，可以起到看护国家资产的作用。但是，"天降"一直为社会所诟病。之所以如此，是因为这些"由官变民"者的待遇问题。"天降"者在政府机构都是高级公务员，退休金一般是年薪的 2 倍以上。他们到企业任董事后，年薪一般都会比公务员高，并且退休时又可以再拿一次退休金。有的"天降"者甚至先后在多家国有企业任董事，这意味着可以多次获取退休金。这引起了平民百姓的强烈不满，一直是大众媒体批评的对象。但官员们却乐此不疲，2010 年时"天降"泛滥，日本邮政、日本政策投资银行等 26 家国有企业中"天降"董事竟然达到了董事总数的一半。当时的政府终于不得不立下新规，在一年内将原公务员董事缩减为董事数的 1/3。并且，在国家 100% 持股的企业都要设立第三方委员会对董事人选进行审核，最终要由主管大臣认可。

四、治理机构

日本的国有企业基本上都是依据《日本公司法》来设置治理机构的，但对许可法人型特殊公司（从事投资基金的国有企业）有特殊的规定，这些企业必须设立董事会的授权机构（委员会）。该委员会受董事会委托负责对公司的重要经营事项做出决定。以地区经济活性化支援机构为例。法律规定，地区经济活性化支援机构必须设置地区经济活性化支援委员会。委员会受董事会委托负责以下事项：是否对企业提供复兴支援；是否购买债券；是否延长债券持有期；是否对企业出资；是否对企业提供某项具体支援；是否购买某个债券；是否对某个企业联盟出资；是否出售债券、股票以及转让股票；等等。委员会由 3~7 名董事组成，其中外部董事人数比例过半。公司的代表董事（即董事长）必须是委员。委员由董事会投票决定。委员会成员的任免决议必须报请主管大臣批准。每个委员独立执行职务。委员会设委员长，由委员选举决定。委员长负责管理委员会。委员会必须在委员长出席并且 2/3 的委员出席时举行会议和投票。委员会的决议按照投票数过半原则来决定。监事出席委员会的会议，必要时发表意见。委员会的决议内容由委员会所指定的委员在会议后立刻汇报给董事会。委员会必须按规定做好会议记录工作。

五、章程变更

关于"章程变更"条款有两种不同的表述。第一种表述规定，"公司章程的变更、利润分配、合并、分拆以及解散的决议，必须取得主管大臣的批准，否则无效"。持这种表述的企业有 22 家，占 34 家有资料可查企业的六成。第二种表述规定，"公司章程的变更、合并、分拆、业务转让、外包以及解散的决议，必须取得行业主管大臣的批准，否则无效"。持第二种表述的企业有 11 家，占四成。持第二种表述的企业都是银行、保险、投资基金。有关这些金融企业的利润分配，虽然"章程变更等"条款中没有提及，但在"财务及会计"条款中有明确规定，称"利润分配以及其他利润处分的决议，要报请主管大臣批准，否则无效"。

六、重要财产的转让

为了防止国有资产流失，日本对拥有铁路、公路、电话线路、工厂、设备等重要财产的国有企业制定了严格的监管条款。有资料可查的 34 家国有企业中，18 家有这方面的法律规定。比如，对日本电信电话公司及其 2 家子公司规定，"地区公司（指 2 家负责业务的子公司）转让电气通信干线路以及与此同等重要的电气通信设备，或者把它作为抵押物，必须取得主管大臣的批准"。对日本烟草公司规定，"公司转让制造工厂以及与此同等重要的财产，或者把它作为抵押物，必须取得主管大臣的批准"。对北海道旅客铁路公司、四国旅客铁路公司、日本货物铁路公司、日本酒精产业公司、成田国际机场公司、新关西国际机场公司、进出口与港湾相关信息处理中心公司、中间储藏与环境安全事务公司以及 6 家高速公路公司规定，"公司转让法律规定的重要财产，或者把它作为抵押物，必须取得主管大臣的批准"。

七、审查业务计划

审查业务计划是日本政府监管的重要方面。它可分为两种情况。一是对非金融企业，要求"在每个营业年度开始前，必须制订年度业务计划，报请主管大臣批准。计划变更时也相同"。二是对金融企业（如银行、投资基金等），则要求"在提交预算时附上年度业务计划和资金计划"。

八、预算

日本对国有银行、保险公司、投资基金的预算进行监管。其基本内容包括预算的编制与提交、预算的形式与内容、预算审议、预算通知以及预算的使用限制等。下面以国际协力银行为例进行说明。依据法律，企业必须制定每个营业年度的收入及支出预算，并提交给财务大臣。收入包括贷款利息、企业债券利息、出资分红、债务担保费等资产运作收入。支出包括业务运营费、业务委托费、借款等。财务大臣收到企业提交的预算后要进行审查，需要时进行调整，再提交给内阁审议。内阁审议之后，和国家预算一起提交给国会审议。预算的形式和内容由财务大臣来决定。企业在提交预算时，同时要提交该营业年度的业务计划和资金计划、上个营业年度的资产负债表与损益计算书和财产目录，以及该营业年度的预期资产负债表和预期损益计算书。国会对企业的预算进行审议并表决。表决通过后经由财务大臣通知企业，同时通知会计检查院。企业在接到通知前不得执行预算。补充预算、临时预算的编制与提交过程基本上也一样。企业必须按照既定目的使用预算。没有财务大臣的批准，企业不能挪用列入预算的经费款项。如果挪用取得了财务大臣的批准，必须立刻通知会计检查院。

九、审核财务诸表

审核财务诸表是对企业经营绩效的监管。审核财务诸表可以了解国有企业的经营状况，及时发现问题并采取对策。有资料可查的 34 家国有企业都有与财务诸表相关的条款，都要求"企业在营业年度结束后的 3 个月之内，必须向主管大臣提交该年度的资产负债表、损益计算书和营业报告书"。和其他企业相比，银行的规定要更加严格一些，如规定同时提交财产目录；提交年度中期和年度的资产负债表、损益计算书和营业报告书。另外，法律还规定，银行在提交上述财务诸表后，必须编制决算报告书，附上监事等的意见，提交给财务大臣；财务大臣将决算报告书和上述财务诸表一起提交给内阁；内阁再交付给会计检察院。会计检查院对决算报告书进行审查后，提交给国会审议。政府对国有企业经营状况的监管信息全部对社会公开，不仅上市公司，而且非上市公司的资料全部都公开。同时，还公开一些企业的年度绩效审核报告。

十、特殊状况的监督

上面所提到的报批、审查、审核、审议是依据法律的"监查"行为。而这里的"监督"是指依据法律的监视、命令行为，与前面的"监查"相比，有明显的强制性，可以说是政府对国有企业的最高级别的监管。在上述监管正常执行时，是不会启动监督的。换言之，只有在普通监管不足以收到成效的特殊时期才会出现监督。法律规定，主管大臣在执行法律规定过程中认为有必要时，可以对企业发出监督命令，要求企业的监事对特定事项展开调查，提交特定内容的报告。企业的监事认为有必要时，可以向主管大臣提出特定内容的意见。

十一、处罚

为了规范国有企业经营者以及职员的行为，日本制定了处罚条例。被列入处罚清单的犯罪行为包括接受贿赂，要求贿赂，承诺贿赂，提供虚假报告，违反业务规定，从事法律禁止业务，未经批准发行股票、交换股票、处理股票等，未按规定提交业务计划等文件，以及其他职务上的不正当行为。处罚对象包括企业的董事、监事、会计顾问以及职员。处罚形式包括三种，即没收违法所得、罚款和有期徒刑。

第四章
日本国有经济的绩效

日本国有企业的绩效分三个部分进行考察，即功能定位、微观绩效和社会绩效。日本政府对每个国有企业的目标和业务范围都以法律形式进行了规定，这基本上就确定了各企业的功能定位。在对所有企业进行考察后，可以把它们的功能分为公益功能、弥补功能和政策功能三类。对于国有企业的微观绩效，以利润率或亏损率为指标对所有企业进行了考察，发现盈利企业多于亏损企业，并且盈利企业的利润率也没有过高，这有利于保证公益服务的可获得性和价格的可接受性。担负公益功能和弥补功能的少数几家亏损企业，都是由于新冠疫情冲击造成了绩效下滑。担负政策功能的亏损企业大都是基金机构，对它们原本就没有收支平衡的要求。日本国有企业在履行社会职能方面也有所作为，大多数企业都围绕着可持续发展目标，在环境保护、社会责任以及善待员工方面制定出了行动计划和评价目标，在履行社会职能方面取得了进展。

第一节　国有企业的功能定位

日本国有企业的功能定位可以概括为三点。一是公益功能。在电信、邮政、交通、机场、港口等基础设施方面提供广泛、公平、稳定的公共服务，有效保障国民生活与社会生产的正常运行。二是弥补功能。弥补市场缺陷，对缺少市场融资渠道的领域、群体提供资金，发挥政策性金融的作用。三是政策功能。应对社会经济中的紧急情况或特殊问题，推动国家政策的落实。

一、公益功能

日本国有企业中，19家分布在通信、邮政、轨道交通、道路交通、机场和港口领域。具体来看，通信3家，邮政2家，轨道交通4家，道路交通6家，机场和港口4家。它们在各自的领域提供保障国民生活和社会生产基本需求的公共服务。这些具有公益功能的企业，由于提供的服务不同，有着各自独特的服务对象和服务方式。以下根据法律规定、各企业的经营理念等资料，对日本国有企业的公益功能进行详细考察。

日本电信电话公司及其两家子公司的主业是提供电信电话服务。依据特别法，这些公司的重要使命就是为全社会提供普遍、公平和稳定的信息通信渠道，并且要肩负电信技术研究和传播责任，使日本的通信技术与时俱进、与世界俱进，推动社会经济进步。日本电信电话公司公布的愿景表示，作为具有公共性和企业性特点的企业，要充分发挥研究开发、信息通信基础设施、人才等多种管理资源和能力，通过与合作伙伴合作，推进数字化转型和企业社会责任，为解决社会问题发挥作用。

日本邮政公司及其一家子公司以邮政、快递物流、简易金融为主业。依据特别法，该公司的重要使命就是，以用户为导向、以便捷的方式为全国民众提供统一、普遍和公平的邮政、简便储蓄、理财、简易人寿保险服务。日本邮政公司公布的经营理念指出，公司要以邮政网路为基础，最大限度地发挥企业的创造性，以用户为中心设计、提供服务，为所在地的用户以及企业员工的生活幸福做出贡献。因为是国有的公共性企业，还特别表示要做到管理透明，遵纪守法，为社会和地区发展做出贡献。

轨道交通领域有4家国有企业。北海道旅客铁路公司的经营理念称，要把旅客安全放在首位，要不断提高服务质量，为北海道地区的发展做出贡献。日本货物铁路公司的经营理念是，有效利用全国铁路货物运输网络的资源，提供产业生产和国民生活所需要的综合物流服务。东京地铁公司表示，要通过提供安全、畅通的地铁运输，支撑首都东京的城市功能，为东京居民有活力的生活做出贡献。

道路交通的6家企业属于同一集团，分别在日本东部、中部、西部地区以及首都圈、阪神圈和四国本州联络圈提供高速公路服务。依据特别法，这些公司的使命是对高速公路进行新设、改建、维护、修缮以及有效管理，保证道路交通的畅通无阻。

机场和港口企业有 4 家。这些企业的基本功能就是提供便捷的过往服务。这不仅包括货物运输，还包括具有极大潜在可能性的观光服务。成田国际机场公司的经营理念就是，为航空运输利用者提供便捷的服务，促进航空产业的综合发展，提升日本产业特别是观光产业的国际竞争力。关西国际机场公司表示，要强化国际汇聚点的功能，吸引更多的国际航班，提升日本产业特别是观光产业的国际竞争力，为关西地区经济发展做出贡献。进出口与港湾相关信息处理中心公司的主要职能是，进出口业务电子信息系统的运营管理，这种业务保证了国际客运、货运通关手续的快捷性和正确性，发挥着国际性的公益功能。

综上所述，日本国有企业实现公益功能的行为中实际上包含三个要素。一是社会目标。国有企业都根据自身的业务内容设定了服务目标，就是要保障国民生活和社会生产的正常运行，这也可以说是国有企业的社会责任。二是实现社会目标的原则，如确保服务的普遍性、公平性、稳定性、畅通性、便捷性、安全性等。值得注意的是，没有企业将自身的经济收益作为原则。三是实现社会目标的手段。日本国有企业注重研究开发新技术和应用新技术，因此，其提供的产品和服务的性能、质量都能不断提升。

二、弥补功能

5 家政策性金融企业，包括 4 家银行和 1 家保险公司承担着弥补资本市场缺陷的功能，对缺少商业金融的领域及群体提供政策性金融服务。

日本政策金融公库的功能定位包括两个部分。一是弥补商业金融缺陷。在商业银行不作为的领域及群体，为经济信用薄弱的民众、中小企业和农林渔业者提供融资、担保服务。二是维护国民基本生活和社会经济秩序。当国内外经济危机、大规模自然灾害、恐怖袭击、瘟疫出现时，提供紧急融资服务，稳定经济发展和国民生活。

日本政策投资银行的业务是根据政策对特定企业进行出资、融资、债务担保。为了能长期、稳定地提供政策金融服务，该银行不仅仅依靠财政投资，自身还通过债券和长期贷款等方式从市场筹措资金，起到了引领市场资金流向的作用。

海外重要资源的开发风险大，民营银行会望而生畏。但提高日本产业的国际竞争力和保护地球环境这些方面的投资不可缺少。国际协力银行把业务定位于海外业务投资，弥补了商业金融的不足。

商工组合中央金库的功能定位是扶持中小企业。中小企业在就业、国民经济产出方面发挥着巨大作用，但在融资方面遭遇着极大的困难。商工组合中央金库就是为弥补这方面的市场缺陷，由政府与民间企业共同出资的金融机构。该公司有自己的中小企业信用评价制度，并且接受存款、发行债券，试图摸索出通过市场机制援助中小企业的道路。

进出口、海外投融资的保险风险高，是缺少商业保险的领域。日本贸易保险公司以国家力量为企业的海外发展提供了保障，解决了企业的后顾之忧，在对外贸易的健康发展上有着极大的贡献。

三、政策功能

日本政府为了应对一些现在正在发生的社会经济问题，往往会建立"支援机构"，以投资基金的形式向特定地区、产业及企业进行资金、咨询等援助。日本现有8家这样的机构，都采用股份公司的形式，它们的功能定位一言以蔽之，就是落实国家政策。但由于政策的内容不同，所以这8家支援机构也都有更具体的功能定位。

（1）地区经济活性化支援机构的功能定位是，向相对落后地区的中小企业等提供投资、购买企业债券、担保、经营咨询，以此来推动地区产业、企业集团的变革与重组，促进地区经济的新陈代谢和持续发展。

（2）产业革新投资机构的功能定位是，落实《产业竞争力强化法》及其经济政策，用投资等形式援助大学、研究机构、中小企业将专利、尖端技术商业化，建立新企业，与大企业联手发展新产业。

（3）农林渔业成长产业化支援机构的功能定位是，向农林渔业者提供融资，支持他们开发和生产新产品，开发、改进和引进新的销售方式，开发新服务新需求，利用可再生能源促进农林渔业的稳定发展和农林渔业者的收入提高。

（4）民间资金等活用事业推进机构的功能定位是，诱导、协助民间资本进入公共设施运营业务，以此为契机引进民间优秀的管理能力和技术能力，提高社会资本的运营效率和效果，确保向国民提供低成本、高质量的社会服务。

（5）海外需求开拓支援机构的功能定位是，对向海外推送日本生活方式、文化相关产品或服务的企业提供资金，促进此类商品或服务海外市场的扩大，创造日本经济可持续增长的新产业。

（6）海外交通与城市开发事业支援机构是专门向国外推销日本基础设施技术

的机构，其功能定位就是通过向特定企业出资、派遣管理与技术专家、与当地国政府进行交涉、提供政策咨询的方式，提升日本在外国市场中的竞争地位。

（7）海外通信、广播与邮件事业支援机构的功能定位就是，落实日本2016年5月制定的"扩大高质量基础设施出口政策"，5年间投入2 000亿美元，支持日本企业扩大在国外的通信、广播、邮件业务。

（8）东日本大地震经营者复兴支援机构的功能定位就是，对2013年"3·11"大地震罹灾地区的企业重振提供支援，具体方法是以购买企业债券等形式提供资金援助。

此外，"3·11"大地震造成核电站放射性物质泄漏，产生了大量污染水和土壤，为了处理这些有害物，日本专门成立了中间储藏与环境安全事务公司来承担这项任务。该公司的功能定位就是，安全储存放射性物质污染物和多氯联苯废弃物，研究与开发处理技术并向社会推广。

四、其他功能

其他功能是指从经济学逻辑推导不出的功能。以上的公益功能、弥补功能和政策功能都是从经济学的视角来论述的，但对日本烟草公司和日本酒精产业公司这样的国有企业，难以同样定位，只好用"其他功能"来归纳。

日本《香烟事业法》规定了日本烟草公司的功能定位，就是通过生产、销售和进口香烟，为财政收入做出贡献。简言之，就是利用国家力量向烟民收税。

对于日本酒精产业公司，法律规定其功能定位是防止把酒精违法用作酒类的原料，正确地进行酒精的生产、进口以及销售事业。

第二节 国有企业的微观绩效

日本所有的国有企业都采用了股份公司的形式，这就意味着国有企业必须按照规范的会计方法记录财务状况。从日本国有企业公布的业务报告来看，它们在描述经营绩效时会使用很多财务指标，如销售额、营业收入、营业利润、经常收入、经常利润、当期净利润、净资产额等。上市公司还会使用股东权益、每股股东权益、基本每股当期收益、稀释每股当期收益、股东权益比率、市盈率等指标。虽然指标很多，但是使用最多的指标是营业收入、营业利润、经常收入、经常利润。调查 32 家日本国有企业最新年度（2021 年）的财务报表，并计算各自的利润率（营业利润 ÷ 营业收入 ×100%）或亏损率（营业亏损 ÷ 营业收入 ×100%），可以看到，其中 18 家企业是盈利的，14 家企业是亏损的（见附表 7）。需要说明的是，这里只计算了日本电信电话公司、日本邮政公司合并计算的利润率，没有单独计算日本电信电话公司的 2 个子公司（东日本电信电话公司、西日本电信电话公司）和日本邮政公司的子公司（日本邮件公司）的利润率。

一、公益功能类企业

定位于公益功能的通信、邮政、轨道交通、道路交通、机场和港口企业有 16 家，其中 11 家盈利，5 家亏损。具体来看，横滨川崎国际港湾公司、日本电信电话公司、新关西国际机场公司、日本邮政公司、进出口与港湾相关信息处理中心公司 5 家企业取得了较高的利润率。首都高速公路公司、中日本高速公路公司、日本货物铁路公司、西日本高速公路公司、本州四国联络高速公路公司、阪神高速公路公司 6 家企业实现了盈亏平衡。这说明这些企业提供的公益产品或服务被社会所需要，投资得到了回报，没有给政府增添财务负担。调查还发现，道路交通、轨道交通企业的利润率分布在 0.4%~1.5% 之间，这在日本企业中属于低水平。这些企业经营的是垄断性业务，要提高利润率只要涨价就行。但如果这样，就会增加国民负担，会引起公愤。日本政府对高速公路收费、地铁收费是有限制措施的，不允许企业随意涨价。0.4%~1.5% 的利润率是一个含有多层意义的数字：它显得很低，但没有亏损，这显示了企业经营的效果；它盈利了，不需要政府再投入国民汗水结晶的税金；它没有过高，是因为政府约束，没有引发大规模的社会不满。尽管如此，与不收费的美国公路相比，日本的高速公路收费一直是社会诟病的对象。

但是，东日本高速公路公司、东京地铁公司、成田国际机场公司 3 家企业 2021 年度出现了亏损。进一步查证发现，这 3 家企业在 2020 年以前都是盈利的，2021 年之所以亏损，不是因为结构性原因，而是因为不可抗的突发原因，即新冠疫情造成的人流锐减。另外，四国旅客铁路公司、北海道旅客铁路公司是多年亏损的企业，但日本政府并没有因为亏损而关停这两家铁路公司，因为它们位于地广人稀的日本西南部和东北部，如果没有了铁路运输，这些地方的人口流失、经济衰退会更进一步加剧。这里凸显出了国有企业承担公益功能的意义。

二、弥补功能类企业

承担弥补功能的 5 家金融企业中，日本政策投资银行、商工组合中央金库、国际协力银行是盈利的，但日本政策金融公库、日本贸易保险公司是亏损的。尤其是日本政策金融公库的亏损率竟然高达 88.6%。日本政策金融公库之所以亏损，很可能跟大规模新冠疫情相关的贷款有关系。该公库在 2020 年以前基本没有亏损。疫情出现后，日本政策金融公库充分发挥了危机时期"安全网"的作用，通过小额贷款支持一般国民、中小企业、小规模业者周转资金，渡过难关。依据该公司《业务报告》，日本政策金融公库从 2020 年 1 月开始了新冠疫情相关贷款业务，到 2022 年 3 月已累计贷款 102 万件，累计贷款额为 17 兆日元。日本政策金融公库还在 2020 年 8 月新设了"新冠疫情对策特别贷款"业务，帮助中小企业、小规模业者减轻因新冠疫情造成的损失。截至 2033 年 3 月，该业务累计贷款 5 000 件，累计贷款额为 7 000 亿日元。日本政策金融公库的业务包括一般国民业务、农林水产业者业务、中小企业贷款与证券化担保业务、中小企业证券化支持业务、信用保险业务、危机对策业务、特别贷款业务 8 项。因为疫情导致人流、物流减少的原因，严重影响了贷款者的业务进行，使中小企业和一般国民丧失还贷能力，而政策金融公库不仅贷款回收困难，还要承担贷款保险、信用保险的损失。2022 年除了农林水产业者业务、中小企业证券化支持业务 2 项盈利以外，其余 6 项都是亏损的。其中，中小企业贷款与证券化担保业务亏损占比为 44.3%，信用保险业务亏损占比为 36.7%，一般国民业务亏损占比为 13.2%。这说明对中小企业、一般国民的大规模贷款是导致日本政策金融公库亏损的原因。但这也凸显了国有企业所具有的独特作用和存在价值。而日本贸易保险公司的利润亏损为 1.4%，数值较小，应该说是在国有企业发挥弥补功能时的合理损耗范围内。

三、政策功能类企业

承担政策功能的亏损企业数量较多，9 家企业中竟有 6 家亏损，亏损率最高的是海外交通及城市开发事业支援机构，高达 1 222.3%。政策功能类的国有企业都是为实施特定政策成立的支援机构，初始目的就是对出现紧急状况或特殊问题的行业、地区及群体投入资源，亏损是预想之中的。但是，支援机构中也有 2 家盈利的，并且利润率是国有企业中最高的，即民间资金等活用事业推进机构（71.7%）、中间储藏与环境安全事务公司（36.3%）。民间资金等活用事业推进机构的业务是对民营企业运营的公共设施投资，以此减轻民营企业的资金压力，利用民营企业的管理和技术能力盘活公共资源。日本有很多政府投资兴建的场馆设施，但大都亏损运营，带来了财政负担。民间资金等活用事业推进机构用出资形式诱导民营企业接手运营，从结果看，这个方法是有效的，还带来了收益。中间储藏与环境安全事务公司之所以盈利，是因为2013年"3·11"大地震核电泄漏带来了大量的核辐射污染水及土壤，以及近年大量出现多氯联苯废弃物，而能够接受这些有害物的只有该公司独一家，所以取得了优异的绩效。

四、其他功能类企业

最后来看日本烟草公司和日本酒精产业公司。日本烟草公司的盈利率为26.3%。该公司独占日本烟草市场，有如此高的利润率不足为奇。日本酒精产业公司也有了利润率1.5%的良好绩效。

日本国有企业都采取了独立核算制度，对公益功能、弥补功能类的企业，政府虽不一味要求盈利，但亏损也是要计较的。以前的日本国有铁路（公社）就是因为亏损太大才被民营化了。现有的公益功能、弥补功能类的企业大都盈利，绩效可谓良好。日本政策金融公库的亏损，经查证是与疫情期间大量放出贷款但回收贷款困难有关，与其说是绩效不好，不如说是在危机时刻拯救弱者、弥补市场失败的正确行为。而日本贸易保险公司则属于与市场机制无缘的领域，它的业务目的基本上就是公益，盈利最初就没有在其考量范围内。至于因担负政策功能而亏损的支援机构，很多都是有存在时间限制的，随着形势变化和政策落实程度的提高，这些机构都将被撤销。

第三节　国有企业的社会绩效

可持续发展是当今世界各国都在追求的社会发展目标。日本的国有企业大都把可持续发展作为战略、决策和价值创造的核心，把为可持续发展做出贡献视为应该履行的社会职能。调查发现，几乎所有的日本国有企业都有可持续发展战略或行动宪章。其内容大致包括三个方面，即保护环境、促进社会发展、善待员工。这三个方面涉及非常多的社会问题，涵盖环境、法律、社会准则、规范、价值观、慈善等多个领域。它们实质上是社会期望企业履行的环境责任、社会责任和员工责任。这表明日本国有企业不仅承担经济职能，而且关注社会重大问题和回应社会期望，为可持续发展的实现而履行社会职能。

日本国有企业都采取以目标为驱动、以行动为导向的方式来落实可持续发展战略或行动宪章。它们将可持续发展战略或行动宪章的目标分解为若干部分，在每个部分下面制定各种具体行动，还设置关键绩效指标来评价目标和行动的效果（即绩效）。大多数关键绩效指标采用定量形式，但也有少量指标是定性的。大多数企业都设置了可持续发展委员会，由企业总裁等高层经营管理人员来负责。

调查还发现，日本国有企业虽然都有可持续发展战略或行动宪章以及类似计划，都强调对环境、社会和员工的责任，但在具体行动、指标以及绩效公开方式上有很大的差异。在政府对各个企业制定的特别法中，没有关于社会职能、社会责任方面的具体规定，所以企业没有硬性任务，也无规可循，很大程度上是由于受社会潮流的推动而自发地在做这方面的工作。对上市公司而言，东京证券交易所有公开社会责任信息的具体要求，所以国有上市企业的社会职能工作较全面、充实一些，而其他企业就显得有些空洞单薄，特别是经济绩效较差的企业。下面通过企业案例来提供日本国有企业社会职能的详细内容。

一、日本电信电话公司

日本电信电话公司将可持续发展视为应该履行的社会职能，制定了《可持续发展宪章》，设立了专门的推进委员会，由公司总裁担任委员长。

该《可持续发展宪章》将可持续发展的内容分解为三项职能，即自然共生职能、文化共荣职能、幸福最大化职能。自然共生是要维持生产和自然环境的平衡，在解决环境问题的过程中实现经济发展。文化共荣是要承认民主价值，包容多元文化，遵守法律规定和社会公德。幸福最大化是要尊重人权，推进个人多样性和包容性，最大限度地提高员工的幸福度。

以上 3 项职能又被分解为 9 个方面、30 项行动。为了掌握 3 项职能的实现程度，还设置了关键绩效指标（Key Performance Indicate，简称 KPI）。这些指标也被用来决定董事、执行官的报酬。下面具体来看 3 项职能、9 个方面和 30 项行动的内容。

（一）自然共生职能

该职能包括三个方面，即实现脱碳社会、实现循环社会、人与自然共生。

对应于实现脱碳社会方面有 5 项行动。①推进节能，使 2025 年电力效率比 2017 年提高 2 倍，2030 年使用车辆电动化率达到 100%。②自主光传输通信平台光（Innovative Optical and Wireless Network，简称 IOWW）降低电力消费量，按照"自然发展模型"，减少集团整体的温室气体排放量。日本对地球温暖化曾做了预测研究，提出了三种可能模型。基准发展模型（温室气体排放以现在的状态推移，无任何对策，温暖化结局最差）、自然发展模型（企业各自努力，但没有突破性技术出现，结局次好）、创新发展模型（再生能源和遏制温暖化技术出现，结局最好）。③开发和增大可再生能源的使用量，依靠自身努力，减少集团整体的温室气体排放量。④提供使用再生能源的服务，减少温室气体排放量。⑤推进下一代能源技术的研究开发。

对应于实现循环社会方面有 4 项行动。①推进通信设备、携带终端设备的再利用和再资源化，到 2030 年使集团整体排出废弃物的再资源化率达到 99% 以上。②减少塑料使用量，推进通信设备塑料零部件的循环利用。③遵守有害废弃物的法律规定，采取正确处理措施。④正确管理水资源，减少上水使用量，设置排水处理设施，防止化学物质泄漏。

对应于人与自然共生方面有 2 项行动。①严格实施环境评估，在建设数据中心建筑群时，按照集团《建筑绿色社会指南》，全面评估建筑群所在地以及周围环境的历史、社会、地理、生物环境特征，作为设计必备条件，减少环境污染和环境影响。②发挥各企业的信息传播能力，积极参与生态保护活动。

为了衡量以上行动的效果，这里设置了 6 项关键绩效指标。①温室气体排放效果。按集团、移动通信部门、数据中心分别设置。2020 年（已实现）：集团减少 399 万吨（比 2013 年减少 14%）；移动通信部门减少 141 万吨；数据中心减少 105 万吨。2030 年：集团比 2013 年减少 80%；移动通信部门、数据中心达到碳中和。2040 年：集团、移动通信部门、数据中心全部达到碳中和。②使用车辆电化率。2020 年（已实现）是 11%；2025 年是 50%；2030—2040 年是 100%。③单位通信量的电力效率。2020 年（已实现）是 2017 年的 1.7 倍、2013 年的 6.2 倍；未来要在 2025 年达到 2017 年的 2 倍；2030—2040 年是 2013 年的 10 倍。④对减少社会温室气体排放的贡献量。2020 年是上年度的 10.5 倍；未来要使 2030—2040 年保持在 10 倍的水平。对减少社会温室气体排放的贡献量，是日本发明的指标，已被国际电气标准会议（IEC）接受。其基本算法是，将使用新产品或新技术节省的电力换算成二氧化碳的排放量。日本电信电话公司的指标是，当年与前年相比，新技术或新产品节省电力换算成二氧化碳量的减少倍数。⑤废弃物的再资源化率。2020 年是 98.4%；2030—2040 年要达到 99% 以上。⑥采取所有可能的措施，致力于生态保护。

（二）文化共荣职能

该职能包括三个方面，即建立和共享伦理规范、推进数字化转型、使社会更安全安心与强韧化。

对应于建立和共享伦理规范方面有 4 项行动和 7 项关键绩效指标。①提高企业伦理观，每年伦理规范培训参加率达到 100%。②加强商业风险管理。这里的商业风险是指因为伦理观懈怠而带来的工作风险（conduct risk），如行贿受贿、政治献金、违反《禁止垄断法》等。其关键绩效指标是，违反《禁止垄断法》的行为件数为 0；行贿受贿行为件数为 0。③完善公司治理。明确以董事会为首的各部门的监督作用，从法律角度监视属下的工作行为。这里的具体指标也是违反《禁止垄断法》的行为件数为 0；行贿受贿行为件数为 0。④与商业伙伴享有共同的伦理观。鉴于商业伙伴的行为可能给自己带来风险，因此要让商业伙伴明白、赞同自己的伦理观，采取同样的守法行为。这里的具体指标也是违反《禁止垄断法》的行为件数为 0；行贿受贿行为件数为 0。

对应于推进数字化转型方面有 3 项行动和 3 项关键绩效指标。①推行 B2B2X 模式，用数字化技术为解决少子高龄化、教育、健康与医疗、振兴地区等社会问题贡献力量，具体指标是到 2023 年创造 6 000 亿日元的 B2B2X 收益额。B2B2X 模式是自己和第一层伙伴（B）、第二层伙伴（X）合作进行以创造新价值、解决社会课题为目的的业务模式。该模式的核心意义是将各合作伙伴的行业知识、顾客基础和日本电信电话公司的数字服务、数据管理技术结合起来，为合作伙伴客户（用户）提供新价值。比如，通过农作物的生长、栽培工程管理的数字化、制造工序、机械设备的数字化管理，来推进农林水产、制造、建筑、物流等产业价值链的进化。②尊重知识产权。在开展上述业务活动时，要注意知识产权问题，要创造更多的产权优势。其具体指标是使各年专利申请件数超过上一年。③发展地区基础设施建设，具体指标是使 2023 年的 5G 基地局覆盖率达到 97%。

对应于使社会更安全安心与强韧化方面有 3 项行动和 4 项关键绩效指标。①确保服务的安全性和信赖性。作为数字社会基础设施的企业，要开发、维持技术力量以应对自然灾害、数字灾害（网络攻击）、流行病的冲击，向社会提供安全、安心的保护，增强社会的弹性。其具体指标是，重大事故发生件数为 0；稳定服务提供率为 99.99%。②信息安全保障。其具体指标是网络攻击造成服务停止件数为 0。③推进在线工作方式，构建分散型社会。在后疫情时代，推进业务变革和数字化转型，改革制度，改进信息化环境，构建以在线工作为基本的新工作方式。其具体指标是重大个人信息流失件数（每年）为0。

（三）幸福最大化职能

幸福最大化职能包括三个方面，即尊重人权、推进多样性与包容性、构建新的工作方式与工作环境。

对应与尊重人权方面有2项行动和3项关键绩效指标。①落实人权方针。日本电信电话公司2011年制定了新的人权方针，要求全体员工要正确理解各国、各地区的法律、文化、宗教及价值观，遵守国际条约。其具体指标是，人权培训参加率100%；侵犯人权行为发生件数为0。②促进社会尊重人权。如果供应商牵涉侵犯人权就会给自己带来不良影响。因此要向包括供应商在内的全体利益相关者宣扬人权的意义。其具体指标是与重要供应商的直接对话率为100%。

对应于推进多样性与包容性方面有3项行动和8项关键绩效指标。①推进各种人才的雇佣、培养、教育，充分发挥女性作用，创造有尊严、能够发挥潜能的劳动环境，提高员工幸福度。其具体指标是，新入职高校毕业生中女性比例为30%；新提拔女干部比例为30%；2025年女干部比例达到15%；2025年女性高管（董事、监事、执行官）比例达到25%~30%；2023年有外部从业经验的人才雇佣比例达到30%；离职率9%。②促进对LGBTQ的理解，发挥残障者的作用。多样化的价值观和个性是日本电信电话公司的优势。每个人都应该被无遗漏地包容、享有平等的机会和获得自我成长。其具体指标是残障者雇佣比例为2.3%。③提供育儿、看护支持。其具体指标是男员工育儿休假取得率为100%。

对应于构建新的工作方式与工作环境方面有4项行动和7项关键绩效指标。①推进在线工作。其具体指标是2022年在线工作实施率达70%。②保持人身事故零状态，保证员工身体健康。员工健康能提高士气和生产率，促进公司收益的增长。健康管理是公司经营战略的一个环节。其具体指标是，2022年的总劳动时间不超过1 800小时；劳动灾害事故发生率为0；施工中的严重人身事故发生件数为0；心理健康问题造成的休假人数比上一年减少3%。③促进员工自主开发能力。其具体指标是员工满意度提高。④无纸化。其具体指标是到2025年使纸张使用量降为0。

二、日本烟草公司

日本烟草公司认为企业在创造经济效益的同时，应该为可持续发展承担社会责任。该公司将社会责任分解为三个方面，将企业在这三个方面的行动效果称为"非财务绩效"。

（1）环境绩效。日本烟草公司计划在 2050 年将温室气体净排放量降为 0，并且使用由可再生能源产生的电力实现碳中和目标。其具体评价指标有温室气体排放量、用水量和废弃物产生量。2021 年，该公司的环境绩效总体良好。温室气体排放量方面，直接排放 35.9 万吨，间接排放（外购电力或蒸汽）34.9 万吨，延伸排放（原材料等供应链）547.3 万吨。2021 年与 2020 年比，直接排放增加 1.2 万吨，间接排放减少 2.5 万吨，延伸排放减少 33.9 万吨。此外，用水量为 985.6 万立方米，比 2020 年减少 37.1 万立方米；废弃物产生量为 12.4 万吨，比 2020 年减少 0.3 万吨。

（2）治理绩效。这是指公司内部治理结构的社会效应。因为管理模式、经营高层的人选等决定着社会职能决策与实施的效果，必须严加管控。日本烟草公司在 2021 年的治理报告中公布了董事及监事应有能力与现有能力的矩阵关系图，并且要从 2022 年开始将董事、监事及执行官的报酬纳入可持续发展指标中，作为衡量中长期持续发展的关键绩效指标。

（3）人权绩效。日本烟草公司 2021 年首次发布了《人权报告》（英文版），根据联合国人权理事会的《商业与人权指导原则》（UNGP），介绍了《日本烟草集团人权方针》、现在履行的人权义务以及对 9 个人权议题（童工、环境污染、不公正工资、强制劳动、性别歧视、有害劳动、健康风险、歧视、长时间劳动）采取的措施，并在 5 个国家进行了关于本公司人权状态的调查。日本烟草公司在世界各地有业务，2021 年作为对当地社会的回报，投资了 55 亿日元。日本烟草公司 2021 年获得"全球平等标准第 1 届认定企业"。全球平等标准（global equality standard）是评价性别机会平等、报酬水平等的一个国际标准。

三、东京地铁公司

东京地铁公司制定了"可持续发展战略"，把活跃社会作为自己的社会责任。东京地铁公司制定了 5 个目标，即使地铁安全有力、使人人天天有活力、使东京魅力价值无穷、使地铁对环境友好、共同创造新时代。为了评价各个目标行动的进展，还制定了以 2024 年和 2030 为目标的关键绩效指标（KPI），并且每年公布《可持续发展报告》，展示可持续发展战略的实施效果。下面具体介绍其各方面的关键绩效指标。

对应于使地铁安全有力的目标，设置了 4 个绩效指标。①运行事故件数（非本公司原因事故除外）。2024 年 0 件，2030 年 0 件。②潜在事故风险。2024 年 0 件，2030 年 0 件。③准时运行率。2024 年 98%，2030 年 98%。④防水设施建设率。2024 年 60%，2030 年 75%。

对应于使人人天天有活力的目标，设置了 5 个绩效指标。①顾客满意度（JCSI）。2024 年为 72% 以上，2030 年为 75% 以上。②车站无障碍通行率。2024 年是 93%，2030 年是 100%；③东京地铁志愿会员数。2024 年为 100 万人，2030 年为 150 万人。④扩大东京地铁电子卡的服务领域（定性目标）。2024 年提供各类出行信息和服务、交通路况信息，2030 年公布以上措施的实施效果。⑤提供用户定制服务（定性目标）。从 2024 年开始发布有关物流、广告、信息通信、新增商务开发等业务的内容和绩效。

对应于使东京魅力价值无穷的目标，设置了 3 个绩效指标。①地产开发件数。2022—2024 年为 2 件，2022—2030 年为 9 件。②沿线地区合作措施参与人数。2022—2024 年为 20 万人，2022—2030 年为 60 万人。③"城市旅游券"利用人数。2024 年为 25 万人，2030 年为 40 万人。

对应于使地铁对环境友好的目标，设置了 3 个绩效指标。①二氧化碳排放量。2024 年为 46.7 万吨以下（比 2013 年减少 20%），2030 年为 40.8 万吨以下（比 2013 年减少 30%）。②持续落实环境基本方针（定性目标）。2024 年、2030 年按照公司环境基本方针落实各项措施。③开展海外业务城市的数量。2022—2024 年为 49 个，2030 年公布经营绩效。

对应于共同创造新时代的目标，设置了 5 个绩效指标。①推进技术开发（定性目标）。从 2024 年起公布技术开发实施绩效。②专业人才培养（定性目标）。每年公布铁路技术专业人才培养绩效。③数据分析人才培养。从 2023 年起每年培养 25 名，2030 年公布培养绩效。④内部制造人才培养。从 2023 年起每年培养 40 名，2030 年公布培养绩效。⑤与合作伙伴共同创造新价值（定性目标）。从 2024 年起开始公布活动件数和绩效。

四、成田国际机场公司

成田国际机场公司的社会职能有两个特点。一是重视环境保护，把建设环境友好循环型机场作为可持续发展的目标；二是重视与所在地的关系，把地区发展作为自己的社会责任。

成田国际机场公司制定了"可持续发展战略 2050"。该战略分为四个方面，即周边环境战略、资源环境战略、气候变化战略和环境管理战略。为了掌握各战略的实施效果，还设定了具体的绩效指标，并且在每年的《环境报告》中进行披露。

周边环境战略有 2 个指标：低噪声型机型引进率、单位起降大气污染物排放量下降率。资源环境战略有 2 个指标：人均上水消费量下降率、人均废弃物排放量下降率。气候变化战略有 2 个指标：单位起降二氧化碳排放量下降率、单位起降能源消费量下降率。环境管理战略有 2 个指标：与所在地自治组织、供应商直接对话，与国内外机场合作减少环境负荷。这 2 个指标都是定性目标。

根据成田国际机场公司 2021 年对 2019 年的评估，以上 8 个指标中有 4 个达标，4 个未达标。具体来看：①周边环境战略绩效。低噪声型机型引进率为 93.7%，达标；单位起降大气污染物排放量下降 3%，离目标值 5% 还有距离。②资源环境战略绩效。人均上水消费量下降 9.1%，已超过目标值 3%；人均废弃物排放量下降 4.4%，离目标值 5% 还有距离。③气候变动战略绩效。单位起降二氧化碳排放量下降 4.9%，离目标值 7% 还有距离；单位起降能源消费量下降 5%，离目标值 11.9% 还有距离。④环境管理战略绩效。与所在地自治组织、供应商的对话取得了成效，已达标；与国内外机场合作使环境负荷减少，已达标。

成田国际机场公司持续增加机场建设投资，有力地促进了所在地的社会经济发展。成田机场的建设投资远远超过一般的公共投资，引进了大量的民间投资，总体金额巨大。这个巨大的投资为当地带来了就业机会和收入增加，并且随着相关设施的建设，使当地居民生活变得更加方便。如东关东汽车公路、港湾公路、国道 51 号以及铁路的建设，方便了当地与东京市区的联络；公路、上下水道、教育设施、农业设施等的建设，改进了当地生活环境；由于工业团地的建设吸引了民间企业投资，成田机场周边形成了利用机场优势的先端技术产业集群。此外，成田国际机场公司还积极参与所在地的教育文化活动，努力使成田国际机场成为最受当地人喜欢的机场。

五、日本政策金融公库

联合国 2015 年制定了 17 个可持续发展的目标，要在 2030 年之前解决这些阻碍社会发展的关键问题。而日本政策金融公库公布的为可持续发展社会所采取的行动，正是对联合国精神的全面落实，具体如下。①消灭贫困。为单亲家庭提供教育贷款。②消灭饥饿。为农户发展经营提供贷款；为农业创业者提供贷款；为农业渔业者进行六次产业化[①]提供贷款；为食品企业增加国产农林水产商品采购提供贷款。③提高社会健康与福祉水平。为完善医疗体系提供贷款。④支持高质量教育。举办高中生商业计划比赛，提供教育贷款，在大学开设研究成果普及讲座。⑤实现性别平等。积极提拔女性管理人员，促进男性员工参加家务、育儿、看护。⑥让世界有安全清洁的饮用水和厕所。为保护森林的多功能性提供资金。⑦绿色能源。为企业采取脱碳对策、节能对策提供融资。⑧支持个人和经济发展。在危机时期实施安全网措施，支持灾区复兴、创业，提供信用担保。推进在线办公、弹性工作。⑨支持产业与技术革新基础建设。对重点产业技术创新提供贷款。⑩消除不平等。推进多样性，积极雇用残障者。⑪支持地区振兴。对重点地区提供贷款。⑫制造责任与使用责任。节约能源使用，安全处理废弃物。⑬气候变动对策。加强业务系统的危机管理。⑭保护海洋生态。为强化养殖产业提供贷款。⑮保护陆地多样性。为保护林业持续健康发展提供融资，促进国产林木使用。⑯和平与公正。加强伦理规范，设置外部委员会进行评价和审查。⑰与合作伙伴关系。强化与供应商的对话，规避信息泄露等风险。

---

① 所谓六次产业化，是指鼓励农业企业在做属于第一产业的经营活动之外，还应对农产品深加工，直接提供给消费者，做属于第二产业、第三产业的经营活动。第一产业和第二产业和第三产业的简约化表示是"1.2.3次产业"，它们的数字和是"6"，因此便有"六次产业化"的恢谐说法。

第五章
日本国有经济的代表性企业

　　本章以日本电信电话公司、产业革新投资机构为例，详细说明日本国有经济的运作、监管模式以及发挥的作用。日本电信电话公司是日本最大的国有企业，在提供公益服务和推动技术发展方面发挥着重要作用。产业革新投资机构，是政府占 96.5% 股份的投资基金，该公司将国家资金投向符合产业政策目的的特定基金、企业，是日本政府通过资本市场干预经济的又一手段。

第一节　日本电信电话公司

　　日本电信电话公司的前身创建于 1869 年，当时是国有国营的政府机构。1952 年，日本为了扩大电报、电话服务以及提高公司运营效率，根据《日本电信电话公社法》将政府机构管辖的电信电话业务分离出来，成立了政府全资的日本电信电话公社。1985 年，日本电信电话公社改制为政府控股的股份公司——日本电信电话公司。1987 年，日本电信电话公司上市。如今，日本电信电话公司是日本最大的国有企业。2022 年，该公司总资产达 238 622 亿日元，营业收入达 121 564 亿日元，营业利润达 17 686 亿日元，员工人数为 333 850 人。

一、公司治理

　　日本电信电话公司采用持股集团体制。集团总公司使用"日本电信电话公司"的名称。集团总公司设有 13 个职能部门和研究所，负责集团整体的经营战略制定、相关技术的基础研究与开发。集团下属 964 家子公司，分布在通信技术业务、地区通信业务、国际业务、不动产其他业务四个领域。从内部治理来看，日本电信电话公司按照法律和公司章程设置了股东大会、董事会、监事会的治理机构，还制定了外部董事、外部监事、执行官、董事会附设委员会和绩效联动报酬制度，形成了权力机构、决策机构、监督机构和经营管理者之间的制衡机制。从外部治理来看，资本市场和产品市场对日本电信电话公司的经营活动具有监督与约束作用，但经理人市场的作用不明显。

（一）内部治理

日本电信电话公司按照《日本公司法》建立了股东大会、董事会、监事会的治理机构。股东大会每年 6 月举行，讨论董事会提交的各项重要议案，按照一股一票原则对议案进行表决。股东大会代表所有者的利益，是公司经营的最高决策机构。董事会原则上每月举行一次定期例会，在有必要时召开临时董事会，讨论集团整体的经营战略、法律履行状况、总公司及各下属公司的经营状况，以及听取各董事和执行官的职务汇报。监事会负责实施业务监查、会计监查，以及对董事、执行官的职务履行状况的监督，并且与会计监查人、公司内部监查部门之间定期交换意见，听取监查计划和监查结果的说明、内部监管系统的报告，并提出指导意见。

为了使信息更加透明，决策更加合理，管理更加高效，日本电信电话公司还建立了外部董事、外部监事、执行官、董事会附设委员会和绩效联动报酬制度。

（1）外部董事制度。日本电信电话公司 2022 年 6 月 27 日的董事会由 10 名董事组成，其中 5 名为外部董事。该公司注重从管理、会计、风险控制等专业领域挑选外部董事，并且要求外部董事具有独立性，不得与公司业务之间、与股东之间存在利益关系，如外部董事的任职企业或机构在近 3 年里与该公司及其子公司的交易额平均每年不得超过该公司及其子公司营业收入的 1%、外部董事的任职机构近 3 年里从该公司及其子公司得到的赞助金额平均每年不得超过 1 000 万日元。为了充分发挥外部董事的职能作用，日本电信电话公司还努力构建支持体系，采取了以下措施：定期举行外部董事与公司总裁的意见沟通会、建立外部董事与监事的意见沟通机制、董事会开会前向外部董事提供详细资料和说明、为外部董事提供考察公司的机会。

（2）外部监事制度。日本电信电话公司建立了以外部监事为主的监事会。该公司 2022 年的监事会由 6 名监事组成，其中内部监事 2 名、外部监事 4 名。为了充分发挥外部监事的专业作用，日本电信电话公司重视从法律、会计、监查领域，从民间企业、大学、审计机构广泛挑选人才，并且要求外部监事在持有公司股份、与公司业务执行的关系、与普通股东的利益冲突等方面保持独立性。该公司 2022 年的 4 名外部监事来自会计、法律、经营领域，既有民间专业人士，如森与滨田松本法律事务所律师、东京大学教授、EY 新日本有限责任监查法人公认会计师，也有负责国家相关机构财政审查的行政机构官员，如会计检查院事务总长。

（3）执行官制度。日本电信电话公司建立了执行官制度。执行官是董事会之下的高级干部，负责具体的业务实施，这样董事会就可以把精力放在决策和监督上。该公司 2022 年任命了 14 名执行官。其中 3 名是董事，包括 1 名公司总裁和 2 名公司副总裁，其他 11 名都是各部门的主管。这 14 名执行官组成了执行官会议。该会议设总裁执行官 1 名、副总裁执行官 3 名、常务执行官 2 名。公司总裁、公司副总裁分别担任总裁执行官和副总裁执行官。董事会将业务执行层面的决策委任给执行官，各执行官根据责任规章所赋予的职责对日常业务执行做出具体决策。执行官会议作为董事会的前置会议机构，还负责审议包括业务执行在内的经营重要事项，并向董事会汇报。执行官会议每周召开一次，董事会每月召开一次，大多数重要决定都是经过执行官会议审议后才到董事会上讨论的。

（4）董事会附设委员会制度。日本电信电话公司通过设置以外部董事为主的提名委员会和报酬委员会，来提高决策的公正透明性。该公司 2022 年的提名委员会由 3 名董事组成，其中 2 名是外部董事。提名委员会的委员长由公司总裁担任。提名委员会是董事会的事前审议机构，负责审议董事、执行官的任免事项，包括：①董事、执行官的任免方针与候选人提名方针；②董事任免事项；③子公司的代表董事兼总裁的任免事项；④代表董事、常务董事、专务董事等的任免事项；⑤董事长的任免事项；⑥总裁发生事故无法执行公务时，代行职务的董事的顺序；⑦关于董事职权分工的决定与重要管理干部的职务授权等。该公司 2022 年的报酬委员会由 3 人组成，其中 2 人是外部董事。报酬委员会也是董事会的事前审议机构，负责审议董事、执行官的报酬比例、计算方法以及个人的报酬金额等。

（5）绩效联动报酬制度。日本电信电话公司还建立了绩效联动报酬制度，通过将报酬与公司绩效挂钩来激励董事。根据该制度，该公司董事（外部董事除外）的报酬由月报酬（基本报酬）、奖金（短期绩效联动报酬）、通过董事持股会得到的本公司股票报酬（中长期绩效联动报酬）三部分构成。董事报酬各部分的构成比率为固定报酬 50%、短期绩效联动报酬 30%、中长期绩效联动报酬 20%。

（二）外部治理

外部治理指的是由资本市场、产品市场和经理人市场构成的外部环境对公司经营的影响。相对而言，资本市场、产品市场对日本电信电话公司的经营活动具有监督与约束作用，而经理人市场的作用不明显。

从资本市场来看，股价机制、并购与接管机制对日本电信电话公司的经营活动发挥着监督与约束作用。首先，日本电信电话公司建立了与公司股价联动的经营者报酬制度。该公司董事（外部董事除外）的报酬中有两成是公司股票。如果公司股票价格上升，董事的报酬也会上升；反之，则会下降。这个制度会促使董事关心公司股价的变动，而为了避免股票价格下降，董事就要认真履行职责，提高经营绩效。其次，日本电信电话公司对资本市场的并购与接管风险非常警觉，一旦发现风险增大，就会主动调整股权结构，阻止控制权流失。把前文中已提及的旗下都客梦（Docomo）先改制为独立的股份公司，而后又通过资本市场收购其他投资人手中的全部股票，停止其上市，把都客梦又变成了全资子公司就是一例。

从产品市场来看，竞争机制对日本电信电话公司的经营活动也起着正向作用。日本电信电话公司于 1985 年被民营化。在此之前，日本的电话市场由该公司垄断，产品只此一家。而在那之后，国家允许民间企业进入通信市场，现在拥有自己通信网络的有包括日本电信电话公司在内的 4 家企业，其他借用网络经营的电信商有十几家。由于通信市场的开放，日本电信电话公司的市场份额也由独家垄断下降到现在的一半。市场压力之大是可想而知的。但是，由于企业经营者的努力工作，日本电信电话公司的股价、收益保持了上升趋势，不仅为政府等所有者带来了经济利益，也为日本通信技术的未来发展提供了资源。这表明产品市场从垄断到竞争的变化对日本电信电话公司的经营绩效提升起到了促进作用。

但是，经理人市场似乎对日本电信电话公司的经营活动未有明显作用。日本电信电话公司的总裁于 1978 年 4 月入职日本电信电话公社（现公司的前身），之后 30 年在该公司各部门任职，2018 年晋升为总裁。也就是说，该公司总裁的选聘采取的是内部晋升方式，没有受到经理人市场的影响。

二、政府监管

日本对日本电信电话公司制定了特别法，依法进行监管。政府的监管事项包括业务范围、政府持股、公司债券、经营者人事、监事、企业规章、业务计划、经营绩效、特殊状况的监督以及处罚等方面。

（1）业务范围。日本通过功能定位要求日本电信电话公司承担提供公共服务和推动技术进步的职能。特别法将日本电信电话公司的业务内容界定为电气通信事业。该公司的业务必须与电气通信事业有关。特别法还要求该公司注意经营活动的公正性与效率性，为国民提供不可缺少的电话服务，为保证日本电话服务的无所不至和稳定畅通做出贡献。并且，日本电信电话公司对电气通信技术的发展负有社会责任，要推进电气通信技术的实用化研究、基础研究以及研究成果的普及。

（2）政府持股。日本通过规定政府持股数量来维护国家对日本电信电话公司的所有权，防止国有资产流失。依据特别法，日本政府对日本电信电话公司的持股数量不得低于发行总数的1/3。该公司如果出售股票，必须编入国家预算，并且经过国会审议通过。此项规定保证了国家的控股权力，也就是说，日本电信电话公司的国有企业性质不会因资本市场的压力而改变。

（3）公司债券。日本以前通过限制债券发行额度来防止日本电信电话公司过度发行债券。如1984年版的特别法规定，日本电信电话公司发行公司债券的额度不得超过资本金、准备金、净资产额3个数值中最小者的4倍。这是因为在市场竞争中，过度发行债券会带来企业存亡风险。政府制定此法律就是为了避免出现这样的情形，避免给资本市场以及整个经济带来冲击。但是，日本2021年修改了法律，放弃了对债券的监管。这意味着日本电信电话公司的经营在资金筹措方面更加市场化，国有色彩有所减弱。

（4）经营者人事。日本政府对日本电信电话公司董事、监事的任免具有最终批准权。特别法规定，日本电信电话公司的董事、监事的任免决议，必须得到总务大臣的批准。总务省是日本电信电话公司的主管部门，总务大臣就是主管部门的最高领导。日本之所以要对日本电信电话公司的经营者人事进行监管，是因为如果不监管，就可能出现股东大会选出来的董事、监事不符合政府的意向。而如果政府拥有批准权，就可以否决不符合意向的人选。由于董事、监事是企业的决策者，所以政府要以法律形式来维持自己的监管权力。

（5）监事。日本政府在必要时可以命令监事对特定事项进行监查，向总务大臣汇报监查结果。同时监事在认为有必要时也可以向总务大臣提出自己的意见。这项规定是为了保证国家对企业事务明察秋毫，防微杜渐，使国家利益不受损失。

（6）企业规章。依据特别法，日本电信电话公司起草的章程变更、利润分配、合并及解散决议都必须取得总务大臣的批准。这是因为公司章程的变更、利润分配、合并及解散事项是企业大事，意味着管辖权、财产权以及经营权的获得或丧失。由于日本政府是大股东，所以为了防止不测，就要以法律形式做出明文规定，来保证对国有企业的管辖权、财产权及经营权。

（7）业务计划。日本政府对日本电信电话公司的业务计划具有审定权。依据特别法，日本电信电话公司在每个营业年度开始前，必须制订年度业务计划，报请总务大臣批准。计划变更时也相同。企业的业务计划是经营活动的纲领。政府对日本电信电话公司有着明确的功能定位，为了保证该企业不脱离轨道，日本政府就要每年审定该公司的业务计划。

（8）经营绩效。日本政府对日本电信电话公司的经营绩效有审查权。依据特别法，日本电信电话公司在营业年度结束后的 3 个月之内，必须向总务大臣提交该年度的资产负债表、损益计算书和营业报告书。资产负债表、损益计算书和营业报告书是企业最重要的财务报表，从中可以了解企业的经营状况。日本政府对日本电信电话公司的经营业绩进行审查，不只是审核业务计划的事前监管，还有审核财务报表的事后监管。

（9）特殊状况的监督。日本政府对日本电信电话该公司拥有最高级别的监管权力。即总务大臣在认为有必要时，可以对日本电信电话公司发出监督命令，强制该公司提交业务报告。

（10）处罚。依据特别法，日本电信电话公司的经营者、职员在有违法行为时必须受到法律惩罚。比如，公司的董事、会计顾问、监事和职员在职务执行中收受贿赂、要求贿赂、承诺贿赂，将处以 3 年以下徒刑。通过接受、要求或承诺贿赂采取不正当行为，或者没有采取正当行为者，处以 7 年以下徒刑。预期担任企业董事、会计顾问、监事和职员，因预期担任的职务而接受请托、收受贿赂、要求贿赂、承诺贿赂，并且之后担任企业董事、会计参与顾问、监事和职员者，将处以 2 年以下徒刑。企业董事、会计顾问、监事和职员在任职期间接受请托，在职务执行中采取不正当行为，或者没有拒绝不正当行为、收受贿赂、要求贿赂或承诺贿赂，将处以 2 年以下徒刑。以上情况中，要没收犯人收受的贿赂。不能完全没收时，要处以同等金额的罚款。对提供贿赂、要求贿赂、承诺贿赂者，处以 3 年以下徒刑或 250 万日元以下罚款。

公司的董事、会计顾问、监事有以下违反行为，将处以 100 万日元以下的罚款：提供虚假报告、违反业务规定、从事规定以外业务、未经过批准发行新股、交换股份、交付股份、处分股份、未在规定时间里提交业务计划、未在规定时间内提交各项财务报表、在财务报表及业务报告中进行了虚假陈述和记录、违反设备转让规定、未按要求进行监督、提交监督报告等。

三、绩效评价

日本电信电话公司是兼具公共性和企业性特点的企业。该公司的重要使命有两个方面：一是为全社会提供普遍、公平和稳定的信息通信渠道；二是承担电信技术研究和传播责任，推动日本通信技术发展，促进社会经济进步。为了实现这一重要使命，日本电信电话公司不断提高技术，完善信息通信网路，取得了良好的经营绩效和社会绩效。

（一）经营绩效

日本电信电话公司是上市公司，因此，它必须按照规范的会计方式来记录财务状况。从该公司公布的业务报告来看，它在描述经营绩效时一般使用营业收入、营业利润、经常收入、经常利润以及股东权益等指标。该公司提交给主管机构的财务报表也使用了相同的财务指标。这表明不论是日本电信电话公司自身还是其主管部门都是通过营业收入、营业利润、经常收入、经常利润以及股东权益等指标来评价公司经营绩效的。主管部门对日本电信电话公司是否制定了具体的绩效指标，从该公司已公布的业务报告中看不到相关的内容。也就是说，没有证据显示主管部门在监管中考核日本电信电话公司的经营绩效指标的完成情况。

依据日本电信电话公司的业务报告，日本电信电话公司近5年各项经营绩效指标表现良好。2021年的营业利润为17 686亿日元，营业收入为121 564亿日元，利润率（营业利润÷营业收入×100%）是14.6%。也就是说，日本电信电话公司是盈利的。这显示日本电信电话公司提供的公益产品或服务被社会所需要，投资得到了回报，给所有者带来了收益。

（二）社会绩效

日本电信电话公司不仅重视经济绩效，而且重视社会绩效。对于该公司而言，社会绩效是衡量公司为可持续发展做出贡献的指标。日本电信电话公司制定了《可持续发展宪章》，将可持续发展的内容分解为自然共生、文化共荣和幸福最大化3项职能。进而又将这3项职能分解为9个方面、30项行动，并且设置了关键绩效指标来衡量3项职能的实现程度。

比如，自然共生职能有6项关键绩效指标：①温室气体排放效果；②使用车辆电化率；③单位通信量的电力效率；④对减少社会温室气体排放的贡献量；⑤废弃物的再资源化率；⑥采取所有可能的措施以致力于生态保护。又如，幸福最大化职能有以下关键绩效指标：①落实人权方针，人权培训参加率 100%，侵犯人权行为发生件数为 0；②促进社会尊重人权，与重要供应商的直接对话率为 100%；③推进各种人才的雇用、培养、教育，充分发挥女性作用，提高员工幸福度，新入职高校毕业生中女性比例为 30%、新提拔女干部比例为 30%、2025年女干部比例达到 15%、2025 年女性高管比例达到 25%~30%、2023 年有经验外部人才雇佣比例达到 30%、离职率为 9%；④促进对 LGBTQ 的理解，发挥残障者的作用，残障者雇佣比例为 2.3%；⑤提供育儿、看护支持，男员工育儿休假取得率为 100%；⑥推进在线工作，2022 年在线工作实施率达 70%；⑦保持人身事故零状态，保证员工身体健康，2022 年的总劳动时间不超过 1 800 小时、劳动灾害事故发生率为 0、施工中的严重人身事故发生件数为 0、心理健康问题造成的休假人数比上一年减少 3%；⑧促进员工自主开发能力，员工满意度提高；⑨无纸化，到 2025 年使纸张使用量降为 0。

四、服务国家民生

日本电信电话公司把服务国家民生作为首要职能，致力于用与时俱进的技术手段来满足社会需求。为了满足持续升级的社会需求，日本电信电话公司不断开发新技术，努力提高各项技术的经济性能，对固定电话、便携式电话、智能手机在日本普及起到了关键作用。

明治时期，日本电信电话公司（当时设在"递信省"和电气通信省的业务部）通过引进国外先进技术，开创了日本的电信电话事业。第二次世界大战后，日本通信设备年久失修，技术落后。然而，日本电信电话公司（当时的日本电信电话公社）奋发图强，努力开发各种技术，来满足公众对"即时连接电话"的需要。1953 年，该公司开发了第 23 号壁挂式自动电话，不经由交换台的自动电话开始全面投入使用，并且在东京八重洲口等 15 个地方首次安装了公用电话。1962 年，又开发了 600 型自动台式电话机，大幅度提高了通话性能和经济性能，使电话进入普通家庭，带来了家庭电话普及的高潮。

20 世纪 60 年代至 80 年代，日本电信电话公司引进电子计算机技术，布局电话电信基站建设，为进入便携式电话阶段积极做准备。1985 年该公司开发了"肩挎式电话"，1987 年开发了"手提电话"，1991 年又开发了当时世界最小、最轻的携带式电话"Mova"，显示出了日本当时的技术优越性。1995 年，该公司开发的简易型携带电话 PHS（Personal Handy-phone System）问世。市场普遍看好这款电话，认为它通话费用低，采取数字技术，可以适应即将到来的多媒体时代。在发展电话技术的同时，日本电信电话公司也展开了数字通信网络的建设。1988 年，该公司建成了世界首个 ISDN 网（商用综合数据网），在东京、大阪和名古屋地区提供服务。1996 年开始对个人客户提供互联网服务。1999 年开始"i-mode 业务"，手机上可以显示图像和视频，可以联网互动，促进了智能手机的普及。

为了满足公众的多媒体需求，日本电信电话公司从 20 世纪 70 年代就开始研究开发光纤电缆技术。1981 年，该公司开始在直播、野外中使用光纤电缆技术。1989 年又建成了横穿太平洋海底电缆，2001 年开始为一般家庭提供光缆服务，2007 年开始提供"光电视"服务，2008 年开始提供"云服务"。依据日本电信电话公司 2018 年中期经营战略，该公司未来要以数字传输为手段，来解决社会经济各种课题，为实现智慧型世界做出更大贡献。可以说，日本电信电话公司通过不断开发技术来满足社会需求，提高了社会生活水平，显示了国有企业的社会意义。

五、贯彻国家战略

作为国有企业，日本电信电话公司在贯彻国家战略方面承担了重要任务。20 世纪 80 年代至 90 年代，日本政府实施了国家半导体战略。日本电信电话公司积极响应国家战略，从需求方的立场支撑了半导体产业的发展，同时也积极参与半导体技术研发，从供应方的角色引领了半导体产业的发展。近 10 年来，日本政府实施了碳中和战略。为了贯彻该战略，日本电信电话公司大力开发"光电融合"技术。该技术不仅可以大幅度降低半导体消耗的电力，而且可以大幅度提升数据处理速度，对碳中和时代日本半导体产业的振兴具有重要意义。

20 世纪 80 年代至 90 年代，日本企业在世界半导体市场的份额超过了五成，而日本电信电话公司在此发展过程中扮演着重要角色。它所使用的电话交换机（实际上也是计算机的一种形式）交由 NEC、富士通、日立制作所等企业生产，从需求者的立场支撑了半导体产业。但实际上，它也开发半导体技术，并以供给者的角色参与了半导体产业的发展。比如，1977 年，日本电信电话公司在世界上率先试制成功了 64KB 的记忆芯片。总体来看，日本电信电话公司在日本半导体产业中扮演了"技术引领者"的角色。

20 世纪 90 年代以后，世界进入互联网时代。现在，5G 的商用服务已经开始，人工智能（AI）及物联网（IoT）的应用也在全面普及，信息通信网络上数据量呈爆发式增长趋势。这意味着消费电力的大幅增加。而全世界的电力供应，约六成来自天然气、煤炭的火力发电。如果不减少信息通信技术设备的电力消费，就会影响气候变化对策即碳中和措施的推进，全世界正在展开的数字化潮流反而成了人类生存环境的危害因素。

为了推动日本碳中和战略的实施，日本电信电话公司在大力开发"光电融合"技术。迄今为止，半导体主流产品 CMOS（相补性金属酸化膜半导体）性能的提高，都要依靠微加工技术。加工精度、导线间的距离越小，半导体的性能就越高。但近年加工精度提高的幅度、速度在降低，提高的空间似乎越来越小。日本电信电话公司的这项新技术将电的数据处理功能和光的传送功能结合起来，不仅能大大降低半导体的消耗电力，而且可以大幅提高数据处理速度。该公司在 2019 年、2020 年陆续发表了光电融合技术的研究成果，现在已进入了实用化阶段。日本电信电话公司以光电融合技术为核心，提出要在网络总体、终端使用装置、芯片群等各层次引进光技术，建立全新的自主光传输通信平台。如果成功的话，这会对打破现在半导体产业的困境，对日本半导体产业的振兴起到重要作用。

第二节　产业革新投资机构

产业革新投资机构（Japan Investment Corporation，简称 JIC）于 2018 年 9 月根据《产业竞争力强化法》（2013 年）设立，其目的是通过开放创新的手段来强化产业竞争力和扩大民间投资。产业革新投资机构的业务包括两个方面。一是通过基金进行投资，支持有潜力的企业成长，增强产业竞争力，并吸引民间企业投资；二是从数量和质量上加大风险资金供应，创造支撑未来产业的资金良性循环。

产业革新投资机构是日本政府主导、民间参与的投资基金。该公司的出资金额总计约为 3 804 亿日元。其中，政府出资约 3 669 亿日元，其余 135 亿日元由 25 家企业出资。这些企业是旭化成公司、大阪瓦斯公司、佳能公司、夏普公司、商工组合中央金库、住友化学公司、住友商事公司、住友电气工业公司、索尼集团公司、武田药品公司、东芝公司、丰田汽车公司、日挥持股公司、日本政策投资银行、松下公司、东日本旅客铁路公司、日立公司、丸红公司、瑞穗银行、三井住友银行、三菱化学公司、三菱重工业公司、三菱商事公司、三菱 UFJ 公司、ENEOS 公司。按持股份额来看，第一大股东为财务大臣（政府），持股份额约为96.45%。第二大股东是日本政策投资银行，占 0.42%。其余的股东是上述 24 家企业（日本政策投资银行除外），各持股 0.14%。

产业革新投资机构属下有 3 个全资子公司，即日本创新网络公司（INCJ, Ltd.）、JIC 创业成长投资公司（BGI）和 JIC 资本公司（JICC）。公司总部的员工人数为 52 人。

一、公司治理

从内部治理来看，产业革新投资机构依法设置了股东大会、董事会和监事，建立了以外部董事、外部监事为主的治理结构，进而还设立了产业革新投资委员会等机构，来保证决策的公正透明性以及激励与约束经营者。从外部治理来看，资本市场、产品市场对产业革新投资机构的影响较小，但经理人市场有一定影响。

（一）内部治理

产业革新投资机构在股东大会、董事会和监事构成的治理结构下实施经营。股东大会是最高决策机构。股东大会下设董事会、监事。董事会是经营决策机构。为了进行迅速决策和有效监管，董事会对业务执行和监督职能进行了明确分工，董事之间形成了各司其职、相互监督的格局。

为了保证决策的客观公正性，产业革新投资机构还完善了外部董事制度和董事会附设委员会制度。该公司 2022 年聘任了 11 名董事，其中 6 人是外部董事，外部董事占比超过了一半。该公司设置了产业革新投资委员会、报酬委员会。产业革新投资委员会负责投资项目的决定，对公司决策具有格外重要的地位。产业革新投资委员会由 6 名董事组成，委员长由董事长兼总裁担任，其余 5 名成员全部都是外部董事。报酬委员会负责审议董事等经营管理者的报酬事项，也由外部董事为主的成员构成。为了对公司经营进行有效监督，产业革新投资机构的监事全部由外部人士担任，该公司还在董事会下成立了守法委员会，来负责对公司经营活动的合法性进行监督。

产业革新投资机构对董事、监事等经营管理者实行准公务员报酬制度。报酬金额相当于公务员水平，不与绩效挂钩，也没有股权等非现金报酬。根据该公司披露，2022 年 11 名董事的固定报酬总额为 13 823 万日元（人均 1 257 万日元），其中，外部董事 6 人为 4 143 万日元（人均 691 万日元）。监事 2 人的报酬总额为 1 780 万日元（人均 890 万日元）。

（二）外部治理

因为产业革新投资机构是非上市公司，并且实行准公务员报酬制度，所以资本市场的股价机制、并购与接管机制对其几乎不产生影响。但是，经理人市场对该公司的经营者人事有影响。根据产业革新投资机构披露，该公司总裁来自其他的民营企业，不是由其主管部门（经济产业省）所派遣。这表明产业革新投资机构在选聘最高经营者时没有按照内部选拔方式，而是采取了外部选聘的市场化方式。因此，经理人市场就会对该公司经营者产生监督与约束的作用。

二、政府监管

产业革新投资机构是日本政府为促进产业新陈代谢、提高产业竞争力而设立的股份公司。其主要业务是通过自设基金、投资民间基金和直接投资来扩大对技术创新型企业的资金供给。由于产业革新投资机构是贯彻国家政策的企业，所以日本政府对该企业制定了严格的措施，从政府持股、公司股票、经营者人事、治理机构、业务范围、投资基准、直接资金供给、业务计划等方面进行监管。

（1）政府持股。为了确保日本政府对产业革新投资机构的出资量和控制权，日本政府规定，政府持股不低于产业革新投资机构发行股票总数的 2/3。

（2）公司股票。为了确保日本政府对产业革新投资机构的控制权，日本政府还规定，产业革新投资机构在出售股票、发行股票、发行公司债券和新股预约权以及向其他金融机构借款时，必须获得经济产业大臣（主管部门的最高领导）的批准。

（3）经营者人事。日本政府规定，政府对产业革新投资机构的经营者人事具有最终决定权。产业革新投资机构可以按照《日本公司法》任免董事、监事，但必须取得经济产业大臣的批准。

（4）治理机构。为了确保投资决策的客观公正性，日本政府还对董事会附设委员会做出了以下规定：产业革新投资机构要设置产业革新投资委员会。该委员会负责对以下事项进行决策：①对资金供给的对象企业、资金供给的内容进行决策；②对投资对象企业的业务状况进行评估；③对有价证券或债券的转让进行决策；④对公司是否对特定企业出资进行决策。产业革新投资委员会由董事担任委员，人数为 3~7 人，外部董事的人数比例必须过半。日本政府还规定，董事会有权决定产业革新投资委员会成员的任免；该任免的决议须有经济产业大臣的批准方可生效；产业革新投资机构要制定出董事报酬及退职补贴、职员的薪金标准，向经济产业大臣报告并公布于社会；对于从事资金运营的职员薪金，要在预算的范围内，尽可能给以照顾，以利于招聘优秀人才、培养年轻人。

（5）业务范围。为了确保产业革新投资机构的业务不偏离政策方向，日本用法律形式界定了该公司的业务范围。依据法律，该公司应在以下领域开展业务：向企业出资；向企业提供资金的基金出资；向企业提供借款；购买企业的有价证券；收购企业的债务权利；为企业的企业债券或借款提供担保；为企业的有价证券募集购买者；向特定企业派遣专家或提供咨询服务；向特定企业转移知识产权、公开营业秘密；从特定企业获取知识产权、营业秘密；对特定企业的业务状况进行评价，处理公司持有的有价证券、债券，对其进行调查及提供信息。这里的企业、特定企业是指符合投资基准的始创企业、民间基金以及基金投资的技术创新型企业。

（6）投资基准。日本政府规定，产业革新投资机构的投资要符合以下投资基准：①明确重点投资的业务领域；②明确资金供给的具体内容；③明确计划购买的民间投资者的有价证券及债券的转让出售的期限；④明确培养人才所需资金以外的支援项目的内容。日本政府还规定，产业革新投资机构在进行投资时，必须事先向经济产业大臣提交资金供给方案，并获得批准。因为投资民间基金是有风险的，所以日本政府还规定，产业革新投资机构必须对获准投资的特定对象企业进行年度业务评估，并且根据评估结果决定资金回收或其他措施。该评估报告必须提交给经济产业大臣。经济产业省每年度要对产业革新投资机构的绩效进行评价，编写评价报告并向社会公开。

（7）直接资金供给。直接资金供给是指出资。日本政府规定，产业革新投资机构可以对企业进行直接投资形式的支援。支援基准由经济产业大臣决定。产业革新投资机构要按照支援基准来决定直接资金供给的业者和内容。产业革新投资机构在做出直接资金供给决定前，要提前告知经济产业大臣，要留出适当的期间，给经济产业大臣阐述意见的机会。但是，如果仅是出资并且额度在法定金额以下的话，则不拘泥于此条规定。对于直接资金的风险，日本政府还规定，当接受直接资金供应的业者没有按照约定开展业务时、当业者决定要破产或开始再生手续时或被处以特别清算命令时，产业革新投资机构必须迅速地做出撤回资金供给的决定。产业革新投资机构在决定处理接受资金供应业者的有价证券或债券时，要事先告知经济产业大臣，并留出相应期间，让经济产业大臣阐述意见等。

（8）业务计划。为了确保产业革新投资机构的有效经营，日本政府规定，该公司在每个事业年度前要将预算计划、业务计划和资金计划提交给经济产业大臣，并获得批准。此外，产业革新投资机构的利润分配决议也必须得到经济产业大臣的批准。在每个年度结束后的 3 个月之内，该公司还必须向经济产业大臣提交资产负债对照表、损益计算书和事业报告书。经济产业大臣要对该公司每年的业务绩效进行评估，并将结果向社会公开。当经济产业大臣认为必要时，可以对产业革新投资机构以及相关投资业者发出监督命令，即对公司进行直接检查。

三、绩效评价

产业革新投资机构是典型的政策功能类企业。它的职能就是落实《产业竞争力强化法》和国家经济政策，用投资等形式援助大学、研究机构、中小企业将专利、尖端技术商业化，建立新企业，与大企业联手发展新产业。因此，营利不是该公司的目的。尽管如此，日本对该公司的经营绩效仍然按照规范的财务报表制度来进行年度审核，并且将结果向社会公布。这样做的目的是要把盈亏状况确认清楚，对国家及社会负责，履行公开透明的职责。

产业革新投资机构最近 4 个结算期的财务状况见表 5-1。从资产来看，变动幅度不是很大，总体上略有增加，表明国有资产基本上得到了保值与增值。但从销售收入和净利润来看，波动很大，并且亏损严重。可以说经营绩效比较差。但因为产业革新投资机构是政策功能类企业，盈利不是目的，出现亏损是可以理解的。

表 5-1　产业革新投资机构的财务状况　　　　　单位：千日元

项　　目	2019 年度	2020 年度	2021 年度	2022 年度
销售收入	238 797 210	601 210	884 877	1 030 950
净利润	114 930 033	−675 846	−2 797 508	−4 589 252
资产	500 789 394	442 645 448	520 935 182	516 585 506

资料来源：作者根据产业革新投资机构网站资料整理。

四、落实国家政策

日本政府希望产业革新投资机构在新产业、新技术创新方面发挥作用。从实际作用上来看，该机构通过基金投资形式支撑了一批有潜力的企业，为产业竞争力增添了活力。

产业革新投资机构的运作模式，是通过投资基金向具有政策意义的事业领域提供风险资金。该机构的基金分为三种，即与民间资本合营的基金、自营基金、作为"有限责任组合员"（即对出资额负有限责任的基金投资者）参与的民间基金。

2021 年，产业革新投资机构对 8 家民间基金进行了投资。同年，该机构的"自营基金 -VGF1"对成长期的新创企业、始创期的新创企业进行了投资。"自营基金 -JICPE"对与社会 5.0 有关的新创产业、竞争力提高以及行业整合等项目进行了研究，尚没有实施任何投资项目。该机构的另一个投资基金"INJC"，预定在 2025 年清盘，现在的主要工作是如何增大投资回报。

2022 年 3 月，该机构投资基金共计 14 个，其中子公司作为无限责任组合员（即负有基金的无限责任的投资者）的有 2 个，预计投资 3 200 亿日元，已经投下 624 亿日元；投向民间基金的有 12 个，预计投资共计 806 亿日元，已经投下 277 亿日元。

2021 年 12 月投资的企业总计 221 家，从企业的发展阶段来看，处于私募股权阶段的企业比例为 1%，种子阶段是 50%，早期阶段是 22%，中期阶段是 15%，成熟阶段是 11%。

从行业来看，信息技术企业的比例是 43%，健康护理是 28%，生产设备及服务是 10%，消费品及服务是 9%，生活必需品是 4%，金融是 3%，素材是 2%，不动产是 1%。

对 221 家企业的投资总额为 595 亿日元，从企业的发展阶段来看，成熟阶段投资占的比例是 57%，中期阶段是 18%，私募股权是 16%，早期阶段是 6%。种子阶段是 3%。

从行业来看，信息技术企业的比例是 55%，健康护理是 24%，消费品及服务是 6%，生产设备及服务是 6%，金融是 5%，不动产是 4%，生活必需品是 1%。

从以上数据可看出，该机构的投资特点体现在两个方面。一是重点扶持信息技术企业，这是为了实现政策目的。二是重点扶持成熟阶段企业，这是为了尽快获得投资收益。

产业革新投资机构落实国家政策的具体方式被称为"启动水"模式。启动水是指用水泵从地下抽水时，首先要在水泵管内注入充分的水，将空气排挤出去，这样就可以直接将压力加到地下水层，得到地下水喷涌而出的效果。如果没有启动水，就没有源源不断的水涌出。注入的启动水的量虽然很少，但起到的作用是关键性的，得到的成效是巨大的。下面用一个实例来说明"启动水"模式。

产业革新投资机构在 2021 年 5 月 7 日以有限责任组合员（Limited Partner，简称 LP）的身份对"古都京大创新 2 号投资有限责任组合（以下称古都京大创新 2 号）"投资 41 亿日元。组合是日语原文，意为有一定资格的人组成的法人团体。组合员即该组合的成员。有限责任组合员即对所出资的基金所负的责任，以出资额度为限的投资者。与此相对，无限责任组合员（General Partner，简称 GP）是指对基金运营负有无限责任的组合员。作为经营基金的回报，可以从组合领取管理报酬和成功报酬，一般要对基金的出资在基金总额的 1% 以上。为了规避无限责任，担任无限组合员的大都是股份公司或合伙公司。

古都京大创新 2 号是由"古都资本股份公司"于 2019 年 10 月设立的基金，也就是说，古都资本股份公司是该基金的无限责任组合员。古都资本股份公司在此之前设立了 1 号基金，当时得到了国立京都大学的认可，作为民营基金对依靠学术机构研发的"深度技术"（Deep Tech：泛指对社会的发展和进步具有重大影响的前沿科学技术）而创业的风险企业进行投资。这次的 2 号基金设立于 2019 年 10 月 25 日，运营期间为 10 年。产业革新投资机构在 2021 年 5 月 7 日对 2 号基金投资了 45 亿日元，也就是说，此时该基金设立已经过了约 1 年 5 个月。

古都京大创新 2 号在获得产业革新投资机构的 45 亿日元投资之外，还获得了其他以有限责任组合员身份参与机构和个人的投资，包括政府的"中小企业基盘整备机构"、第一生命保险公司、瑞穗证券公司、三菱 UFJ 银行公司、太阳石油公司等的投资。

该基金自 2019 年 10 月 25 日设立，2021 年 5 月 7 日募集结束，最终募集总额为 142.1 亿日元。2 号基金募集结束的日期与产业革新投资机构投资的日期相同，可见两者之间关系之密切。古都资本股份公司在 2015 年 11 月开始运作总额为 73.3 亿日元的 1 号基金，至 2021 年 4 月末，该公司已经向 14 家企业投资，这些企业大都是利用京都大学等机构的研究成果和人才成立的风险企业，投资方式主要是购买股票。

上述 14 家企业之一是 StemRIM，该公司是研发制造再生诱导药品的生化企业，成立于 2006 年 10 月，员工人数为 67 名（2022 年 1 月数值），2019 年 8 月在东京证券交易所 Mothers 上市（Mothers：market of the high-growth and emerging stocks）。该公司的前身于 2006 年 10 月由大阪大学医学院的一位教授创立，从 2008 年起，就获得过政府科学技术振兴机构 4 次、新能源产业技术综合开发机构 1 次的研究费资助，可以说是国家政策的重点扶持对象。

该公司的前两位大股东是前述教授和家属，持有股票份额合计为 25.49%，古都资本股份公司的份额为 4.15%，按 2022 年 8 月的股票数和股价总价值约为 255 000 万日元（2 443 千股，每股 1 044 日元）。

产业革新投资机构的投资模式，从价值的角度看是不追求获利地将国家资金送给民营投资公司，而民营公司以追求利润为目的购买风险企业的股票。从振兴产业的角度来看，这扶持了需要资金的新技术企业，有可能成为增强国家竞争力的新核心产业。

第六章
对中国国有经济发展的启示

日本的国有经济已有百余年的历史，经历了迂回曲折的道路，曾率先引进欧美先进工业技术，也曾成为侵略战争的国策工具，在战后的民主改革后终于成为和平发展的力量之一。在正常的市场经济秩序中，国有企业的经营效率、利益的归属以及公益功能、市场弥补功能、政策功能等成为社会关注的课题，日本国有企业又经历了民营化的浪潮，形成了如今的格局。本书在对日本国有企业纷繁复杂的资料的考察中得到了一些启示，作为建议提呈如下。

第一节　启示1：用立法形式监管国有企业

政府是国有企业的所有者，按《日本公司法》的规定，可以通过股东大会等制度来监管企业。然而，日本政府没有满足如此程度的监管，而是为每个国有企业单独立法，规定了业务范围、股份结构、董事会等经营高层人选方法、向主管部门的事前事后报告制度、报批事项以及政府的特别监督、违法处罚等具体内容。

应该强调指出的是，日本是为每个国有企业都单独立法的，也就是说，有多少个国有企业，就有多少部法律。因为每个企业的业务内容不同、功能定位不同、国家投资程度不同，所以只有单独立法才能把握细节，使法律具有可操作性，提高监管效率。

用立法形式监管国有企业，首先可以规范监管部门的职责，使它们承担起管理国有企业、保护国有资产的责任，并使它们在实施监管时有章可循，提高工作效率。并且，单独立法对经营企业的群体，即总裁、董事、监事等经营高层能起到约束或激励作用。在民营企业中，经营高层的决策、业务实施等行为与股东利益直接相关，股东对包括经营高层人选在内的经营事务时刻关注。而监管部门与国有企业实际上没有如此直接的利益关系，所以对企业经营的关注度会相对差些。在这种情况下，明确的法律条文可以对经营高层的渎职违法行为起到约束作用。

其次，立法过程实际上是一个汇聚不同人群智慧的过程，得出的结果应该是比较合理、有效的。起草法律的是主管部门的官员，他们有具体的业务知识。讨论、审查及最后决定的是国家各相关机关的负责人，他们代表着各方意见。通过这样一个过程得出的国有企业的法律当然就最具有合理性。

基于以上考察，提出两点建议。第一，分期分批对所有国有企业单独立法，使得政府监管有章可循，监管精准到位，督促企业经营高层敬业守法，一丝不苟。第二，在制定法律时，要充分听取企业、主管部门尤其是负责人的意见，制定出既能实现国有企业功能定位，又能使企业可持续发展的国有经济的运营纲领。

第二节　启示2：强化国有企业的公共性

国有企业与民营企业的根本区别就在于它的公共性。所谓公共性，是指国有企业的经营目标是为了增进民生福祉，而不全然是为了营利。日本国有企业有六成经营电信、邮政、铁路、高速公路等公共事业。这些公共服务如果完全依靠市场机制供应，就会出现供应不足，以及地域、质量、价格之间的差别，就会有一些群体被排除在公共服务之外，从而不利于消除社会福祉差距。因此，公共服务需要国有企业来承担。

日本国有企业的公共性体现在大部分企业有提供普遍服务的义务。普遍服务就是以公正、合理和负担得起的价格在全国范围内向所有国民提供相同质量的公共服务。这个义务用立法形式来保障，并且政府通过拨款、经营稳定资金制度等支持普遍服务。这保证了所有国民都能获得相同质量的公共服务，提高了公共服务的可获得性。

北海道和四国地区是地广人稀的边远地区，在那里经营的北海道旅客铁路公司和四国旅客铁路公司多年亏损，但由于铁路事关国民生活和经济发展，政府并没有因此而废除这两家国有企业。这从一个侧面显示了国有企业不为营利、以服务国民为使命的公共性。日本的高速公路全部由国有企业经营。调查这些企业的财务状况后发现，它们的利润率在 0.4%~1.5% 之间，属于比较低的水平。如果追求高利润，这些企业完全可以提高收费价格。但是，日本政府为它们规定了公共服务原则，收费标准要得到主管部门认可。尽管国民对高速公路的价格仍有不满，但从低利润率可以看出这些国有企业为稳定价格所做出的努力，因为它们要克服原材料价格上涨等的困难。

日本国有企业的公共性还表现在一部分企业承担了弥补市场缺陷的使命。由于受市场逐利性、自然灾害、突发事件等因素的影响，社会中会出现一些弱势群体。对这些弱势群体进行资金等援助，是国有企业应该承担的社会职责。中小企业、小规模业者、农林渔业者在日本国民生产总值、就业中占有很大比重。但由于各个企业的资本规模小、资产少以及信用能力薄弱，往往难以从商业银行拿到贷款，经常处于缺乏资金的困境。为此，日本设立了日本政策金融公库、商工组合中央金库等国有金融机构，为中小企业、小规模业者、农林渔业者提供贷款。这些国有企业的信用评价、信用担保方式等都与商业银行有所差别，中小企业、小规模业者、农林渔业者容易通过融资审查，因此，对发挥这些企业和业者的活力起到了重要作用。当发生自然灾害、突发事件时，为了支持灾区重建、维持国民基本生活，日本的国有金融机构、专门成立的援助机构（国有企业）实施补贴、融资、担保、经营咨询等措施，发挥了社会安全网的重要功能。

由于存在市场缺陷，人们平等享受基本公共服务、金融服务的机会受到限制。中国作为社会主义国家应该把基本公共服务、金融服务均等化作为重要的社会目标，充分发挥国有企业的公共性。借鉴日本国有企业的做法提出三点建议。一是通过立法规定明确公益类国有企业的普遍服务义务，明确规定国有金融机构对中小企业等群体的服务义务，同时要规定相应的业务范围。二是通过立法保障普遍服务、中小企业等服务的所需资金。政府应该通过拨款、税收减免、经营稳定资金制度等保障国有企业的正常经营。三是通过立法规定国有企业（特别是国有金融机构）负有安全网的社会职能。在特殊时期国有企业应该也能够对社会稳定、持续发展发挥出重要作用。

第三节　启示 3：完善国有企业的公司治理

日本国有企业都是股份公司，因此公司治理必须符合市场规律。虽然日本国有企业按照法律建立了公司治理的基本架构，但仍然存在着内部人治理、董事会职能重叠、信息不透明、管理缺乏效率的问题。为此，日本国有企业一直在公治理结构上不断改进。其好的做法概括为四个方面。

一是发挥外部监事、外部董事的监督职能。日本法律规定外部监事占比要超过 1/2，但大多数日本国有企业都超过了 2/3。此外，日本国有企业几乎都是法律所定义的"设有监事会的公司"，没有设立外部董事的义务。然而，七成企业设立了外部董事，六成企业的外部董事占比超过了 1/3。由此形成了以外部监事为主的监事会和外部董事占相当数量的董事会。由于外部监事、外部董事的客观性、独立性和专业性特点，他们能够进行大胆、有效的监督，对内部人治理形成约束。

二是明确董事会的监督职能。日本国有企业大都建立了执行官制度，把董事会原来的业务执行职能下放给执行官，而董事会专注于业务监督。被任命为执行官的通常是业务执行董事和各部门的高管。他们构成执行官会议，按照董事会授权负责包括投资在内的具体业务决策。由于业务决策由一线执行官来负责，所以管理效率比以往有所提高。

三是董事、执行官的人事任免、报酬决定交给以外部董事为主的委员会。尽管不是法律规定的必设机构，日本国有企业中的四成还是建立了提名委员会、报酬委员会以及类似机构。这是因为这些委员会以外部董事为主，可以使人事、报酬决策更加公正、合理。

四是加强国有企业经营者的激励机制。为了使董事、执行官以及专职监事为企业可持续发展着想和努力，日本的国有上市企业采取了与绩效联动的报酬形式。如日本电信电话公司的董事报酬由固定报酬（现金，占50%）、短期绩效联动报酬（股票，占30%）和中长期绩效联动报酬（股票，占20%）组成。

我国国有企业也面临着与日本国有企业相似的问题，也在不断完善公司治理结构。借鉴日本国有企业的经验提出三点建议。一是强化外部监事、外部董事的作用。进一步完善监事会组织体系。增加外部监事人数，增强监事会的客观性和独立性，让公司外的专业人士发挥其专业特长，有效地履行监督职责。落实国资委关于设置外部董事的相关规定，提高外部董事的法律地位，外部董事对董事、经营高层有任免权、报酬决定权。保证外部董事的独立性。二是突出董事会的监督职能。除法律规定事项、公司战略事项以外，业务执行层面的决策授权给经理层，建立由经理层组成的业务执行体系。董事会明确各董事的监督责任，避免监督和执行之间的职能重叠。三是董事、总经理等经营高层的任免、报酬决定过程及标准要公开、公正。公开可以使决策有说服力，公正可以使决策有威信力，都有利于提高经营高层对企业的责任感和忠诚度。四是对董事、总经理等经营高层加强股票形式的中长期薪酬激励，鼓励他们为企业可持续发展更好地履行自己的职责。

第四节 启示4：加强国有基金公司的监管

国有企业是日本产业政策的重要实施手段。以往，日本产业政策的实施手段主要是政策性金融机构，它们通过优惠贷款、贷款担保、配套投资补贴等手段，诱导产业发展方向。但现在的实施手段中的一部分明显转向了投资基金。本文调查的35家日本国有企业中，有8家就是投资基金，并且名称都冠以"机构"的字样，表明是实施政策的单位。

投资基金是通过对企业股票或债券进行运作来促进有潜在技术和市场前景的始创企业发展的商业模式。现在拥有世界尖端技术的企业大都是靠投资基金的资金发展起来的。日本政府早在20世纪80年代就注意到了投资基金的作用，21世纪后，日本政府为了振兴经济发展、提高产业竞争力、缩小地区差别，制定了一系列政策措施，重点扶持未来能够带来技术竞争力的始创企业以及能够创造新市场需求、扩大国外市场的企业。实施这个政策的不是传统的政府金融机构，而是专门成立的国有投资基金，如产业技术革新投资机构等。然而，投资基金的业务是有风险的。因此，为了减少国有资金的浪费、保证国有投资效果，日本专门制定了法律和监管制度。到目前为止还没有看到日本国有基金公司出现重大问题。这说明日本的监管有一定的效果。借鉴日本的监管做法，这里提出四点建议。

一是通过立法明确政府对国有基金公司的监管责任和监管内容。基金公司要事先将年度的预算计划、业务计划报主管部门审批，年度结束后再将决算报告和业务报告提交给主管部门。主管部门要对这两个报告逐项审核。并且，如果年度中间发现问题，主管部门也可以行使特别监督权，对基金公司的业务进行检查。

二是国有基金公司的总裁从经理人市场引进。基金运营是专业性很强的业务，应该由经理人市场引进的专业人才来运作。在经理人市场中，人才价值是由既往的业绩、信用来决定的。所以，对于进入国有基金的总裁来说，经理人市场的压力会一直发生作用，激励他做好当下的业务，为以后打下基础。

三是设立投资委员会，由总裁任主席，委员的大半由外部董事担任。外部董事的选择条件既要有专业方面，还要注意不能与基金业务有利益关系。外部董事的参与对投资决策的客观性有利，而且也是对总裁的制约。通过这样的制衡关系来降低投资决策失误的风险。

四是信息公开。这是保障基金安全、正当运营的关键措施。基金的每项投资金额、投资对象、期间、预期收益、委员会决议等都要公开，同时上述的预决算、业务报告以及主管部门的审核报告也要公开。此外，需要公开的还有董事、总裁等经营高层的报酬标准等信息。如此程度的信息公开，既可以显示国有基金的责任心，也可以利用外部力量进行监督，防止国有资产丧失。

第五节　启示5：提高国有企业的信息透明度

日本国有企业基本上都做到了信息公开。上市公司遵照证券交易市场规定，公布完整的财务报表、业务报告和企业治理报告等。非上市公司也比照公开。因为对每个公司都有单独立法，各国有企业还要按照特别法公开信息，如向主管部门提交的年度报告以及主管部门的审核报告等。公布采取各企业网站公布方式。日本国有企业的网站更新及时，查询便捷。当然，对事故等负面消息，各企业也基本如实发表，如2022年5月日本电信电话公司属下的NTT西日本公司的光纤通信网络突然断链，用户无法使用。该公司马上就发布了事故信息，并向用户道歉。

国有企业的资本来源是国民税金，因此负有公开信息的义务。并且，国有企业大都与公益服务有关，直接涉及数量众多国民的生活与工作。及时、准确的信息公开能稳定民心，维持社会安定，由此政府可以得到民众的拥戴，企业可以得到社会信任。

政治家、官员是否代表国民在认真地监管国有企业，也可以从公开的信息去了解。国有企业要向主管部门提交年度报告，而主管部门公开的审核报告就可看作对监管工作交出的答卷。如果审核能有理有据地肯定成绩、指出问题、指明方向，就会得到社会认可，政治家和官员就能得到政绩。

信息公开还有利于防止国家资产被不良分子侵蚀。国有企业大都处于相对垄断的经营领域，没有民营企业那样大的竞争压力，有着稳定的收益，想去坐享其成的大有其人。而有了信息公开的透明墙壁，这种行为就会被曝光。比如，国家主管部门的官员离休之后去国有企业担任董事等经营高层原来是一个惯例。从国家机关离休时，可以拿到一笔数目颇丰的离休金。到国有企业任董事之类，不仅可以领到不低于公务员时期的薪酬，并且届满离休后还可以再拿一次离休金。有的人就一而再、再而三地到不同的国有企业就职。信息公开，特别是互联网普及以来，这种揩油行为受到了社会的严厉批评。日本政府不得不立下规矩，国有企业的董事中，原公务员的比例不能超过1/3。

信息公开，在防止经营高层渎职方面也发挥着重要作用。日本政府热衷于用基金方式实施政策，虽然每个基金的国有企业都运行着巨额的资金，但是没有徇私舞弊、诈骗事件出现，因为投资对象的信息是公开的，使不法行为难以实施。

基于以上考察，建议改进国有企业的信息公开工作。进一步明确规定信息公开的内容、更新频度，保证社会外部的可获取性。国有经济的信息公开，可以宣传政府为国民提供公益服务的政绩，督促主管部门以及经营高层认真监管、运营国有资产，充分发挥国有经济弥补市场机制缺陷的功能，创建稳定、可持续发展的社会。

附　录

一、特殊法人型特殊公司（见附表 1 至附表 5）

附表 1　特殊法人型特殊公司及其特别法

序号	公司名称（中文）	公司名称（日文）	特别法
1	日本电信电话公司	日本電信電話株式会社	《日本电信电话股份公司法》（通称《NTT 法》）
2	东日本电信电话公司	東日本電信電話株式会社	《日本电信电话股份公司法》（通称《NTT 法》）
3	西日本电信电话公司	西日本電信電話株式会社	《日本电信电话股份公司法》（通称《NTT 法》）
4	日本邮政公司	日本郵政株式会社	《日本邮政股份公司法》
5	日本邮件公司	日本郵便株式会社	《日本邮件股份公司法》
6	日本烟草公司	日本たばこ産業株式会社	《日本香烟产业股份公司法》（通称《JT 法》）
7	日本政策金融公库	株式会社日本政策金融公庫	《日本政策金融公库股份公司法》
8	日本政策投资银行	株式会社日本政策投資銀行	《日本政策投资银行股份公司法》
9	进出口与港湾相关信息处理中心公司	輸出入・港湾関連情報処理センター株式会社	《电子信息处理机构进出口相关业务管理法》
10	横滨川崎国际港湾公司	横浜川崎国際港湾株式会社	—
11	国际协力银行	株式会社国際協力銀行	《国际协力银行股份公司法》
12	日本酒精产业公司	日本アルコール産業株式会社	《日本酒产业股份公司法》
13	商工组合中央金库	株式会社商工組合中央金庫	《商工组合中央金库股份公司法》
14	日本贸易保险公司	株式会社日本貿易保険	《贸易保险法》
15	新关西国际机场公司	新関西国際空港株式会社	《关西国际机场及大阪国际机场一体有效设立与管理法》
16	北海道旅客铁路公司	北海道旅客鉄道株式会社	《旅客铁路股份公司及日本货物铁路股份公司法》（通称《JR 公司法》）

序　　号	公司名称（中文）	公司名称（日文）	特　别　法
17	四国旅客铁路公司	四国旅客鉄道株式会社	《旅客铁路股份公司及日本货物铁路股份公司法》（通称《JR公司法》）
18	日本货物铁路公司	日本貨物鉄道株式会社	《旅客铁路股份公司及日本货物铁路股份公司法》（通称《JR公司法》）
19	东京地铁公司	東京地下鉄株式会社	《东京地铁股份公司法》（通称《东京地铁法》）
20	成田国际机场公司	成田国際空港株式会社	《成田国际机场股份公司法》
21	东日本高速公路公司	東日本高速道路株式会社	《高速公路股份公司法》
22	中日本高速公路公司	中日本高速道路株式会社	《高速公路股份公司法》
23	西日本高速公路公司	西日本高速道路株式会社	《高速公路股份公司法》
24	首都高速公路公司	首都高速道路株式会社	《高速公路股份公司法》
25	阪神高速公路公司	阪神高速道路株式会社	《高速公路股份公司法》
26	本州四国联络高速公路公司	本州四国連絡高速道路株式会社	《高速公路股份公司法》
27	中间储藏与环境安全事务公司	中間貯蔵・環境安全事業株式会社	《中间储藏与环境安全事务股份公司法》

资料来源：作者根据各公司网站资料整理。

附表2　特殊法人型特殊公司的主管部门

公　司	主　管　部　门
日本电信电话公司	总务省
东日本电信电话公司	总务省
西日本电信电话公司	总务省
日本邮政公司	总务省
日本邮件公司	总务省
日本烟草公司	财务省
日本政策金融公库	财务省
日本政策投资银行	财务省
进出口与港湾相关信息处理中心公司	财务省
横滨川崎国际港湾公司	财务省
国际协力银行	财务省
日本酒精产业公司	经济产业省

公　　　司	主 管 部 门
商工组合中央金库	经济产业省
日本贸易保险公司	经济产业省
新关西国际机场公司	国土交通省
北海道旅客铁路公司	国土交通省
四国旅客铁路公司	国土交通省
日本货物铁路公司	国土交通省
东京地铁公司	国土交通省
成田国际机场公司	国土交通省
东日本高速公路公司	国土交通省
中日本高速公路公司	国土交通省
西日本高速公路公司	国土交通省
首都高速公路公司	国土交通省
阪神高速公路公司	国土交通省
本州四国联络高速公路公司	国土交通省
中间储藏与环境安全事务公司	环境省

资料来源：①総務省.所管府省別特別法人一覧（令和 4 年 4 月 1 日現在）[EB/OL].（2022-04-01）[2022-05-31]，https://www.soumu.go.jp/main_content/000678775.pdf；②会計検査院.国が資本金の 2 分の 1 以上を出資している法人の会計 210[EB/OL].（2022-04-01）[2022-05-31]，https://www.jbaudit.go.jp/jbaudit/target/02.html.

附表 3　特殊法人型特殊公司的出资构成　　　单位：%

公　　司	政府及地方公共团体	金融机构	金融商品交易者	其他法人	外国法人等	个人及其他	合　　计
日本电信电话公司	34.86	18.83	2.38	3.58	22.12	18.23	100
东日本电信电话公司①							
西日本电信电话公司②							
日本邮政公司	33.33	13.95	2.91	3.37	19.24	27.15	100
日本邮件公司③							
日本烟草公司	33.35	12.11	0.50	1.64	20.03	32.38	100
日本政策金融公库	99.59						100
日本政策投资银行	100						100

续表

公　　司	政府及地方公共团体	金融机构	金融商品交易者	其他法人	外国法人等	个人及其他	合　　计
进出口与港湾相关信息处理中心公司	50.01			49.89		0.1	100
横滨川崎国际港湾公司④	99.5	0.5					100
国际协力银行	100						100
日本酒精产业公司	33.37			66.67			100
商工组合中央金库	46.69			2.53			—
日本贸易保险公司	100						100
新关西国际机场公司	100						100
北海道旅客铁路公司⑤	100						100
四国旅客铁路公司⑥	100						100
日本货物铁路公司⑦	100						100
东京地铁公司⑧	100						100
成田国际机场公司	100						100
东日本高速公路公司	100						100
中日本高速公路公司	100						100
西日本高速公路公司	100						100
首都高速公路公司⑨	99.96						100
阪神高速公路公司⑩	100						100
本州四国联络高速公路公司⑪	100						100
中间储藏与环境安全事务公司	100						100

注：数据为截至 2022 年 3 月 31 日的各股东持有股份占已发行股份总数的比重。合计按四舍

五入计算。商工组合中央金库缺乏完整数据。①、②为日本电信电话公司的全资子公司。③为日本邮政公司的全资子公司。④的各级政府股权构成是中央政府50.0%，横滨市45.0%，川崎市4.5%。⑤、⑥、⑦为铁路建设与运输设施整备支援机构（独立行政法人）的全资子公司。该机构是国土交通省属下的行政机构。⑧的股权构成（2021年3月31日）为中央政府53.4%，东京都46.6%。⑨的股权构成是中央政府49.99%，东京都26.72%，神奈川县8.28%，埼玉县5.90%，横滨市4.45%，川崎市3.82%，千叶县0.80%。⑩的股权构成是中央政府50.0%，大阪府14.4%，大阪市14.4%，兵库县9.1%，神户市9.1%，京都府1.5%。京都市1.5%。⑪的股权构成（2018年3月31日）是中央政府66.63%，兵库县6.15%，冈山县4.30%，香川县4.30%，神户市3.75%，广岛县3.71%，爱媛县3.71%，德岛县3.38%，大阪府1.36%，大阪市1.36%，高知县1.36%。

资料来源：作者根据各公司网站资料整理。

附表4　特殊法人型特殊公司的资本金、员工人数和销售收入

公　　司	资本金[①]（亿日元）	员工人数（人）	销售收入[②]（亿日元）
日本电信电话公司	9 380	324 650	119 440
东日本电信电话公司	3 350	5 085	16 224
西日本电信电话公司[③]	3 120	1 500	15 135
日本邮政公司[④]	35 000	2 031	112 648
日本邮件公司	4 000	191 702	38 376
日本烟草公司[⑤]	1 000	55 381	23 248
日本政策金融公库	116 127	7 436	4 788
日本政策投资银行	10 004	1 230	2 695
进出口与港湾相关信息处理中心公司	10	110	81
横滨川崎国际港湾公司	20	30	82
国际协力银行公司	19 639	657	2 837
日本酒精产业公司	30	160	384
商工组合中央金库	2 186	3 622	1 518
日本贸易保险公司	1 694	229	518
新关西国际机场公司	3 000	44	621
北海道旅客铁路公司	90	6 317	1 119
四国旅客铁路公司	35	2 119	317
日本货物铁路公司	190	5 472	1 502
东京地铁公司	581	9 880	2 899
成田国际机场公司	1 197	821	829
东日本高速公路公司	525	2 396	11 946
中日本高速公路公司	650	2 253	8 755
西日本高速公路公司	475	2 709	9 310

续表

公　　司	资本金①（亿日元）	员工人数（人）	销售收入②（亿日元）
首都高速公路公司	135	1 126	3 531
阪神高速公路公司	100	700	1 963
本州四国联络高速公路公司	40	383	702
中间储藏与环境安全事务公司	326	598	874
合计	212 904	628 641	382 342

注：亿日元以下的资本金、销售收入按四舍五入原则计算。销售收入包括销售额、营业收入和经常收入。销售额是指因销售有形物而获得的收入，营业收入或经常收入是指因销售无形物（服务）而获得的收入。制造业企业通常使用销售额，服务业企业通常使用营业收入，银行、保险公司通常使用经常收入。①、②、③、④、⑤的数据时间为 2021 年度（2021 年 4 月 1 日—2022 年 3 月 31 日），其他公司为 2020 年度（2020 年 4 月 1 日—2021 年 3 月 31 日）。

资料来源：作者根据各公司网站资料整理。

附表5　特殊法人型特殊公司的业务分布

公　　司	行　　业	业务领域
日本电信电话公司	信息、通信业	综合信息通信、地区通信、全球解决方案、其他（如不动产、能源等）
东日本电信电话公司	信息、通信业	地区电子通信
西日本电信电话公司	信息、通信业	地区电子通信
日本邮政公司	服务业	邮件及物流、金融窗口、银行、生命保险、其他（如医院、酒店等）
日本邮件公司	陆运业	邮件及物流、金融窗口
日本烟草公司	食品制造业	烟草、医药品、加工食品
日本政策金融公库	其他金融业	公众一般资金支持、中小企业资金支持、农林水产者资金支持
日本政策投资银行	银行业	融资、投资、咨询、顾问
进出口与港湾相关信息处理中心公司	信息、通信业	进出港船舶/飞机以及进出口货物的海关及其他行政机关手续、相关私人业务的在线处理系统的运营与管理
横滨川崎国际港湾公司	物流业	横滨川崎港的集装箱码头综合运营管理
国际协力银行	银行业	全额负责 ODA 中有偿资金部分以及其他形式的合作援助
日本酒精产业公司	化学业	发酵酒精（工业用酒精）、发酵产品和酒精产品的制造与销售
商工组合中央金库	银行业	融资、储蓄、债券发行、国际汇兑、票据短期融资

公　司	行　业	业务领域
日本贸易保险公司	保险业	提供补偿进出口/海外投融资等对外交易风险的贸易保险
新关西国际机场公司	服务业	新关西国际机场、大阪国际机场的运营管理（机场运营、零售、设施租赁、铁路运营）
北海道旅客铁路公司	陆运业	铁路客运
四国旅客铁路公司	陆运业	铁路客运
日本货物铁路公司	陆运业	铁路货运、仓库、车辆维修
东京地铁公司	陆运业	东京地铁的运营管理、不动产
成田国际机场公司	服务业	成田国际机场的运营管理（机场运营、零售、设施租赁、铁路运营）
东日本高速公路公司	服务业	东日本高速公路的运营管理
中日本高速公路公司	服务业	中日本高速公路的运营管理
西日本高速公路公司	服务业	西日本高速公路的运营管理
首都高速公路公司	服务业	东京都区部及周边地区高速公路、乘用车专用公路的运营管理
阪神高速公路公司	服务业	大阪市、神户市、京都市及周边地区高速公路的运营管理
本州四国联络高速公路公司	服务业	本州与四国之间的联络公路、联络桥梁的运营管理
中间储藏与环境安全事务公司	服务业	PCB 废品处理

资料来源：作者根据各公司网站资料整理。

二、日本国有企业的总裁来源与微观绩效（见附表 6 和附表 7）

附表 6　日本国有企业现任总裁来源一览表

序　号	企　业	来　源	详　情
1	日本电信电话公司	内部晋升	1978 年 4 月入职日本电信电话公社（现公司的前身），2018 年开始任总裁
2	日本邮件公司	内部晋升	1980 年入职邮政省（2001 年并入总务省），2020 年开始任总裁。邮政省、总务省均为管辖机关
3	日本烟草公司	内部晋升	1989 年入职日本烟草公司，2018 年开始任总裁
4	日本酒精产业公司	内部晋升	1980 年入职日本酒精产业公司，2022 年开始任总裁
5	日本政策金融公库	内部晋升	1979 年入职大藏省（财务省的前身），2016 年任东京海上日动火灾保险公司顾问，2017 年任总裁。大藏省、财务省均为管辖机关

序　号	企　业	来　源	详　情
6	日本政策投资银行	内部晋升	1986年入职日本开发银行（日本政策投资银行的前身），2022年开始任总裁
7	国际协力银行	内部晋升	1980年入职大藏省，2022年开始任总裁
8	成田国际机场公司	内部晋升	1980年入职运输省（2001年并入国土交通省），2019年任总裁。运输省、国土交通均为管辖机关
9	新关西国际机场公司	内部晋升	1976年入职运输省，2019年任总裁
10	日本贸易保险公司	内部晋升	1982年入职通产省（经济产业省的前身），2019年开始任总裁。通产省、经济产业省均为管辖机关
11	东京地铁公司	内部晋升	1980年入职帝都高速度交通营团（现公司的前身），2017年开始任总裁
12	北海道旅客铁路公司	内部晋升	1985年入职日本国有铁路公司（现公司的前身），2022年开始任总裁
13	四国旅客铁路公司	内部晋升	1981年入职日本国有铁路公司（现公司的前身），2020年开始任总裁
14	日本货物铁路公司	内部晋升	1985年入职间组建筑公司，2003年入职日本货物铁路公司，2022年开始任总裁
15	东日本高速公路公司	内部晋升	1983年入职建设省（2001年并入国土交通省），2022年开始任总裁。建设省、国土交通省均为管辖机关
16	西日本高速公路公司	内部晋升	1977年入职建设省，2020年开始任总裁
17	首都高速公路公司	内部晋升	1978年入职东京都政府，2021开始任总裁。东京都政府是管辖机关
18	阪神高速公路公司	内部晋升	1982年入职建设省，2020年开始任总裁
19	中间储藏与环境安全事务公司	内部晋升	1979年入职环境厅，2018开始任总裁。环境厅是管辖机关
20	农林渔业成长产业化支援机构	内部晋升	1979年入职农林渔业金融公库（农林水产省和财务省下属机构），2016年开始任总裁
21	民间资金等活用事业推进机构	内部晋升	1992年入职日本开发银行，2022年开始任总裁
22	日本邮政公司	外部聘任	1977年入职建设省，此后担任岩手县"知事"、"总务大臣内阁府特命担当大臣"、野村综合研究所顾问、东京大学公共政策大学院客座教授，2020年开始任总裁
23	产业革新投资机构	外部聘任	1974年入职日本兴业银行，此后任瑞穗证券公司总裁、公益社团法人经济同友会副代表干事兼专务理事，2019年开始任总裁

序　号	企　业	来　源	详　情
24	商工组合中央金库	外部聘任	1981 年 4 月入职第一劝业银行，此后入职西武铁路公司、西武持股公司下属的酒店、百货店，2018 年开始出任总裁
25	进出口与港湾相关信息处理中心公司	外部聘任	1984 年入职东京海上日动火灾保险公司，2021 年开始任总裁
26	中日本高速公路公司	外部聘任	1971 年入职中部电力公司，2014 年开始任总裁
27	本州四国联络高速公路公司	外部聘任	1980 年入职日绵实业公司，2022 年开始任总裁
28	地区经济活性化支援机构	外部聘任	1971 年入职福冈银行，2018 年开始任总裁
29	海外需求开拓支援机构	外部聘任	1980 年入职大和证券公司，2021 年开始任总裁
30	海外交通城市开发事业支援机构	外部聘任	1984 年入职三菱重工，1995 年入职日本国际进出口银行（现在为国际协力银行），2020 年开始任总裁
31	海外通信广播邮件事业支援机构	外部聘任	1984 年入职日本兴业银行，2021 年开始任总裁
32	东日本大地震经营者复兴支援机构	外部聘任	1979 年入职日本长崎信用银行（现新生银行），2016 年开始出任总裁
33	横滨川崎港湾公司	外部聘任	1974 年入职日本邮船公司，2021 年开始任总裁

资料来源：作者根据各公司网站资料整理。

附表 7　2021 年日本国有企业的微观绩效

序　号	盈利企业	利润率（%）	序　号	亏损企业	亏损率（%）
1	民间资金等活用事业推进机构	71.7	1	东日本高速公路公司	0.9
2	中间储藏与环境安全事务公司	36.3	2	日本贸易保险公司	1.4
3	日本政策投资银行	29.3	3	东京地铁公司	4.0
4	日本烟草公司	26.3	4	东日本大地震经营者复兴支援机构	9.7
5	商工组合中央金库	20.5	5	成田国际机场公司	60.8
6	横滨川崎国际港湾公司	16.2	6	日本政策金融公库	88.6
7	国际协力银行	15.6	7	海外需求开拓支援机构	105.0
8	日本电信电话公司	14.6	8	四国旅客铁路公司	124.4

序　　号	盈利企业	利润率（％）	序　　号	亏损企业	亏损率（％）
9	新关西国际机场公司	13.9	9	北海道旅客铁路公司	162.3
10	日本邮政公司	8.8	10	地区经济活性化支援机构	220.1
11	进出口与港湾相关信息处理中心公司	8.3	11	农林渔业成长产业化支援机构	237.3
12	日本酒精产业公司	1.5	12	产业革新投资机构	453.1
13	首都高速公路公司	1.5	13	海外通信、广播及邮件事业支援机构	1 216.3
14	中日本高速公路公司	0.8	14	海外交通及城市开发事业支援机构	1 222.3
15	日本货物铁路公司	0.8			
16	西日本高速公路公司	0.6			
17	本州四国联络高速公路公司	0.5			
18	阪神高速公路公司	0.4			

资料来源：作者根据各公司网站资料计算。

三、日本的地方政府投资企业

日本的地方政府投资或参与控制的企业分为第三类企业和地方三公社。第三类企业是指由地方政府和民间资本共同投资的、按照《日本公司法》成立的公司法法人。地方三公社是指各地成立的住房供给公社、公路公社和土地开发公社。简而言之，第三类企业是地方政府跟民营企业共同投资的半官半民形式的企业，但地方三公社是地方政府全额投资的企业。

（一）第三类企业

截至 2021 年 3 月 31 日，日本的第三类企业（公司法法人）有 3 355 个，其中，股份公司法人 3 123 个，其他公司法法人 232 个。股份公司形态的第三类企业占第三类企业总数的 93.1%。

（1）出资构成。第三类企业 2020 年的出资总额是 42 386 亿日元。其中，地方政府出资占出资总额的 48.1%；民营企业等出资占出资总额的 51.9%。民营企业的出资比例略高于地方政府。

从地方政府出资比例的分布来看，1 112 个企业低于 1/4，占第三类企业总数的 33.1%；727 个企业在 1/4~1/2 之间，占 21.7%；698 个企业在 1/2~2/3 之间，占 20.8%；618 个企业在 2/3~1 之间，占 18.4%；200 个企业为 100%，占 6%。

（2）业务分布。第三类企业的业务遍及 13 个领域。它们分别是地区 / 城市开发、住房 / 城市服务、观光 / 休闲、农林水产、商工、社会福利 / 保健医疗、生活卫生、运输 / 道路、教育 / 文化、公害 / 自然环境保护、信息处理、国际交流和其他。其中，观光 / 休闲业务的企业最多，有 799 个，占第三类企业总数的 23.8%；农林水产业务的企业其次，有 644 个，占 19.2%；居第三位的是运输 / 交通业务的企业，有 382 个，占 11.4%。居第四位的是商工业务的企业，有 355 个，占 10.6%；居第五位的是地区 / 城市开发业务的企业，有 295 个，占 8.8%（见附表 8）。总体来看，第三类企业的业务都与居民生活以及各地区发展所不可缺少的各种服务密切相关。

附表 8　第三类企业和地方三公社的业务领域　　　　　　　单位：个

业 务 领 域	第三类企业	地方住宅供给公社	地方道路公社	地方土地开发公社	合　　计
地区 / 城市开发	295	0	0	621	916
住宅 / 城市服务	45	37	0	0	82
观光 / 休闲	799	0	0	0	799
农林水产	644	0	0	0	644
商工	355	0	0	0	355
社会福利 / 保健医疗	19	0	0	0	19
生活卫生	80	0	0	0	80
运输 / 道路	382	0	30	0	412
教育 / 文化	64	0	0	0	64
公害 / 自然环境保护	6	0	0	0	6
信息处理	74	0	0	0	74
国际交流	1	0	0	0	1
其他	591	0	0	0	591
合计	3 355	37	30	621	4 043

资料来源：総務省「第三セクター等の状況に関する調査結果（令和 3 年 3 月 31 日時点）」[EB/OL].（2022-03-31）[2022-05-25]，https://www.soumu.go.jp/main_content/000784114.pdf.

具体来说，第三类企业所指企业见附表 9。

附表 9　第三类企业与地方三公社的分类

业 务 领 域	企 业
地区 / 城市开发	①土地开发公社；②土地开发企业；③住宅区 / 工业区修建企业；④土地区划建设协会；⑤公园协会；⑥车站大厦；⑦进行土木工程设计监理的法人；⑧城市规划调查企业等
住房 / 城市服务	①地方住房供给公社；②住房服务企业；③住房协会；④建筑师协会；⑤建筑技术中心；⑥天然气供给企业；⑦暖气供给企业等
观光 / 休闲	①观光开发企业；②观光物产振兴企业；③观光振兴企业；④观光巴士协会；⑤休闲设施管理企业；⑥酒店、旅馆等
农林水产	①农地合理化协会；②农产品安定基金；③造林企业；④畜产企业；⑤水产企业；⑥家畜畜产品卫生指导协会；⑦牛奶检查协会；⑧农业后继者培育协会；⑨绿化中心；⑩农业（林业、渔业）信用基金；⑪林业业者退休金共济基金；⑫水产公害对策基金；⑬"第一次产业活用村"；⑭葡萄酒制造企业；⑮农林水产土特产生产、销售、宣传企业；⑯农产品、畜产品、水产品物流企业等
商工	①中小企业振兴公社；②地方产业振兴中心；③高度技术振兴财团（产业技术开发机构等）；④工业技术振兴协会；⑤中小企业信息中心；⑥博览会事务所；⑦中小企业会馆；⑧产业展览馆；⑨工业材料分析中心；⑩产业振兴基金；⑪国际贸易中心；⑫土特产生产、销售、宣传企业等
社会福利 / 保健医疗	①国民年金福利协会（国民年金疗养中心承包运营法人）；②年金疗养基地管理企业；③"勤劳者度假村"管理企业；④环境卫生指导中心；⑤长寿社会振兴财团；⑥老龄者问题研究协会；⑦老龄问题研究所；⑧眼银行、肾银行；⑨社会福利基金；⑩交通事故受害者帮扶协会；⑪体检中心；⑫急救医疗信息中心；⑬医学综合研究机构；⑭私营机构福利设施职员共济财团；⑮银发人才中心；⑯劳动者福利协会；⑰医院等
生活卫生	①自来水管道服务协会；②下水道企业；③一般废弃物及产业废弃物处理法人；④垃圾减量、再利用推进法人等
运输 / 公路	①地方公路公社；②码头；③高速公路协会；④机场航站楼；⑤铁路；⑥单轨铁路；⑦物流始发站；⑧停车场企业等
教育 / 文化	①文物中心；②私立学校振兴协会；③育英奖学金；④体育协会；⑤终身学习协会；⑥交响乐团；⑦市民会馆；⑧大学等
公害 / 自然环境保护	①公害防止协会；②自然保护财团；③绿色基金等
信息处理	①电子计算机中心；②物流业务服务协会；③软件开发中心等
国际交流	①国际交流协会；②国际交流基金等
其他	①县政府办公楼、职员会馆管理机构；②行政信息中心；③消防协会；④黑社会驱逐中心；⑤电视播放企业（含有线电视企业）；⑥咨询机构（城市规划等特定目的及业务的除外）等

资料来源：総務省 . 第三セクター等の状況に関する調査結果（令和 3 年 3 月 31 日時点）[EB/OL].（2022-03-31）[2022-05-25]，https://www.soumu.go.jp/main_content/000784114.pdf.

（3）经营状况。第三类企业是公企业，不以营利为目的，但原则上要维持收支平衡。但实际上，从地方政府出资比例超过 25%，以及地方政府出资比例虽然低于 25%，但接受补贴等财政援助的这两类公司法法人来看，有约四成的企业是亏损的（约占地方政府出资的公司法法人总数的两成多），另有约一成的企业资不抵债（占地方政府出资的公司法法人总数的比例不到一成）。

在法人数超过 30 个的业务领域中，信息处理领域的盈利法人最多，占88.6%；其次是生活卫生领域，占 83.8%；最后的是地区 / 城市开发领域，占72.6%。与此相对应，运输 / 公路领域的亏损法人最多，占 56.7%；其次是观光 / 休闲领域，占 51.8%；最后是教育 / 文化领域，占 43.8%。从盈利金额来看，地区 / 城市开发领域最大，为 310 亿日元。从亏损金额来看，运输 / 公路领域最大，为 1 043 亿日元。

（二）地方三公社

日本总务省调查显示，截至 2020 年 3 月 31 日，日本有 688 个地方三公社，其中住房供给公社 37 个，公路公社 30 个，土地开发公社 621 个。

地方三公社中，401 个企业的经营状况为盈利，占地方三公社总数的 58.3%；287 个企业为亏损，占 41.7%。其中，住房供给公社中，盈利的占 83.8%，亏损的占 16.2%；公路公社中，盈利的占 76.7%，亏损的占 23.3%；土地开发公社中，盈利的占 55.9%，亏损的占 44.1%。总体来看，住房供给公社中的盈利企业最多，公路公社次之，土地开发公社最少。

688 个地方三公社中，658 个企业资产超过负债，占地方三公社总数的95.6%；30 个企业负债超过资产，占比为 4.4%。其中，住房供给公社中，资产超过负债的企业占 83.8%，负债超过资产的企业占 16.2%；公路公社中，资产超过负债的企业占 93.3%，负债超过资产的企业占 6.7%；土地开发公社中，资产超过负债的企业占 96.5%，负债超过资产的企业占 3.5%。总体来看，资产超过负债的企业中，土地开发公社最多，土地公社次之，住房供给公社最少。

参考文献

[1] 新村出編．広辞苑（第四版）[M]．東京：岩波書店．1995.

[2] 吉田和夫，大橋昭一．基本経営学用語辞典 [M]．東京：同文館出版．2015.

[3] 占部都美、海道進．経営学大辞典 [M]．中央経済社，1988.

[4] 総務省．特殊法人とは [EB/OL].[2022-05-25]，https://www.soumu.go.jp/main_sosiki/gyoukan/kanri/satei2_02.html.

[5] 総務省．第三セクター等の状況に関する調査結果（令和 3 年 3 月 31 日時点）[EB/OL].（2021-12-24）[2022-06-09]，https://www.soumu.go.jp/main_content/000784202.pdf.

[6] 宮木康夫．VFM に沿う「良い第三セクター」とは？——横浜新都市交通（株）の事例から考える [J]．地方財務，2008（8）.

[7] 内閣官房 TPP 政府対策本部．環太平洋パートナーシップ協定（TPP 協定）の全章概要 [EB/OL].（2015-11-05）[2022-05-12]，https://www.cas.go.jp/jp/tpp/tppinfo/2015/pdf/151105_tpp_zensyougaiyou.pdf.

[8] 総務省．所管府省別特別法人一覧（令和 4 年 4 月 1 日現在）[EB/OL].（2022-04-01）[2022-05-31]，https://www.soumu.go.jp/main_content/000678775.pdf.

[9] 会計検査院．国が資本金の 2 分の 1 以上を出資している法人の会計 210[EB/OL].（2022-04-01）[2022-05-31]，https://www.jbaudit.go.jp/jbaudit/target/02.html.

[10] 中小企業庁．中小企業・小規模企業の定義 [EB/OL].[2022-06-03]，https://www.chusho.meti.go.jp/soshiki/teigi.html.

[11] 総務省．令和 3 年経済センサス – 活動調査速報集計結果の概要 [EB/OL].（2022-05-31）[2022-06-03]，https://www.stat.go.jp/data/e-census/2021/kekka/pdf/s_outline.pdf.

[12] 株式会社産業革新投資機構．株主概要 [EB/OL].[2022-06-07]，https://www.j-ic.co.jp/jp/shareholders/.

[13] 株式会社農林漁業成長産業化支援機構．機構概要 [EB/OL].[2022-06-07]，http://www.a-five-j.co.jp/corporate/outline.html.

[14] クールジャパン機構（株式会社海外需要開拓支援機構）．会社概要 [EB/OL].[2022-06-07]，https://www.cj-fund.co.jp/about/company.html.

[15] 内閣府（防災担当）.「株式会社東日本大震災事業者再生支援機構」への出資に係る東日本大震災復旧・復興予備費の使用について [EB/OL].[2022-06-07]，https://web.archive.

org/web/20120121150931/http://www.bousai.go.jp/oshirase/h23/111220-1kisya.pdf.

[16] 株式会社地域経済活性化支援機構.電子公告 [EB/OL].[2022-06-07]，http://www.revic.co.jp/pdf/koukoku/koukoku03.pdf.

[17] 株式会社農林漁業成長産業化支援機構.事業報告 [EB/OL].[2022-06-07]，http://www.a-five-j.co.jp/reporting/pdf/statement/business_report_2020.pdf.

[18] 株式会社産業革新投資機構.事業報告 [EB/OL].[2022-06-07]，https://www.j-ic.co.jp/jp/report/pdf/report210701_01.pdf.

[19] クールジャパン機構（株式会社海外需要開拓支援機構）.事業報告 [EB/OL].[2022-06-07]，https://www.cj-fund.co.jp/files/investment/report_r02_01.pdf.

[20] 株式会社農林漁業成長産業化支援機構.損益計算書 [EB/OL].[2022-06-07]，http://www.a-five-j.co.jp/reporting/pdf/statement/earning_statement_2020.pdf.

[21] 株式会社東日本大震災事業者再生支援機構.第 10 期（令和 2 年 4 月 1 日—令和 3 年 3 月 31 日）決算の概要 [EB/OL].（2011-12-20）[2022-06-07]，http://www.shien-kiko.co.jp/pdf/2106_information.pdf.

[22] 株式会社民間資金等活用事業推進機構.第 8 期事業年度事業報告 [EB/OL].[2022-06-08]，http://www.pfipcj.co.jp/business_report/dl/r2/business_report.pdf.

[23] 株式会社海外交通・都市開発事業支援機構.第 7 期事業年度事業報告 [EB/OL].[2022-06-08]，https://www.join-future.co.jp/about/financial-statements/pdf/fin_07_business_report.pdf.

[24] 株式会社海外通信・放送・郵便事業支援機構.事業報告 [EB/OL].[2022-06-07]，https://www.jictfund.co.jp/wp/wp-content/uploads/2021/06/01jigyouhoukoku.pdf.

[25] e-GOV 法令検索.昭和五十九年法律第八十五号日本電信電話株式会社等に関する法律 [EB/OL].（2022-05-28），https://elaws.e-gov.go.jp/document?lawid=359AC0000000085.

[26] 日本経済新聞.通信サービス [EB/OL]（2022-07-05）[2022-07-05]，https://www.nikkei.com/nkd/industry/complist/?n_m_code=142.

[27] 業界動向.空港業界 [EB/OL].（2022-07-05），https://gyokai-search.com/4-airport-uriage.html.

[28] 幻冬社 COLDONLINE.全国「鉄道事業者」ランキング…トップは 1 年で 65 億人を運び、売上規模は 1 兆円超え [EB/OL].[2022-01-25]（2022-07-05），https://news.yahoo.co.jp/articles/25758aca3d14a0d5e9638cf10684ce84539b4643?page=1.

[29] 小田切宏之、後藤晃.日本の企業進化——革新と競争のダイナミック・プロセス [M].東京：東洋経済新報社，1998.

[30] 遠山嘉博.資本主義経済における公企業の歴史（中）[J]. The Otemon economic review 21

（1），1986（9）：59-77.

[31] 武田晴人 . 財閥の時代 [M]. 東京：角川ソフィア文庫，2020.

[32] 安藤彦太郎 . 満鉄——日本帝国主義と中国 [M]. 東京：御茶の水書房，1965.

[33] 西澤泰彦 . 図説満鉄——「満洲」の巨人 [M]. 東京：河出書房新社〈ふくろうの本〉，2000.

[34] 山本政一 . 公企業の系譜 [J]. 商経論叢，1994 年第 35 巻（2）：41-71.

[35] ウィキペディア . 帝国燃料興業 [EB/OL].[2021-03-14]（2022-07-01），https://ja.wikipedia. org/wiki/%E5%B8%9D%E5%9B%BD%E7%87%83%E6%96%99%E8%88%88%E6%A5%AD.

[36] 森本三男 . 日本大百科全書（ニッポニカ）[M]. 東京：小学館，1994.

[37] 藤田政一 . 資本制公企業の本質—その目的を中心として [J]. 弘前大学経済研究，1983（10）：32-53.

[38] 衣笠達夫 . 公企業の種類と役割 [J]. 追手門経済論集，2007 年第 42 巻（2）：1-11.

[39] 儀我壮一郎 . 日本の私企業と公企業の国際的特徴 [J].Japan Society of Business Administration，1979 年第 49 巻：29-44.

[40] 玉村博已 . 現代公企業の形態と統制 [J]. 経営學論集，1984 年第 54 巻：45-55.

[41] 日本国土交通省 . 国鉄改革について [R/OL].（2022-07-01）.（2022-07-01），https://www. mlit.go.jp/tetudo/kaikaku/01.pdf.

[42] 国家体改委研究所、日本愛知学泉大学 . 中日企業比較：環境・制度・経営 [M]. 北京：中国社会科学出版社，1995.

[43] 経済産業省資源エネルギー庁 . 石油公団の廃止について [EB/OL].[2003-02-24]（2022-07-01），https://www.gyoukaku.go.jp/sanyo/dai10/10siryou1.pdf.

[44] 株式会社東京証券取引所 . 改訂コーポレートガバナンス・コードに新たに盛り込まれた事項に関する上場会社の対応状況 [EB/OL].[2022-05-16]（2022-08-01），https://www. fsa.go.jp/singi/follow-up/siryou/20220516/03.pdf.

[45] NTT. コーポレート・ガバナンス報告書 [R/OL].[2022-06-27]（2022-08-01），https://group. ntt/jp/ir/mgt/governance/pdf/c_gov20220627.pdf.

[46] 日本郵政 . 取締役の略歴 [EB/OL].（2022-08-01），https://www.japanpost.jp/group/about/ officers/index06.html#name06.

[47] 日本郵政 . 日本郵政株式会社独立役員指定基準 [EB/OL].（2022-08-01），https://www. japanpost.jp/group/governance/pdf/02_08.pdf.

[48] JT.Integrated Report 2021[EB/OL].（2022-08-01），https://www.jti.co.jp/investors/library/

integratedreport/pdf/integrated2021_J_all.pdf.

[49] 北海道旅客鉄道株式会社 . 会社・グループ情報 [EB/OL].[2022-07-01]（2022-08-01），https://www.jrhokkaido.co.jp/corporate/company/com_01.html.

[50] NTT. 役員紹介 [EB/OL].[2022-06-24]（2022-08-15），https://group.ntt/jp/ir/mgt/management/）.

[51] 日本郵政 . コーポレートガバナンスに関する基本方針 [EB/OL].（2022-08-01），https://www.japanpost.jp/corporate/management/governance/index02.html.

[52] 日本たばこ産業株式会社 . 統合報告書 2021[R/OL].（2022-08-01），https://www.jti.co.jp/investors/library/integratedreport/pdf/integrated2021_J_all.pdf.

[53] 日本政策金融金庫 . 評価・審査制度 [EB/OL].（2022-08-01），https://www.jfc.go.jp/n/company/pdf/governance.pdf.

[54] 日本政策金融金庫 .2020 年度業績報告 [R/OL].[2021-07-01]（2022-08-01），https://www.jfc.go.jp/n/company/pdf/f_statements07_2020s.pdf.

[55] 日本郵政 . コーポレート・ガバナンス報告書 [R/OL].（2022-08-01），https://www.japanpost.jp/group/governance/pdf/01.pdf

[56] 日本たばこ産業株式会社 . 統合報告書 2022_04[R/OL].（2022-08-01），https://www.japanpost.jp/ir/library/disclosure/2022/pdf/04.pdf.

[57] 日本政策投資銀行 . コーポレート・ガバナンスに関する基本的な考え方 [EB/OL].（2022-08-01），https://www.dbj.jp/sustainability/effort/foundation/governance/index.html.

[58] 陈乐天 . 论资本市场对企业家的监控与约束机制 [EB/OL].[2004-01-06]（2022-09-01），https://www.szse.cn/aboutus/research/secuities/documents/t20040106_531139.html.

[59] 森生明 .NTT は 4 兆円でなぜドコモを完全子会社化するのか [EB/OL].[2020-10-08]（2022-09-01），https://globis.jp/article/7853.

[60] 崔文英、加藤贤、甘甜甜 . 日本上市公司的收购方法及监管制度 [EB/OL]. [2021-03-25]（2022-09-01），https://www.chinalawinsight.com/2021/03/articles/corporate-ma/ 日本上市公司的收购方法及监管制度 .

[61] 日经中文版 .NTT 要推动自主 6G 光传输技术成为国际标准 [N/OL].[2021-12-06]（2022-090-1），https://cn.nikkei.com/industry/itelectric-appliance/46865-2021-12-06-05-00-14.html.

[62] 首相官邸 . 定例閣議案件、一般案件、特殊会社の役員人事に関する当面の対応方針について [EB/OL].[2010-05-18]（2022-08-01），https://warp.ndl.go.jp/info:ndljp/pid/1042913/www.kantei.go.jp/jp/kakugi/2010/kakugi-2010051801.html.

[63] e-GOV 法令検索 . 昭和五十九年法律第八十五号日本電信電話株式会社等に関する法律

[EB/OL].（2022-09-01），https://elaws.e-gov.go.jp/document?lawid=359AC0000000085.

[64] NTT.NTT グループのビジョン [EB/OL].（2022-09-01），https://group.ntt/jp/group/vision.html.

[65] e-GOV 法令検索 . 平成十七年法律第九十八号日本郵政株式会社法 [EB/OL].（2022-09-01），https://elaws.e-gov.go.jp/document?lawid=417AC0000000098.

[66] 日本郵政 . グループ経営理念・経営方針 [EB/OL].（2022-09-01），https://www.japanpost.jp/corporate/management/philosophy.html.

[67] 北海道旅客鉄道株式会社 .JR 北海道グループ経営理念 [EB/OL].（2022-09-02），https://www.jrhokkaido.co.jp/corporate/index.html.

[68] 日本貨物鉄道株式会社 . 理念 [EB/OL].（2022-09-02），https://www.jrfreight.co.jp/about.

[69] 東京メトロ . グループ理念 [EB/OL].（2022-09-01），https://www.tokyometro.jp/corporate/index.html.

[70] e-GOV 法令検索 . 平成十六年法律第九十九号高速道路株式会社法 [EB/OL].（2022-09-01），https://elaws.e-gov.go.jp/document?lawid=416AC0000000099.

[71] e-GOV 法令検索 . 平成十五年法律第百二十四号成田国際空港株式会社法 [EB/OL].（2022-09-01），https://elaws.e-gov.go.jp/document?lawid=415AC0000000124.

[72] e-GOV 法令検索 . 平成二十三年法律第五十四号関西国際空港及び大阪国際空港の一体的かつ効率的な設置及び管理に関する法律 [EB/OL].（2022-09-01），https://elaws.e-gov.go.jp/document?lawid=423AC0000000054.

[73] e-GOV 法令検索 . 昭和五十二年法律第五十四号電子情報処理組織による輸出入等関連業務の処理等に関する法律 [EB/OL].（2022-09-01），https://elaws.e-gov.go.jp/document?lawid=352AC0000000054_20210301_501AC0000000071.

[74] e-GOV 法令検索 . 平成十九年法律第五十七号株式会社日本政策金融公庫法 [EB/OL].（2022-09-01），https://elaws.e-gov.go.jp/document?lawid=419AC0000000057.

[75] e-GOV 法令検索 . 平成十九年法律第八十五号株式会社日本政策投資銀行法 [EB/OL].（2022-09-01），https://elaws.e-gov.go.jp/document?lawid=419AC0000000085.

[76] e-GOV 法令検索 . 平成二十三年法律第三十九号株式会社国際協力銀行法 EB/OL].（2022-09-01），https://elaws.e-gov.go.jp/document?lawid=423AC0000000039.

[77] e-GOV 法令検索 . 平成十九年法律第七十四号株式会社商工組合中央金庫法 [EB/OL].（2022-09-01），https://elaws.e-gov.go.jp/document?lawid=419AC0000000074.

[78] e-GOV 法令検索 . 昭和二十五年法律第六十七号貿易保険法 [EB/OL].（2022-09-01），https://elaws.e-gov.go.jp/document?lawid=325AC0000000067.

[79] e-GOV 法令検索 . 平成二十一年法律第六十三号株式会社地域経済活性化支援機構法 [EB/OL].（2022-09-01），https://elaws.e-gov.go.jp/document?lawid=421AC0000000063.

[80] e-GOV 法令検索 . 平成二十五年法律第九十八号産業競争力強化法 [EB/OL].（2022-09-01），https://elaws.e-gov.go.jp/document?lawid=425AC0000000098.

[81] e-GOV 法令検索 . 平成二十四年法律第八十三号株式会社農林漁業成長産業化支援機構法 [EB/OL].（2022-09-01），https://elaws.e-gov.go.jp/document?lawid=424AC0000000083_20210802_503AC0000000026.

[82] e-GOV 法令検索 . 平成十一年法律第百十七号民間資金等の活用による公共施設等の整備等の促進に関する法律 [EB/OL].（2022-09-01），https://elaws.e-gov.go.jp/document?lawid=411AC1000000117_20220401_503AC0000000037.

[83] e-GOV 法令検索 . 平成二十五年法律第五十一号株式会社海外需要開拓支援機構法 [EB/OL].（2022-09-01），https://elaws.e-gov.go.jp/document?lawid=425AC0000000051_20210301_501AC0000000071.

[84] 海外交通・都市開発事業支援機構 . 事業の目的 [EB/OL].（2022-09-01），https://www.join-future.co.jp/our-mission/purpose/.

[85] 株式会社海外通信・放送・郵便事業支援機構 . 事業紹介 [EB/OL].（2022-09-01），https://www.jictfund.co.jp/business/purpose/.

[86] 株式会社東日本大震災事業者再生支援機構 . 機構概要 [EB/OL].（2022-09-01），http://www.shien-kiko.co.jp/summary.html.

[87] e-GOV 法令検索 . 平成十五年法律第四十四号中間貯蔵・環境安全事業株式会社法 [EB/OL].（2022-09-01），https://elaws.e-gov.go.jp/document?lawid=415AC0000000044.

[88] e-GOV 法令検索 . 昭和五十九年法律第六十八号たばこ事業法 [EB/OL].（2022-09-01），https://elaws.e-gov.go.jp/document?lawid=359AC0000000068.

[89] e-GOV 法令検索 . 平成十二年法律第三十六号アルコール事業法 [EB/OL].（2022-09-01），https://elaws.e-gov.go.jp/document?lawid=412AC0000000036.

[90] NTT. 連結業績ハイライト [EB/OL].（2022-09-02），https://group.ntt/jp/ir/fin/highlight.html.

[91] 日本郵政 . 統合報告書 2022_05[R/OL].[2022-09-02]，https://www.japanpost.jp/ir/library/disclosure/2022/pdf/05.pdf.]

[92] 日本たばこ .Integrated Report 2021[R/OL].（2022-09-02），https://www.jti.co.jp/investors/library/integratedreport/pdf/integrated2021_J_all.pdf.

[93] 北海道旅客鉄道株式会社 . 北海道旅客鉄道株式会社 2022（令和 4）年 3 月期決算公告 [EB/OL]，https://www.jrhokkaido.co.jp/corporate/mi/kessan/2021/pdf/00_jrhokkaido.pdf.

[94] 官報決算データベース . 四国旅客鉄道株式会社第 35 期決算公告 [EB/OL].（2022-09-02），
https://www.jr-shikoku.co.jp/04_company/kessan/kessan.htm.

[95] 日本貨物鉄道株式会社 . 有価証券報告書第 35 期（2021 年 4 月 1 日—2022 年 3 月 31 日）
[R/OL].（2022-09-02），https://www.jrfreight.co.jp/files/ir_sustainability/202206_securities_
report.pdf.

[96] 東京メトロ . 東京地下鉄株式会社第 18 期（2021 年 4 月 1 日—2022 年 3 月 31 日）『有
価証券報告書』[R/OL].[2022-06-30].（2022-09-02），https://www.tokyometro.jp/corporate/
ir/2022/pdf/202203_yuka.pdf.

[97] 東日本高速道路株式会社 . 有価証券報告書第 17 期（令和 3 年 4 月 1 日—令和 4 年 3 月
31 日）[R/OL].（2022-09-02），https://www.e-nexco.co.jp/assets/pdf/ir/finance_data/securities/
r04_6.pdf.

[98] 中日本高速道路株式会社 . 有価証券報告書第 17 期（令和 3 年 4 月 1 日—令和 4 年 3 月
31 日）[R/OL].（2022-09-02），https://www.c-nexco.co.jp/corporate/ir/securities_r/pdf/securities
2203.pdf.

[99] 西日本高速道路 . 有価証券報告書第 17 期（令和 3 年 4 月 1 日—令和 4 年 3 月 31 日）
[R/OL].（2022-09-02），https://corp.w-nexco.co.jp/ir/security/pdf/r040629.pdf.

[100] 首都高速道路株式会社 . 有価証券報告書第 17 期（令和 3 年 4 月 1 日—令和 4 年 3 月
31 日）[R/OL].（2022-09-02），https://www.shutoko.co.jp/ir/securities/~/media/pdf/responsive/
corporate/ir/securities/securities_17.pdf.

[101] 阪神高速道路株式会社 . 有価証券報告書第 16 期（令和 2 年 4 月 1 日—令和 3 年 3 月
31 日）[R/OL].（2022-09-02），https://www.hanshin-exp.co.jp/company/files/securities_
220630.pdf.

[102] 本州四国連絡高速道路株式会社 . 令和 3 年度決算について [EB/OL].（2022-09-02），
https://www.jb-honshi.co.jp/corp_index/ir/zaimu/pdf/r3kessan.pdf.

[103] 成田国際空港株式会社 . 有価証券報告書第 18 期（2021 年 4 月 1 日—2022 年 3 月 31
日）[R/OL].（2022-09-02），https://www.naa.jp/jp/ir/pdf/yusho_35.pdf.

[104] 新関西国際空港株式会社 . 有価証券報告書第 10 期（2021 年 4 月 1 日—2022 年 3 月 31
日）[R/OL].（2022-09-02），http://www.nkiac.co.jp/company/ir/report/pdf/yuka10.pdf.

[105] 輸出入・港湾関連情報処理センター株式会社 . 令和 3 事業年度（第 14 期）計算書
類 [EB/OL].（2022-09-01），https://www.naccs.jp/aboutcenter/data/data_zaimu/keisansho_
r3.pdf.

[106] 横浜川崎国際港湾株式会社 . 計算書類第 7 期自 2021 年 4 月 1 日至 2022 年 3 月 31 日

[EB/OL]，https://www.ykip.co.jp/wordpress/wp-content/uploads/2022/06/%E8%A8%88%E7
%AE%97%E6%9B%B8%E9%A1%9EHP%E6%8E%B2%E8%BC%89%E7%94%A8.pdf.

[107] 日本アルコール産業株式会社 . 第 16 期令和 3 年度計算書類等（令和 3 年 4 月 1 日か
ら 令和 4 年 3 月 31 日まで）[EB/OL]，http://www.j-alco.com/announcement/pdf/kessan-
koukoku_2021.pdf.

[108] 中間貯蔵・環境安全事業株式会社 . 中間貯蔵・環境安全事業株式会社 18 期決算公告
[EB/OL].[2022-06-24]（2022-09-02），https://catr.jp/settlements/45281/258789.

[109] 日本政策金融公庫 . 事業報告 [R/OL].（2022-09-02），https://www.jfc.go.jp/n/company/
pdf/f_statements14_01.pdf.

[110] 日 本 政 策 投 資 銀 行 . 事 業 報 告 [R/OL].（2022-09-02），https://www.dbj.jp/pdf/co/info/
report_2021f.pdf.

[111] 株式会社国際協力銀行 . 資料編：財務状況 [R/OL].（2022-09-02），https://www.jbic.
go.jp/ja/information/annual-report/pdf/2021_a02.pdf.

[112] 商 工 組 合 中 央 金 庫 . 第 93 期 連 結 計 算 書 類 [R/OL].（2022-09-02），https://www.
shokochukin.co.jp/share/library/business/pdf/r3jigyo03.pdf.

[113] 日 本 貿 易 保 険 会 社 . 損 益 計 算 書 [EB/OL].（2022-09-02），https://www.nexi.go.jp/
corporate/general/finance/finance_2021/pdf/Soneki2021.pdf.

[114] 地域経済活性化支援機構 . 令和 3 年度（2021 年度）の業務の実施状況評価について
[R/OL].（2022-09-02），http://www.revic.co.jp/pdf/news/2022/220922newsrelease-2.pdf.

[115] 官報決算データベース . 株式会社産業革新投資機構 1 期決算公告 [EB/OL].[2022-07-01]
（2022-09-02），https://catr.jp/settlements/9cd63/264973.

[116] 官報決算データベース . 株式会社農林漁業成長産業化支援機構第 10 期決算公告 [EB/
OL].[2022-06-30]（2022-09-02），https://catr.jp/settlements/506f9/263276.

[117] 民間資金等活用事業推進機構 . 損益計算書自令和 3 年 4 月 1 日至令和 4 年 3 月 31 日
[EB/OL].（2022-09-02），http://www.pfipcj.co.jp/business_report/dl/r3/income_statement.
pdf.

[118] クールジャパン機構 . 損益計算書自令和 3 年 4 月 1 日至令和 4 年 3 月 31 日 [EB/OL].
（2022-09-02），https://www.cj-fund.co.jp/files/investment/report_r03_03.pdf.

[119] 株式会社海外通信・放送・郵便事業支援機構 . 損益計算書（自令和 3 年 4 月 1 日至令和
4 年 3 月 31 日）[EB/OL].[2022-06-02]（2022-09-02），https://www.jictfund.co.jp/wp/wp-content/
uploads/2022/06/02-2_sonekikeisannsho.pdf.

[120] 海外交通・都市開発事業支援機構 . 損益計算書（自令和 3 年 4 月 1 日至令和 4 年 3 月 31

日）[EB/OL].（2022-09-02），https://www.join-future.co.jp/about/financial-statements/pdf/fin_08_income_statement.pdf.

[121] 官報決算データベース.株式会社東日本大震災事業者再生支援機構第 11 期決算公告 [EB/OL].[2022-06-30]（2022-09-02），https://catr.jp/settlements/04022/263792.

[122] 日本政策金融公庫.令和 3 年度（第 14 期）事業報告自令和 3 年 4 月 1 日至令和 4 年 3 月 31 日 [R/OL].（2022-09-02），https://www.jfc.go.jp/n/company/pdf/f_statements14_01.pdf.

[123] NTT.NTT グループサステナビリティレポート 2021[R/OL].[2022-7-13]（2022-09-05），https://group.ntt/jp/csr/data/pdf/sustainability_report_2021_databook_all_20220713.pdf.

[124] 日本経済団体連合会.地球温暖化対策に係る中長期ロードマップ（環境大臣試案）に対する意見 [EB/OL].（2022-09-02），https://keidanren.or.jp/Japanese/policy/2010/061.htm.

[125] 松本喬.温室効果ガス削減へ、日本が世界に提唱する「削減貢献量」とは？ [N/OL].[2021-08-18]（2022-09-02），https://Newswitch.jp/p/28413.

[126] JT.統合報告書 2021[R/OL].（2022-09-02），https://www.jti.co.jp/investors/library/integratedreport/pdf/integrated2021_J_all.pdf.

[127] 東京メトロ.サステナビリティ重要課題 [EB/OL].（2022-09-02），https://www.tokyometro.jp/corporate/csr/materiality.html.

[128] 成田国際空港株式会社.環境報告書ダイジェスト版 2021[R/OL].（2022-09-02），https://www.naa.jp/jp/issue/kankyo_report/pdf/digest2021.pdf.

[129] 成田国際空港株式会社.地域経済への貢献 [EB/OL].（2022-09-02），https://www.naa.jp/jp/csr/syuhen_01.html.

[130] 日本政策金融公庫.日本公庫の取組みを通じた SDGs への貢献 [EB/OL].（2022-09-002），https://www.jfc.go.jp/n/company/sdgs/gyoumu.html.

[131] NTT.グループ会社の構成 [EB/OL].（2022-09-05），https://group.ntt/jp/group/gnavi/index.html.

[132] NTT.コーポレート・ガバナンス報告書 [R/OL].[2022-06-27]（2022-08-01），https://group.ntt/jp/ir/mgt/governance/pdf/c_gov20220627.pdf.

[133] NTT.役員紹介 [EB/OL].[2022-06-24]（2022-08-15），https://group.ntt/jp/ir/mgt/management/）.

[134] e-GOV 法令検索.昭和五十九年法律第八十五号日本電信電話株式会社等に関する法律 [EB/OL].（2022-09-01），https://elaws.e-gov.go.jp/document?lawid=359AC0000000085.

[135] NTT.連結業績ハイライト [EB/OL].（2022-09-02），https://group.ntt/jp/ir/fin/highlight.html.

[136] NTT.NTT グループサステナビリティレポート 2021[R/OL].[2022-7-13]（2022-09-05），
https://group.ntt/jp/csr/data/pdf/sustainability_report_2021_databook_all_20220713.pdf.

[137] NTT.NTT グループの歩み [EB/OL].（2022-09-05），https://group.ntt/jp/group/history/.

[138] 週刊エコノミスト Online. ニッポン半導体の復権なるか？ NTT の「光電融合」技術
[EB/OL].[2021-11-08]（2022-09-05），https://mainichi.jp/premier/business/articles/20211105/
biz/00m/070/001000d.

[139] 産業革新投資機構 . 産業革新投資機構事業報告 [R/OL].（2022-09-05，https://www.j-ic.
co.jp/jp/report/pdf/report220701_01.pdf.

[140] e-GOV 法令検索 . 平成二十五年法律第九十八号産業競争力強化法 [EB/OL].（2022-09-
01），https://elaws.e-gov.go.jp/document?lawid=425AC0000000098.

[141] StemRIM. 会社資料 [EB/OL].（2022-09-05），https://stemrim.com/.

后　记

本书是中国石油集团经济技术研究院国家高端智库研究中心 2021 年与 2022 年重点课题研究的成果。"国有经济国别研究"作为中国社科院国有经济研究智库认领的首批重点十大智库课题，通过研究主要发达国家和新兴经济体国家的国有经济，提出对中国国有经济发展的启示。该研究对形成中国特色的国有经济发展观，运用国际经验为我国国有经济深化改革提供借鉴和支持，具有重要的现实意义。

国有经济是我国国民经济的支柱，是保障人民共同利益的重要力量，承载着引领我国经济高质量发展的责任担当，肩负着将我国建设成为社会主义现代化强国的重大使命。为发挥国有经济战略支撑作用，以习近平总书记为核心的党中央多次召开会议部署工作，要求推进国有经济布局优化和结构调整，不断增强国有经济竞争力、创新力、控制力、影响力和抗风险能力。我国面临的百年未有之大变局正在加速演变，党中央高瞻远瞩、审时度势，提出要加快构建以国内大循环为主体，国内、国际双循环相互促进的新发展格局。国内循环层面，以国有企业为主的国有经济需要在构建双循环新局中发挥顶梁柱作用；国际循环层面，我国应时签订了中欧投资协定（中欧 CAI）、区域全面经济伙伴关系协定（RECP），并积极研究加入全面与进步跨太平洋伙伴关系协定（CPTPP）。但我国国有经济的政府补贴、竞争中性等问题一直是其他国际经济体质疑我们的焦点，这些问题仍需要智库持续不断地研究、完善。

本书汇集了中国石油集团经济技术研究院与社科院联合牵头，社科院（欧洲所、亚太所、工经所）、国务院发展研究中心、社会科学院文化发展促进中心、中国政法大学等知名专家形成的研究成果，总结了新加坡、日本国有经济现状、国有经济演变历程、国有经济的治理、国家的运营绩效、代表性国有企业的分析以及对中国国有经济发展的启示。探索国有经济发展方式和改革路径，深入研究国有经济对外经贸合作中的经验和教训，分析我国国有经济在外经贸活动中面临的机遇和挑战，最终致力于实现国有经济更高质量发展，壮大我国经济实力和综合国力，不断实现"两个一百年"的奋斗目标。我们坚信，他山之石，可以攻玉，今后将有更多力量加入国有经济这项重要的研究中。

编　者